传世励志经典

# 奔腾的乐师
## 巴赫

吴 琼 编著

中华工商联合出版社

# 图书在版编目（CIP）数据

奔腾的乐师——巴赫 / 吴琼编著. --北京：中华
工商联合出版社，2016.1
　ISBN 978-7-5158-1586-2

Ⅰ．①奔⋯　Ⅱ．①吴⋯　Ⅲ．①巴赫，J. S.（1685～
1750）—传记 Ⅳ．①K835.165.76

中国版本图书馆 CIP 数据核字（2016）第 018973 号

## 奔腾的乐师
——巴赫

译　　者：吴　琼
出 品 人：徐　潜
策划编辑：魏鸿鸣
责任编辑：林　立
封面设计：周　源
营销总监：曹　庆
营销推广：王　静　万春生
责任审读：郭敬梅
责任印制：迈致红
出版发行：中华工商联合出版社有限责任公司
印　　刷：天津旭丰源印刷有限公司
版　　次：2016 年 3 月第 1 版
印　　次：2023 年 4 月第 4 次印刷
开　　本：710mm×1020mm　1/16
字　　数：250 千字
印　　张：17.25
书　　号：ISBN 978-7-5158-1586-2
定　　价：59.80元

服务热线：010－58301130
销售热线：010－58302813
地址邮编：北京市西城区西环广场 A 座
　　　　　19－20 层，100044
http://www.chgslcbs.cn
E-mail：cicap1202@sina.com（营销中心）
E-mail：gslzbs@sina.com（总编室）

凡本社图书出现印装质量
问题，请与印务部联系。
联系电话：010－58302915

# 序

　　为了给《传世励志经典》写几句话，我翻阅了手边几种常见的古今中外圣贤大师关于人生的书，大致统计了一下，励志类的比例，确为首屈一指。其实古往今来，所有的成功者，他们的人生和他们所激赏的人生，不外是："有志者，事竟成。"

　　励志是动宾结构的词，励是磨砺，志是志向，放在一起就是磨砺志向。所以说，励志不是简单的立志，是要像把刀放在石头上磨才能锋利一样，这个磨砺，也不是轻而易举地摩擦一下，而是要下力气的，对刀来说，不仅要把自身的锈磨掉，还要把多余的部分毫不留情地磨掉，这简直是一场磨难。所有绚丽的人生都是用艰难磨砺成的，砥砺生命放光华。可见，励志至少有三层意思：

　　一是立志。国人都崇拜的一本书叫《易经》，那里面有一句话说："天行健，君子以自强不息。"这是一种天人合一的理念，它揭示了自然界和人类发展演化的基本规律，所以一切圣贤伟人无不遵循此道。当然，这里还有一个立什么样的志的问题，孔子说："士不可以不弘毅，任重而道远。"古往今来，凡志士仁人立的都是天下家国之志。李白说：大丈夫必有四方之志，白居易有诗曰：丈夫贵兼济，岂独善一身，讲的都是这个道理。

二是励志。有了志向不一定就能成事，《礼记》里说："玉不琢，不成器。"因为从理想到现实还有很大的距离。志向须在现实的困境中反复历练，不断考验才能变得坚韧弘毅，才能一步一个脚印地逐步实现。所以拿破仑说：真正之才智乃刚毅之志向。孟子则把天将降大任于斯人描述得如此艰难困苦。我们看看历代圣贤，从世界三大宗教的创始人耶稣、穆罕默德、释迦牟尼到孔夫子、司马迁、孙中山，直至各行各业的精英，哪一个不是历经磨难终成大业，哪一个不是砥砺生命放射出人生的光芒。

三是守志。无论立志还是励志都不是一朝一夕、一蹴而就的，它贯穿了人的一生，无论生命之火是绚丽还是暗淡，都将到它熄灭的最后一刻。所以真正的有志者，一方面存矢志不渝之德，另一方面有不为穷变节、不为贱易志之气。像孟子说的那样："富贵不能淫，贫贱不能移，威武不能屈。"明代有位首辅大臣叫刘吉，他说过：有志者立长志，无志者常立志，这话是很有道理的。

话说回来，励志并非粘贴在生命上的标签，而是融汇于人生中一点一滴的气蕴，最后成长为人的格调和气质，成就人生的梦想。不管你做哪一行，有志不论年少，无志空活百年。

这套《传世励志经典》共收辑了100部图书，包括传记、文集、选辑。为读者满足心灵的渴望，有的像心灵鸡汤，营养而鲜美；有的就是萝卜白菜或粗茶淡饭，却是生命之必需。无论直接或间接，先贤们的追求和感悟，一定会给我们带来生命的惊喜。

徐　潜

# 前　言

　　他是杰出的管风琴、小提琴和大键琴演奏家，被称为"西方'近代音乐'之父"，也是西方文化史上非常重要的人物，他就是约翰·塞巴斯蒂安·巴赫。

　　约翰·塞巴斯蒂安·巴赫的父亲名叫约翰·安布罗休斯·巴赫，是一位优秀的小提琴手，在音乐方面非常有天赋。巴赫家族可以说是当时著名的音乐世家。约翰·塞巴斯蒂安·巴赫于1685年生于埃森纳赫，出生于这样的家庭对于巴赫来说是十分幸运的，然而命运之神却偏要制造一些麻烦。巴赫幼年丧失了父母，跟着大哥一起生活。大哥家里有很多音乐资料，但是并不允许他翻阅，于是他只能在夜间偷偷翻看资料，从中他学到了很多音乐知识，但是他的视力也因此受到了损伤。在巴赫的一生中，有很长时间都在外游历学习，这对巴赫来说是一笔很大的财富，对他日后的音乐创作和人生道路都产生了很重要的影响。

　　本书是约翰·塞巴斯蒂安·巴赫的传记，详细描述了约翰·塞巴斯蒂安·巴赫的一生，也突出了他对音乐史的贡献。卡拉扬曾经说过："每天清晨第一件事就是聆听巴赫的音乐，这好似清泉流淌经过心灵的音乐有助于我校正听力。"通过阅读本书，读者可以深入了解约翰·塞巴斯蒂安·巴赫，也能深刻领会到音乐的魅力。

# 目　录

# 目 录

# 第一章　古老的巴赫家族和独特的荣耀

## 1. 巴赫家族的祖先法伊特·巴赫

一个家庭就像一个国家，或者反过来说，一个国家就像一个家庭。它们总是会在某个时刻，没什么原因地突然崛起，然后又会神秘地回归平常。

这种平常并不是销声匿迹，而是在日常的生活中享受着一点似有若无的名气。它们留给世人的只是一个名字和一段记忆。

很多人认为家谱只是族内的一种无关紧要的记载。一位老绅士如果能够发现他的某位亲戚和乔治·华盛顿养女的侄女婿之间有什么八竿子打不着的关系，即使这件事对现在的家族毫无益处，也能让老绅士扬扬自得好一阵儿。

对于我们来说，探寻巴赫家族的历史是件有意思的事。因为对于巴赫这样不同凡响的家族来说，一点一滴的变化都是非同小可的，家族的兴衰变化也总是无常的。

16 世纪下半叶，法伊特·巴赫建立了巴赫家族，此后很久，这个家族都享受着各种荣誉。而 1800 年时，约翰·塞巴斯蒂安唯一在世的女儿却要公开乞讨，为了生计发愁。

在搜集巴赫家族的信息时，我们发现家族里有一些前辈，他们认为生活是非常严肃的，所以对待任何事情都是一丝不苟的。他们认为无论生意多小，只有具备交货能力时，才能签约。通过他们家乡保存的生意合同和档案，我们可以清晰地重新塑造他们的形象。

首先让我们说说法伊特·巴赫。他被公认为是巴赫家族的祖先，对巴赫家族有着不可磨灭的影响。他的后代把巴赫家族的美妙音乐传遍了整个大平原，也把他们对于音乐的高超技巧广泛传播开来，对后世产生了广泛的影响。

法伊特·巴赫出生于图林根。图林根在德国文化史上有非常重要的作用。这是一个火山区，土壤中随处涌出有利于健康的矿泉水。这里的土地一半被开垦成农田，另一半被森林覆盖。高耸入云的山峰拔地而起，高达 3000 英尺，山峰周围的地势高低适合，可以令进入其中的人心旷神怡、心情愉悦，在这里仿佛可以听到美妙的音乐。

9 世纪查理大帝建立的图林根堡，是用来抵制狂野的斯拉夫部落东移的。后来这里渐渐成了音乐家和诗人的摇篮。只要看看地图，你就能明白，德国中部的山地中，那些地名个个都是德国的荣耀。

瓦尔特堡的艾斯勒本是马丁·路德的出生地，他学习的地方——埃尔福特也在这里。马丁·路德是德国唯一真正的革命家，他在瓦尔特堡建立了一个躲避教会迫害的避难所，并在这里把《圣经》译成了德国方言。

哥塔，是一个永远和印刷历史连在一起的地名。

18世纪下半叶，歌德把小城魏玛变成了德国文学生活的中心，半个世纪以后弗兰兹·李斯特又把它变成了德国音乐的中心。德国人民自治的尝试也是从魏玛开始的，尽管它最后以失败告终。这个地区的人民严肃认真、平和诚实，这些特性非常适合巴赫家族的发展。

另外还有梅宁根，它是魏玛公爵家族的又一处领地，直到今天那里的戏剧和音乐仍然十分繁荣。

除了这些地方，你还会发现许多其他熟悉的地名，例如：以古老的大学和光学工业著称的耶拿，巴赫做过管风琴师的安斯塔特，还有手工业非常发达的村庄。

关于法伊特·巴赫生平的确切资料非常少，但他的个性特别强，这点我们可以从描写他著名的曾曾孙的传记中捕捉到。

法伊特·巴赫生于1550～1560年的某年，年1619年去世。他年轻时就离开故土去闯天下了，当时他向东走，那时的匈牙利是一个多战争之地，土耳其人和基督教徒不断开战，哈布斯堡王朝统治者和匈牙利贵族争论不休，而贵族之间也有着无休止的世仇。因此夺回这个地区的进程十分缓慢，但匈雅提出现后，匈牙利平原渐渐平静，住上了来自西部的移民。

法伊特·巴赫足智多谋、勤劳勇敢，他自己建磨坊、磨面、烤面包，闲来无聊就弹弹自制的吉他，这样的能人在当时非常受欢迎。

法伊特·巴赫是马丁·路德教义的信徒，路德本人也是他的图林根老乡。基督教信仰使他的内心充满了真挚的感激之情，令他心情愉悦。同时，他也在认真维护着自己的名誉和尊严。

费迪南德一世和麦克西米兰二世统治时期，新教徒的行为较为自由，不受其他人的干涉，但是庇护星象家和"幽灵"医生的鲁道夫二世即位以后，就出现了一群追随愚蠢王朝的人，反改革派很快声势壮大，一小部分耶稣会人士急忙迎头赶上，竭力重新夺回在教会中的领地，把异教徒拉回到教皇的怀抱。

法伊特·巴赫是一个聪明人，他看清了历史潮流，认为回家的时间到了。他很快卖掉了磨坊和面包房，幸运地躲过了极权主义者的迫害，甚至获准带着钱财离开哥塔附近的小村威赫玛。

获准离开后，法伊特带着妻儿及全部家当坐上了离开的马车，车子缓缓穿过波西米亚，回到了他们的君王萨克森公爵的领地，这位君王是路德教最坚定而有力的保护者。

在法伊特·巴赫之前，有其他姓巴赫的音乐人才，但因为他们有强烈的家族意识，这个家族一旦成为北欧音乐的主宰之后，总是把法伊特称为他们所有"音乐大师"的鼻祖。他们强烈的家族意识使得他们细心保留着与家族历史有关的所有细节。

## 2. 古老的巴赫家族

约翰·塞巴斯蒂安·巴赫的父亲是约翰·安布罗休斯·巴赫。父亲有个双胞胎兄弟，两人长得非常像，甚至他们两人的太太在不看他们衣服样式的时候都没有办法分辨清楚谁是谁。他们不仅外表非常像，内在气质也十分相似，所以他们的音乐风格丝毫不差。

安布罗休斯是一位受人尊敬的人，他是那个小城音乐界的重要一员，但很可惜，他英年早逝，并没有充分向世人展示出他的音乐才能。

事实上，巴赫家族在取名字时经常遵从《旧约》中的名字，家谱里很多都是汉斯、约翰、克里斯蒂安、约翰·麦克、约翰·

瓦伦丁、约翰·克里斯朵夫和他们数不清的支系。塞巴斯蒂安的其中一位教父是附近哥塔城的乐师塞巴斯蒂安·纳格尔，按照当时的习俗，孩子应该用教父的名字，于是他一生都被称为塞巴斯蒂安·巴赫。我们习惯叫他约翰·塞巴斯蒂安，但是其实只需要叫他塞巴斯蒂安就可以，因为当时那个时代的人都是这样称呼的。

但是他的孩子却并不这样称呼他，他们叫他"老古董"，就像今天我们所说的"老顽固"。不过在当时，这些孩子属于一个全新的世界。孩子们精通刚刚发展的和声艺术，所以他们把他们的父亲看作一个学究儿，而并没有意识到父亲的伟大。

塞巴斯蒂安非常勤劳，每天从早工作到晚，为的就是能让他的家人过上舒心、体面的生活，能让孩子们在音乐的学习过程中接受最好的教育。

这些孩子也果真不负所望，自立以后都取得了较大的成就，他们在柏林、汉堡、米兰和伦敦写出了非常受欢迎的歌剧，进一步发展了钢琴演奏手法，成为独奏家和演奏家。

塞巴斯蒂安的三儿子卡尔·菲利普·艾曼努埃尔·巴赫和幼子约翰·克里斯蒂安·巴赫都受到过莫扎特和贝多芬公开表达的感谢。可他们勤劳善良的可怜老爸不过是大公的教堂乐长，他的光彩完全被他儿子们的名声遮住了。虽然他的儿子们沉浸于自己的成就中，对他或多或少有种傲慢的态度和恩赐般的友善，但是他对自己的伟大深信不疑。这些细枝末节不足以打败他，他仍然埋头用功地发展自己的音乐。

巴赫家族当时几乎占据了图林根地区的所有管风琴师和乐师的职位。据说巴赫家族每年都要举行一次盛大的家族聚会，对巴赫家族来说，音乐天才在这个家族里，似乎就是一种遗传，在选择职业的过程中也是如此：儿子们几乎都成了音乐家，女儿们几乎都嫁给了音乐家。对于当时重视门当户对的世界来说，这是很自然的事情。

# 第二章　约翰·塞巴斯蒂安·巴赫正式出场

## 1. 埃森纳赫时期

　　塞巴斯蒂安于 1685 年 3 月 21 日生于埃森纳赫。像那时所有德国的好孩子一样，塞巴斯蒂安在刚刚认字的时候，就开始学习羽管键琴和小提琴了。因为在一百年以前，如果你不能跟着朋友一起去唱个合唱曲，或者不会一点简单的小提琴伴奏，就会像现在不懂足球规则或者不了解桌球基本技巧一样让人奇怪。

　　仔细想想，其实这非常奇怪，音乐和各门艺术曾经完全是与日常生活融为一体的，人们都认为它们就是一回事。中世纪掌握大权的皇帝会认为，和行吟诗人同行是一种荣耀；很多抒情诗人都出身贵族家庭，骑士们开战之前要请行吟诗人唱歌来鼓舞士气；在第十二夜晚会上，伊丽莎白女王会穿着拖鞋快乐地舞个通宵；国王路易十四常常会亲自参加宫里排练的芭蕾舞表演，而普鲁士国王弗里德里希更是很有雅致，他不仅请年老的塞巴斯蒂安·巴赫来为他演奏刚刚发明的锤子钢琴，而且经常在临时组合的小乐队里吹长笛，他会用这种方式在操劳国事之余放松一下。

在18世纪，乐师也属于工会，他们以自己的行业为骄傲，他们明白皇家对音乐有浓厚的兴趣，也明白这些浓厚的兴趣总能够让他们的行业大放光彩。虽然他们偶尔也会失去几文小钱，但很可能最后收回一把金币，所以最后得利的还是他们。

而今天的统治者如果要参加这种娱乐活动，就得付钱给工会代理人，可当他们去狂欢或者旅行的时候，工会代理人就会把他们的香槟喝光。

接着来说塞巴斯蒂安。让人十分惊奇的是，后来一直勤奋努力的约翰·塞巴斯蒂安在埃森纳赫时，竟然是个逃学的孩子。原因是很明显的：埃森纳赫的学校太差了，塞巴斯蒂安大概对其根本不感兴趣。塞巴斯蒂安有一副天生的好嗓子，而且对音乐非常有悟性，所以他认为在唱诗班唱歌比在学校更为有用。他不适合当学者，而适合成为音乐家。所以当他被需要的时候，他就离开了学校。他自己后来也承认应该早点用功学习，从这一点可以看出，经常不上学的塞巴斯蒂安并不是一个浪荡儿。

塞巴斯蒂安的父亲是市政委员的女婿，他同市政厅有着千丝万缕的联系，从这可以看出，他是一位受人尊敬的人物。因为市政委员是不会轻易把自己的女儿随意嫁给一名音乐师的，除非他是一个有身份的人。

在当时，巴赫一家是一个非常热闹的家庭，孩子们都是在浓厚的音乐氛围中长大的，这样孩子们长大都成为音乐家，也就顺理成章了。

大儿子有了固定的工作，所以离开了家。塞巴斯蒂安会唱歌时，就在唱诗班里唱诗，比他大三岁的哥哥约翰·雅格布也是如此，而且他们的关系也最亲密。

孩子们的父母每天都在为填饱一家人的肚子而忙碌，所以没有很多时间来精心照料每一个孩子。他们的父母要尽很多义务：婚礼、洗礼、葬礼、公共庆典、家庭聚会和年终联欢。凡是在当地有脸面的人，在这种场合都要请唱诗班或者吹奏队前去助兴。

这是一个忙碌却充实的城市吹奏手之家，但就在塞巴斯蒂安的父亲准备和他的母亲庆祝银婚的时候，命运之神却慢慢走来：塞巴斯蒂安的母亲伊丽莎白·拉莫赫特于 1694 年 5 月去世。她的去世使这座房子失去了灵气，整个家庭沉浸在痛苦中无法自拔。

但一个家庭没有女主人是不行的，所以半年丧期过后，塞巴斯蒂安的父亲再婚。可再婚后的第二年 2 月，塞巴斯蒂安的父亲因病去世，享年只有 50 岁。

母亲去世时，塞巴斯蒂安只有 9 岁，这是他生活中遭受的一次重大打击。或许我们可以这样说，母亲的离世改变了很多事情，可是真正改变一切的却是父亲的离世。埃森纳赫市政厅对他的遗孀持敌视态度，他们停发工资，拒付抚恤金，并拒绝巴赫家族的成员继续领导城市吹奏队。

在这样艰难的情况下，继母离开了家庭，这意味着雅格布和塞巴斯蒂安变成了孤儿，他们失去了照顾，失去了朋友，失去了房子和家庭。这个童年并没有给他们留下任何东西。就这样，他们的大哥约翰·克里斯朵夫担起了照顾他们的责任。

当时的约翰·克里斯朵夫 24 岁，住在奥德拉夫，他的妻子正怀着他们的第一个孩子。教堂的结婚登记簿上写着：他是"一个年轻的艺术人才"。这说明在当时，约翰·克里斯朵夫已经是一位小有名气的管风琴师了。奥德拉夫离埃森纳赫有几十英里，两个男孩背着自己的家当，一步一步地走完了这段路，艰辛可想而知。

## 2. 奥德拉夫时期

约翰·克里斯朵夫对他的这两个弟弟很不错，但我们也怀疑，对于他们的到来，他是不是真的很高兴。这个聪明的年轻人的管风琴导师是至今闻名于世的约翰·帕彻贝尔，这位先生是17世纪下半叶最有名气的管风琴家，他创作了很多标题令人愉快、内容却很严肃的作品，比如《关于死亡主题的音乐思考》和《太阳神的旋律》。

约翰·克里斯朵夫的名字来自于他的叔叔，也就是他父亲的双胞胎兄弟，他娶了奥德拉夫城里牧师的女儿，所以约翰·克里斯朵夫得以依靠叔叔的关系得到了一份工作。

奥德拉夫城里的长老们很慷慨地为他安排好了一切，使他能够结婚，有了一个体面的家庭。他们付给他的薪水是一年45金币，另外还有几捆木柴，几袋面，还有一些能够养家的其他福利。

虽然已经有了这一切，可是他的家庭算不上富有，尽管条件有限，他还是收留了两个弟弟，尽其所能地悉心照顾他们。他给弟弟们提供衣服和食物，还送他们去当地的学校上学，空闲时还会教塞巴斯蒂安弹羽管键琴和管风琴，学习作曲的原理。这是目前的环境下，塞巴斯蒂安接受的最好的音乐训练了。

虽然埃森纳赫算不上是一个大都会，但是和奥德拉夫相比已经很不错了，因为奥德拉夫还不足它的四分之一，所以在经济上比较落后。尽管这座城市在经济上不怎么样，但是它的私人学院却闻名于整个德国北部。

塞巴斯蒂安这个在埃森纳赫逃学的孩子，来到了奥德拉夫后，出人意料地取得了优异的成绩。他被允许跳过中学二年级，直接升入高班，而高班的其他学生都比他年长两岁以上。由此可以看出：他不仅有出众的才华，学习能力也强。

后来，塞巴斯蒂安离开了这所学校，转到了另外一所学校继续他的学业。这样看来，他的哥哥和他都对这所学校印象一般，他们认为，在其他的学校可能会学到更多的知识。

在这里，我们说一下塞巴斯蒂安夜闯哥哥房间的故事。

在孩童时期，塞巴斯蒂安就经常看父亲演奏小提琴，他的父亲不但精通小号，还擅长小提琴和中提琴。塞巴斯蒂安是个非常好学的孩子，他是绝对不会仅仅在旁边观看的。至于键盘乐器，他在哥哥那里系统地学习过。后来，他很快学会了弹钢琴，他的兴致很高，在很短的时间内就掌握了哥哥交给他的所有曲谱。

他哥哥手里有一本汇集了当时很多著名大师的钢琴曲谱集，塞巴斯蒂安一再恳求哥哥让他学习，但是不知道为什么，总是遭到哥哥的拒绝。塞巴斯蒂安虽然年龄小，可是一遇到关于音乐的问题，他总是很果断。最终，追求进取的欲望，使他做出了一件情有可原的欺骗行为。那本书锁在一个有栅栏门的柜子里，他偷偷地从柜子里把书拿出来，在月光下进行抄写。

功夫不负有心人，经过六个月的努力，这本书终于完整地到了他的手中。那时，他经常在暗地里偷偷练习，不过后来还是被他哥哥发现了，哥哥不顾他的难过，无情地收回了他抄写的成果。

贝多芬15岁时就已经创作了一首美妙的回旋曲，可是塞巴斯蒂安却还在偷偷地抄写别人的作品。为了能够更好地理解一个孩子是如何做到这件事的，我们可以设想一下当时的情景：他要准备好乐谱纸，削好鹅羽笔，还要看当天的月光是不是足够亮。这个年龄的孩子都是非常需要睡眠的，可是他不能睡觉，他必须时刻保持清醒。每天夜里，他都要等家人都熟睡以后，再把准备好的东西拿出来，开始抄写。另外，学校还有老师留的家庭作业，他要在极度的疲倦中完成每一项任务，而且还不能让哥哥发现他困倦的神色。

一个少年，能够坚持几个月来完成一件这么困难的工作，可见音乐对于他来说已经不仅仅是游戏，更是一种发自内心的渴望了。

塞巴斯蒂安抄写的书被哥哥收回后，他并没有因为这次教训对哥哥有任何的怨恨，两个人一直有着非常深厚的感情，直到1721年克里斯朵夫去世。

雅格布在大哥家住到14岁的时候，获得了埃森纳赫的一个工作机会，这个乐师学徒的位置是从他父亲的接班人那里得到的。

约翰·克里斯朵夫是个很注重亲情的人，他不仅收留了两个弟弟，同时还收留了一个亲戚。可是塞巴斯蒂安到了15岁时，家里的人口增加了很多，人口的突然增多使家里的负担变得很重，而且住房也是一个大问题。

塞巴斯蒂安要离开了。

# 3. 伦伯格时期

公元1700年，对于塞巴斯蒂安来说是非常沉重的一年，因为这是一个必须重新寻找归宿的年代。以他当时的学习情况，他本来是可以去大学深造的，而且上大学也将为他音乐家的旅途创造更良好的条件。他当时很年轻，只有 16 岁，是完全有资格进入大学学习的。

可是为了不给收入微薄的哥哥增加负担，塞巴斯蒂安决定要自谋生计，他放弃了上大学的机会，选择去奥德拉夫的唱诗班里唱诗来挣钱。奥德拉夫的一位负责人从自身的经验中知道，伦伯格城的音乐教育水平很高，他也知道塞巴斯蒂安在这方面有着优异的成绩，于是负责人就推荐他和一个名叫乔治·厄德曼的同学到那里去填补"空缺"。

所谓"空缺"，除了可以获得免费食宿和冬天取暖需要的柴火外，还能在合唱队和更高一级的唱诗班中参加演唱来获得微薄的报酬。这样他就可以在学习的同时获得一些报酬，来解决自身的生存问题。

伦伯格离奥德拉夫有将近二百英里，当时正值早春 3 月，是最适合徒步旅行的季节，于是两人上路了，这一路很顺利，他们大约在路上走了两个多星期。1700 年 4 月 3 日是一个早到的复活节，他们在这一天成了伦伯格唱诗班的成员。从此，塞巴斯蒂安彻底摆脱了哥哥对他的严格监管，开始了一段硕果累累的音乐教育时期。

伦伯格唱诗班的活动有很多：每天早上的合唱、周末和假日的赞美诗合唱及重要节日配合乐队伴奏的合唱。除此之外，在交响合唱队和联合合唱队的范畴内，他们还要参加很多特殊场合的演出。

这方面的收入是按照一定的比例进行分配的，当然分给学生的份额是微乎其微的，不过对于学生却很可观。而且对他们来说更重要的是演出的内容，即所谓的"音型乐曲"，这是一种在对位小节中的复调音乐。"对位小节"是指：音乐里没有"旋律"

和"伴奏"，每个声部都是独立的曲调，但是加在一起还要符合和声的法则。

在这种乐曲当中，每个参与者都必须经过特殊的听力训练，同时还要掌握每个声部的强度和界限。唱诗班演唱的节目一般都具有宽广的对位音域。

年轻的巴赫正是因为经历了这种特殊的实践，才总结出了自己的特色：在他后来的作品中，即使是最困难的声部都保留可唱性。

在合唱队节目中没有的乐谱，巴赫可以在学校的图书馆里寻找，这里的图书馆藏书非常丰富，所以这位年轻的音乐家，就不必像在奥德拉夫那样偷偷抄写自己喜欢的乐谱了。他可以尽情浏览150多年以来200多位作曲家的作品，从而全面地了解当时音乐世界的全貌。当时约翰教堂的档案中也有很多乐谱的珍藏版，很多著名大师的管风琴作品令他大开眼界。

他读这些乐谱时，即使没有乐器，也能听到发自内心的声音。在奥德拉夫的时候，他在哥哥那里学会了钢琴，这种弹琴的能力，无疑是同通奏低音密切相连的——这是一种可以根据预示的低音和显示的和弦标志，以及间或出现的升降记号，全声部地按曲谱演奏出来的能力。

这位年轻的音乐家在伦伯格贪婪地学习着这些珍藏版本，他不仅阅读了全部的音乐文献，而且还理解了和声的法则和日常实践的复调音乐的规律。作为一个音乐行家，巴赫不仅看到了音乐的表面知识，也了解了其内部结构。

设在古老的伦伯格米歇尔修道院中的中学，是一所广纳兼收的学校，学生中包括最贫穷的免费生、市民阶层的子弟和贵族公子。

市民阶层的子弟是交响合唱队的主体，他们的所有学习费用，都是由他们的父辈支付的。出身贵族的公子少爷们，构成了一个"骑士学院"，他们甚至会雇佣仆人为他们服务。"骑士学院"注重高雅的行为举止，这在当时就是法式教育，所以他们通用的语言也是法语。

在学校的教学科目上，设有法国舞蹈课。我们都知道，舞蹈课是离不开音乐的，所以学校还专门聘请了一位法国舞蹈老师兼优秀乐师托马斯·德·拉·赛耶先生。这位赛耶先生同时还在策勒的宫廷里参加演出，这也使得年轻的巴赫有机会跟随老师去策勒欣赏音乐。

然而两地之间是有一定距离的，即使是搭老师的马车同去，路上也要花费很长时间——加上过夜的话需要四天的时间。这对于一名正在上学的学生来说，着实是一笔可观的开销，更何况时间方面的浪费也是一个很大的问题。

当然这并不意味着这样的旅行是不值得的，相反，巴赫利用这样的机会，实地了解了法国音乐的演奏方式。

有些音乐学家认为，巴赫在策勒不仅观看了很多音乐会，还在其中作为小提琴手参加了演出。但是实际上，像这样一个出身非贵族的贫穷学生，是没有机会在这种场合参加乐队的演奏的。

巴赫对于去策勒观看法国乐队有那么浓厚的兴趣，唯一的可能就是，他喜欢观看他们的排练。在排练的过程中，乐曲都被分解了，声部也都是单列的，对于困难的段落，乐队会突出练习，对于关键的部分，他们会一再重复，等每一个部分都熟练以后，再把这一切合在一起，作为一个整体演奏出来。

排练时，有兴趣的年轻学生是可以在场观赏的，乐队甚至引以为傲，因为他们可以向这些年轻的学生展示，一个真正的专业乐队是如何工作的。

对于年轻的巴赫来说，聆听音乐会已经不是那么重要的事情了，就像一个做枪支的工匠一样，他更大的兴趣在于如何把一支枪拆卸再组装起来，而不是如何去射击。

学习现代的法国音乐演奏，对于年轻的巴赫来说是非常重要的，但是这只是他在伦伯格期间学习的一个方面。使他热衷学习的还有很多方面：音型唱法，嗓音发生变化以后用中提琴为合唱伴奏，在学校的乐队中演奏小提琴，在图书馆查询音乐文献等。

长期以来，他都无比钟爱着一种乐器，那就是管风琴。早在他还是小孩子的时候，他就已经接触管风琴了。当时，他们每个星期天都需要去教堂，对于酷爱音乐的小巴赫来说，管风琴比所有的讲经布道都有趣多了。后来他住到了身为管风琴师的哥哥家里，虽然一直到 11 岁他都未能弹上管风琴，但是能够旁听和观赏已经令他十分满足了。

就这样，他了解了这个乐器中蕴藏着的各种可能性。巴赫勤奋好学，善于思考，他想要弄明白它们到底是怎么发出声来的。这样的一台管风琴，不仅是一件令人着迷的发音器械，同时也是一个技术奇迹。

乐器上面有形状、大小各异的风管，从 5 米高的最低音的 C，到只有一个手指甲那么大的最小的风管。接下来是按键和风管间的连接，按键和活塞的关联，它们之间都是依靠各种拉线和摇杆连接的。细细的木条越过千奇百怪的铰链，进入错综复杂的织网之中，再最终达到风管的活塞处。尽管其长短不一，形状各异，但却是如此均衡，只要给予同样的力量，就可以轻易地用手指进行操作。

出于对管风琴的极度热爱，后来年轻的巴赫还去汉堡拜访过卡塔琳娜教堂的管风琴家约翰·伊丹·雷因肯。他是荷兰人，生于代文特，是伟大的简·匹特素恩·斯维棱克的学生。

斯维棱克是荷兰管风琴演奏学派的创始人，我们可以把他称为管风琴领域里的弗兰茨·李斯特，因为就像李斯特赋予了钢琴独特的荣耀一样，斯维棱克也使管风琴有了神奇的发展，做到了人们认为不可能发生的一切，让人们更加深入的了解了管风琴。

当在特定场合需要沉重音效的时候，斯维棱克能使他的管风琴发出可怕的雷声，同时，他也可以在轻松的场合即兴弹出一段富有迷人魅力的乐曲。最后，在工作日的午后，当人们带着他们雍容的夫人进入教堂的时候，斯维棱克和他的同事们发现了自己的用武之地。因为他们可以模仿人声、震弓，还能使出很多独门绝技，能够让听众满心欢喜。

这种感染力是今天一流的摇滚乐队才具有的能力。

对于这种传统，很多没有听说过的读者会觉得很惊讶。按照中世纪遗留下来的习俗，教堂不仅仅是上帝神秘的寓所，同时也是社区活动的中心。情人可以在这里会面，商人可以在这里谈论生意，从市场回家的主妇也可以在这里休息片刻，打听一下邻居最新的绯闻。

如果我们谈起天才约翰·塞巴斯蒂安·巴赫，那我们不得不佩服他的活力和他那两条不屈的腿：他的年轻时代，他走了多少路啊！对于他来说，为了求知，没有任何一条路是遥远的，也没有任何一种天气是差的。

在这段时期，他花费了很多时间去策勒和汉堡，求索德意志、荷兰、意大利的音乐奥秘，同时他要练习管风琴，还要参加唱诗班和交响乐合唱的演出。要知道当时学校课程的安排也是很满的，他在这样的情况下还能按时上学，实在是非常不可思议的。

　　巴赫的课程中最重要的就是宗教和音乐实践。这两门课程是融合为一体的，实际上自从宗教改革以来，这两者就成了教学的核心内容了。宗教课程是正统的路德式的，主要采用的教材是莱昂哈德·胡特尔的《神学简论》，这本教材是已经使用了百年的神学读本，按照当时的教学方法，学生们是必须全部背诵下来的。在埃森纳赫时是这样，到了奥德拉夫和伦伯格，也是如此。

　　从1700年的复活节到1702年的夏天，巴赫在伦伯格的中学学习了两年多，这段时间他就像是一块海绵一样，以一切可能的方式吸满了音乐知识。从他来到伦伯格，他就立志成为一名音乐家。他全面地了解了伦伯格、策勒和汉堡的音乐生活，同时也深入学习了管风琴的制造工艺。他了解了合唱，精通了管风琴、中提琴和小提琴的演奏技巧，也知道了什么是一流的音乐家。他清楚地知道自己做过的事，也明白自己已经有能力去实践了。

## 4. 魏玛时期

　　1702年，这个17岁的少年决定要开创自己的事业了，此时，他必须迅速地决定自己究竟想要做什么。当再次站到伦伯格的公路上时，巴赫其实是相当孤独的，但他却并不悲观。

　　生活赋予了这个年轻人太多的东西。他从一开始就注定要独来独往：在父母家中时，他就是一只被遗弃的小鸟；他最亲近的哥哥雅格布和他在奥德拉夫一起生活了仅仅一年以后，就回到了埃森纳赫；而比他年长一倍的大哥哥，只不过是他的抚养人而已；然后就是和他同去伦伯格的同学厄德曼，但厄德曼只是为了求学才去伦伯格的，他们两人没有共同的爱好。

巴赫显然把更多的时间花费在了研究音乐上，他没有时间也并不需要和同学发展太深厚的友谊。他不仅要勤奋努力，而且正如他自己所说，还必须尽早自立。

巴赫的这种要强的性格贯穿了他的一生。他本人无系无派，虽然他对各派各系的情况都很了解，可是他却并不像那些平庸的天才那样，孤芳自赏，目中无人。

汉堡的雷因肯的演奏方法非常讲究，技巧处理也非常严肃——一板一眼，但是他本人却并不是清教徒。那段时间，他正在试着用德国方言演奏歌剧，要知道这个大胆的创新并不亚于今天在美国用英语演唱歌剧。

尽管雷因肯的这种创新备受大家反对，但当时整个欧洲对歌剧很痴迷，这使得他能够维持生计，并且招揽弟子。比如在离埃森纳赫不远的地方，有一个名叫亨德尔的年轻人，就花了几年时间在汉堡钻研这种体裁的发展潜力。不过塞巴斯蒂安觉得自己对这种音乐手法并没有很浓厚的兴趣，所以他也没有进行更深入的研究。

正在寻找工作岗位的巴赫，回到了图林根，他这样做是有其现实考虑的：仅"巴赫"这两个字在图林根就很出名，它不仅仅是一个代号，甚至已经成了一种职业，那就是音乐家。

对于年轻的巴赫来说，如果在什么地方可以找到工作的话，那必然是在图林根了。在当时，报纸和杂志这类媒体还没有出现，人与人之间的直接交流比现在强的多，很多无法用文字传播的东西，往往是通过口头讲述而传播于世的。

传记作家们说，当时在图林根是有管风琴师的空缺职位的，虽然有一些已经被他们的儿子们继承了，但是对于巴赫来说还是有机会的。他在那里进行了考试演奏，给人留下了很好的印象，市政委员会的先生们当时很想用他，但是最后考虑到他过于年轻，还是录用了一位年长的管风琴师。

巴赫一生总是遇到这样的事情，而他只能选择顺其自然。

现在，巴赫的生平出现了一段短暂的空白，一直延续了1702年整个夏天、秋天和冬天，以及1703年的春天。直到1703年的复活节，我们才又找到他，那时他正在萨克斯·魏玛公爵那里担任宫廷乐师。

"他通过什么关系来到魏玛，我们不得而知。"巴赫的第一位传记作家福克尔这样写道。总之，他重新回到我们视野的时候，已经是宫廷乐队的小提琴手和中提琴手了，他的职业是音乐侍从，这个职位在王公贵族的宫廷里是很平常的。

当时宫廷乐师的地位并不是太低，他也不是一般的侍从。

公爵一家都非常钟爱音乐和艺术，而且当时的宫廷管风琴师约翰·艾夫勒兼作公爵办事房的秘书，工作十分繁重，而他也不再年轻，有时坐在管风琴前想要进一步完善自己的技艺时，已经力不从心了。所以他是不会反对给自己放几天假来享受清闲的，这样巴赫就又多了很多机会。

说到公爵乐队演奏的节目，那时，法国音乐已经过时了，人们追赶的是意大利音乐的潮流。

# 5. 安斯塔特时期

塞巴斯蒂安没有在魏玛停下脚步，短暂的停留后，他又来到了安斯塔特，这里是巴赫家族每年聚会的地方。这里的教堂最近安装了新的管风琴，人们都引以为傲，他们请塞巴斯蒂安去试一试这架新琴。人们对他说："随便给我们弹点什么吧，我们想听听它的声音。"

于是巴赫满足了他们的要求，弹了一曲动人的曲子。安斯塔特人非常喜欢塞巴斯蒂安弹奏的音乐，于是他们当即决定邀请这位年轻人担任他们正式的管风琴师。

只是当时还有一点小麻烦，因为当时安斯塔特已经有一个管风琴师，他的名字是安德列斯·包纳。但是安斯塔特的人们保证，只要塞巴斯蒂安愿意接受这个职位，他们就会把包纳辞退。

这样的安排是完全不符合塞巴斯蒂安心中的是非原则的，最后他们达成了一个中庸的协定，那就是包纳继续负责早祷，并且领取全薪，而塞巴斯蒂安的薪水则是通过私人捐助的途径得来的。由此可见，这位年轻的天才在安斯塔特人心中的分量有多重。

安斯塔特人没有要求巴赫尽到一个市镇管风琴师所有的职责，巴赫在安斯塔特担任管风琴师的工作，仅局限在周日8点到10点的礼拜仪式、周一的祈祷和周四7点至9点的早课上。很多人会说，其实他并没有什么事情可做，但我们要说，其实他并没有什么机会来施展才能。

总之，他现在有很多时间可供自己支配，而且他也有不菲的收入。但是其中也有一些不太愉快的事情，比如他被安排给学校上课，教孩子们唱歌，训练唱诗班，打扫室内外卫生等，可这也从另一个方面说明，安斯塔特人对他的尊敬。他们知道他们新的管风琴手是多么的优秀，所以他们希望他可以一直留在那里，尽忠职守。

当然，安斯塔特除了给他提供了管风琴，也向他提供了参与乐队演奏的机会。当地的伯爵在宫里拥有一支比魏玛宫廷还要庞大的乐队，这支乐队有24名乐师，如果能再增加一名有才能的小提琴手，正是乐队求之不得的。

除了这些机会和优越的待遇以外，他还得到了一个更重要的东西，那就是他的自主。

当时的安斯塔特有大约 4000 位居民、三座教堂和一所人文中学，但是那里并没有合唱队，也没有复调对位音乐（虽然人文中学的校长有时也自己作曲，但是他们并没有建立一个合唱队）。巴赫认为在其他地方理所当然的事情，在这里应该也是可行的，所以他想要建立一个合唱队。

但巴赫毕竟不是当地人，他对那位校长、人文中学，以及自己在这个问题上的权力做了完全错误的估计。

在安斯塔特，学校的时钟完全是另外一个走法。那位钟爱音乐的校长，之所以没有在学校组织合唱团，道理很简单。安斯塔特是一个手工业发达的小城镇，而且城镇正好处于一条商道上。当地只有那些有地位、有钱的人，才有能力把孩子送进中学读书，而这些富家子弟知道自己的父母在社会上的影响力，所以无恶不作。其中有些学生已经年过 20，可是他们宁可做一些无聊的恶作剧，也不急着考虑毕业的问题。安斯塔特人都知道：这里的中学生是一群恶少，应该尽量避免和他们接触。

巴赫对此是有所耳闻的，但他并不害怕，他相信自己是可以管理好一支合唱队的。于是他开始了自己的行动，而且在初期收到了立竿见影的效果，他甚至没有为此付出过多的精力。

市政委员们感到格外欣慰，中学生们也感到非常开心，他们觉得，学校合唱队的创始人也是一个年轻人，在年龄上和他们相差无几，所以他们之间有一种亲近感。他们能进入教堂唱歌，说明他们都是一些像样的小伙子，而且参加合唱队也使他们获得了一定的社会地位。

但是这种状况只持续了一年多，就出现了两个大问题。开始时，学生们认为这只是一种乐趣，可时间长了，他们渐渐发现，它竟然变成了一种义务，于是他们开始讨厌这种社会活动。另外，这个新的管风琴师虽然还没有他们中年长的学生年龄大，可是他已经开始向他们提出很多要求了，这让很多学生不能接受。

我们都知道，巴赫是一个办事认真、一丝不苟的人，他所开始的事情，是一定要执着地进行到底的。虽然他的性格里有一些幽默感，但是在音乐方面，他是从来不开玩笑的，所以他会要求他的学生们也这样做。

巴赫的做法引起了合唱队员的抵制。对于这些富裕的学生们来说，唱歌就是一种兴趣爱好，是一种不承担任何义务的享乐，因为他们并不是依靠唱歌生活的。但是巴赫经常对他们的成绩感到不满意，他想把他们塑造成一支优秀的合唱队。就这样，他们开始对彼此都不满意。最终学生们决定，不再容忍他对他们的摆布。

据说，巴赫曾经把一个捣乱分子称为"吹大管的刺毛"，这在今天看来只是一句玩笑话，并没有骂人的成分，可是对他不满的学生却抓住了这个"良机"。于是几个学生举起了战斧，发动了真正的暴乱。

6个与巴赫同龄或比他年长的学生手持木棒躲在黑暗中，准备给他一些教训。幸好当时巴赫穿着宫廷制服，随身佩戴着起装饰作用的佩剑。否则如果这些学生伤到了他的手，他的命运恐怕会与我们现在所知道的完全不同。

巴赫向上级起诉了这件事，他本以为这些学生会受到严厉的惩罚，可是他忽略了这些学生的父母都是有一定社会地位的人，所以学生们只是受到了警告。在这次袭击事件中，巴赫没有得到公正的对待，而且他发现，教会上层人士不仅不支持他，反而明显地站到了他的对立面。

就这样，在安斯塔特搞复调对位音乐对巴赫来说，就算终结了。

其实，巴赫只是把组织复调对位合唱队当作一种艺术实践，并不是非搞不可的。首先，他还做着管风琴师的工作；其次，他已经开始了一件至今并未留下确凿证据的活动：作曲。

对于巴赫什么时候开始作曲来说，有很多这方面的推测，有人说他在伦伯格时就已经开始作曲了，但是缺少足够的证据，而且从时间方面来说这也是不太可能的，因为学校的功课已经占据了他太多的时间。

很多作曲家在年轻时代就已经开始作曲了，但是巴特给我们的印象却是：他一直在全身心地靠近自己的艺术殿堂，小心翼翼却十分严谨地前进。直到他年满18岁，我们都没有发现任何一份他写的曲谱，至少没有一份是他认为值得保留的作品。

但是到了安斯塔特以后就不同了：领导合唱队的时候，他写下了第一批曲子。其中一首是一个赋格，他把这首赋格献给了他的大哥，并用拉丁文写了一段充满敬意的献词。接着是一首随想曲，名字叫《送别亲爱的兄弟》，这是写给雅格布的，因为当时在埃森纳赫的雅格布得到了一个去瑞典的机会，即将远离家乡。这首随想曲的献词是用德文和意大利文写的，全曲带有浓浓的深情，这首曲子反映了巴赫对手足骨肉亲情的珍惜。

下面我们来讨论一下什么是"实用作曲"。塞巴斯蒂安的同时代人特勒曼就是一位只写实用音乐的作曲家，也就是说，他只有在他的音乐被需要的时候才会作曲。反对实用，从艺术角度看，是根本不成立的。能够提供这样的机会，恰恰是时代之幸运。莫扎特的歌剧也都是受人委托时才创作的，甚至他的安魂曲也是受人委托而写的。

但是在塞巴斯蒂安这里，我们却看到了一种奇特的现象，他除了为职务所需创作了很多作品之外，还额外为了满足自己的欲望创作了很多乐曲，这些作品被他的上级部门称为"无目的"作品，这在当时是一种通用的说法，但他自己并不这样看。

这其中包括他的大型管风琴曲，也包括《h 小调弥撒曲》和《赋格的艺术》，这些乐曲在当时是没有人预约，也没有人利用的。与他同时代的人很不理解他的这种做法，然而这却为我们留下了更多宝贵的财富。

当然他最著名的管风琴曲，都是实用音乐作品，比如《d 小调托卡塔和赋格》就是为管风琴考试而创作的。

赫尔曼·凯勒尔是一位在出版管风琴曲方面成绩卓越的出版商，他在描写这部曲子时，简直抑制不住自己激动的心情。他说："不会再有一部像托卡塔这样，从一开头就如此激动人心，以其闪电般的同度音一泄而下，然后是滚滚而来的断续的风琴和弦，再是暴风雨般的三连音波涛。"

被凯勒尔描绘的"滚滚而来的断续的风琴和弦"的效果，可以从两个方面来进行探究。首先，从管风琴技术角度来说，巴赫在验收管风琴时，总是习惯首先检验其风箱是否能够发送足够的空气。这种断续和弦可以使管风琴逐步获得足够的空气，这是演奏者用手和脚的驱动可以达到的效果，是一种十分有效的验证方法。其次，巴赫以琶音，也就是快速依次发出各个音阶的手法，来奏出一个渐强音，这种效果只有在管风琴上才有可能实现，而在管风琴字典里有关 d 小调托卡塔的条目中却找不到对此的解释，因为这是他独特的发现。

　　巴赫在安斯塔特创作的作品的结构和作曲技巧的复杂程度，在当时来说是绝无仅有的。如果说巴赫在作曲的过程中参考了先例，那并不是为了去模仿，而是为了摆脱这种影响。在这段时期，巴赫很多随意创作的管风琴作品都注明了写作日期，但是在众赞歌序曲上却很少出现这样的情况。如果当时他是为了把音乐献给他的教会，以此来满足自己的心愿，那么他的作品就应该主要考虑使音乐适应教堂礼拜的需要。但显然，他这时考虑的更多是音乐本身。

　　像所有真正的艺术家一样，塞巴斯蒂安意识到了自己的伟大，他绝对不愿意听从外省宗教代表会的差遣。如果我们用他晚年写给地方亲王和普鲁士国王的信来评价他的话，就会得出这样的结论：他和普通的百姓没有什么区别，和他们一样滑稽可笑，喜欢在权贵面前卑躬屈膝，令人讨厌。可是如果你真的因为这些话而这样想的话，你就错了。

　　所有对至高无上的权贵的忠诚和顺从，只是当时平民百姓与上层人物对话的固定格式而已。就像今天的"先生"这个词一样，它并不一定是表示尊敬的，也有可能是告诉经常打扰自己的人："如果这位先生再敢上门骚扰我的话，就要送这位先生去警察局了。"

　　关于这个问题，我们有大量的证据。巴赫的一生始终保持着自然的高贵尊严，安斯塔特的郊区牧师们是最先和巴赫打交道的人，那种滋味就像后来人们领教和贝多芬、李斯特或帕德列夫斯基打交道的滋味一样。这些伟大的音乐家都有一个共同点，那就是他们都认为自己和这个世界的统治者是平等的。

　　如果换成其他年轻人，他们一定认为巴赫在安斯塔特的职位完全可以满足自己的野心了。因为这是一个终身的职位，人们可以依靠它成家立业，那个时代的大多数音乐家不过是企求可以做到这一点罢了。

然而巴赫并不同意这种看法，他明白自己还有很多东西需要学习，但是他在安斯塔特学不到任何东西，因为在这里，他的地位更像是一个随从。于是他决定前往吕贝克，因为那里住着一位名叫戴特里赫·布克斯特胡德的管风琴师，他是一位非常伟大的音乐家，他成功地把吕贝克变成了整个北欧的音乐中心。

布克斯特胡德在 1673 年创办了一个音乐晚会，这个晚会在 11 月至 12 月间举行，就像今天托斯卡尼尼与美国广播公司交响乐团合作的音乐会一样，在当时赢得了巨大的声望。巴赫考虑到这位老先生已经年近古稀，如果他想要聆听大师的教诲就必须抓紧时间，一旦老先生离世，这一切就太晚了。

他当时申请 4 个礼拜的假期，并推荐他的表兄代理他的工作。由于有人负责他的工作，所以他得到了批准。在巴赫的一生中，他从未获得过这么长的假期。监理会的批准，应该是一种让步，他们希望用这种宽容的态度来获取他的回报。

但是巴赫有自己的主意，他知道超过 4 个礼拜的假期是无论如何也无法获准的。这次旅行，他必须徒步，这是理所当然的事情，对此，他已经非常习惯了，而且也已积累了丰富的经验。他不需要入住酒店，因为他可以自己找到留宿的地方，他也没有找无关的人和他同行，以避免别人打扰他的思考。

由此可以看出，他是一个独来独往、自由自在的行者。后来很多人指出，这次假期最后还是严重超过了时限。事实确实如此，因为巴赫一开始就知道 4 个礼拜对他来说远远不够，他事先不可能没有考虑到这一点。

要知道，他曾经从奥德拉夫走到了伦伯格，而且是在白天较长的三月份。他也曾经从伦伯格去过汉堡，他当然也知道吕贝克要更远一些。

他在上路之前就已经知道，他的假期太短，他是无法在批准的期限内返回的，关键是他也不想遵守这个期限。教会上层知道他此次旅行的目的地，但是仍然给予了批准，这只能证明他们是缺少必要的地理常识的。

从这个事件中可以看出，其实这时的巴赫和安斯塔特教会上层是一种无制约的关系。就像他在安斯塔特更重视赋格的艺术，而不是把主要精力放到同宗教礼仪相联系的管风琴音乐上一样。他对音乐进一步发展的重视程度，也大于那份教会的工作，何况这份工作还给他带来了不少麻烦。

到了 11 月底，著名的音乐晚会开始了，巴赫来的正是时候，没有人能让他经过长途跋涉后立即启程回家，因为这个要求太过分了。在这里，他经历了更为生动的实践活动，而且了解了一位有造诣的音乐家是如何在教会职务之外发挥特长的。

布克斯特胡德当时 69 岁，一年后的 5 月，他不幸离世。其实他早就想要隐退了，圣玛利教堂管风琴师的职位将要空缺的传说，早就已经传的沸沸扬扬的了。这个位子不仅报酬优厚，还提供一栋住房，但是它却有一个附加条件：想要得到这个职位的人，必须和老管风琴师的大女儿弗罗伦·安娜·玛格丽特·布克斯特胡德结婚。

人们调侃地说，这个女人是位有资格享受荣耀的女人，但是她体态臃肿，并不迷人。这样说也许过于苛刻了，可是事实确实如此，尽管她父亲是当时收入最高的管风琴师，并给了他女儿丰厚的陪嫁，但是她的提亲还是被约翰·马泰松和乔治·弗雷德里希·亨德尔等一些身无分文的杰出青年婉言谢绝了。由此，我们不得不得出这样的结论：她确实是一位让人"一见终情"的女士。最终神圣的婚姻把她和汉堡歌剧院的羽管键琴独奏家约翰·克里斯丁·舍佛德克联结在了一起。

约翰·塞巴斯蒂安·巴赫完全可以成为布克斯特胡德的合适的接班人，而且他的艺术肯定会在这里获得更好的发展，他也确实于1706年至1707年之间得到过这样的举荐。但是他和大多数年轻人一样，谢绝了这门婚事，不仅是因为双方的年龄差距过大，还因为他在安斯塔特早就找到了他生活中最佳的意中人：他的表姐玛丽亚·芭芭拉·巴赫。

这是他的一个远房表姐，虽说也比他年长，但却只大一岁。她的父亲是巴赫家族的成员，名叫约翰·麦克·巴赫。他曾经是靠近伊尔米垴的格列亨的管风琴师。在当时，他已经离开人世，他的家人由安斯塔特的家人照料。我们猜想，年轻的塞巴斯蒂安一定是在这里遇见玛丽亚表姐的。年轻的玛丽亚·芭芭拉"回报了他的感情"，直到不久之前人们还是这样说，于是这对年轻人就正式订婚了。

约翰·塞巴斯蒂安·巴赫于1707年1月踏上了返乡之路。严寒的冬日，白天最短，巴赫在冰冻的道路上，踏着泥浆和积雪前进。我们知道，他并不是一个不负责任的人，只是因为对音乐的钟情，才使他从一开始就计划超期返回。

但是他在学到了想学的东西，达到了此行的目的之后，立即就踏上了归途。当然，我们也可以说，爱情在其中起到了很大的作用。

到家以后，他就遇到了预料中的麻烦。安斯塔特权威人士的自尊心因巴赫的晚归而受到了很大的伤害，他们让他充分认识到，一个一钱不值的音乐家对供他吃喝的先生们负有什么样的责任。

虽然我们非常希望他们对天才的塞巴斯蒂安能够宽容一些，但是他们的神童犯了一个不可饶恕的错误，正好让这些权威抓住了把柄。年轻的乐师塞巴斯蒂安得到了 4 个礼拜的假期，然而他却离职达四个月之久，并且没有以任何方式提前通知雇主。于是，他回来的时候，小小的安斯塔特掀起了轩然大波，恼羞成怒的权威们终于有了发泄的机会。

1706 年 1 月，塞巴斯蒂安·巴赫在宗教会议上正式受到指控，他不得不洗耳恭听一长串申诉，在这里他被告知，他不仅犯下超期离职的可恶过失，而且对唱诗班的训练也十分怠慢，他们希望他能够尽快恢复中学生的唱诗活动。

这种要求对他来说意味着要面临什么样的处境，在市政委员会写给监理会的一份报告中可以看出。

1706 年 4 月 16 日，市政委员会写给监理会的报告中对学生的行为是这样表述的："他们对教师没有畏惧，在教师面前肆无忌惮地以最污浊的方式寻衅斗殴。他们不仅在马路上而且在学校里也携带佩剑，在教堂做礼拜时和教室上课时玩球，甚至出入不堪入目的场所。"这就是监理会推荐的那些歌手。

这时，塞巴斯蒂安已经有了经验，他不会再和他们打交道。人们责备塞巴斯蒂安·巴赫，他们说"他的青年狂热使他忽视了自己即使才华过人也要竭尽自己的义务"。然而他们却忘记了，唱诗班的工作，根本就不属于塞巴斯蒂安应尽义务的范畴。

巴赫的合同中并没有写清承担这项义务的内容，而且他有自己的兴趣。他喜欢音乐，想要用学到的新知识来完善自己的音乐。可是这样一来，他就干扰了教堂的礼拜活动。

首先是他的前奏过长，因为他总是想尽可能多地弹奏他的管风琴。当人们向他提出这一点后，他又演奏的过短了。即使没有这样的矛盾，作曲中的两个音乐方面的基本问题也令他困惑，那就是音乐中音准的问题和与此相关的和弦与调式的问题。

从物理方面来说，这两个问题是相当复杂的。今天普遍应用的是均衡的即"中庸"的音准。调式在理论上虽然可以计算，但是在实践中其实并不存在。尤其是管风琴，由于高音声管很多，所以在实践过程中格外困难。

巴赫自己的作曲作品就曾证实：其基本调式局限在三个升降记号范畴之内，即降 E 大调至 A 大调之间。问题就在于：如果为了使音响统一，而不允许管风琴使用某些调式，那么在通常的和声学以外，又有哪些和弦是可能发生的呢？

巴赫在安斯塔特时期留下的十几首管风琴众赞歌，也都反映出了这个问题。需要注意的是：当时的众赞歌的唱法和今天是不一样的，在众赞歌各个部分之间，管风琴要奏一段间奏曲，以便让教民们喘一口气，从而来进行默思。

这在巴赫的众赞歌"只有上帝才是英明的"一段中，尤为明显，他不但没有强调歌词中的"上帝对我们的喜爱"，反而预示了世界末日的到来。巴赫在这里运用的和声是极其大胆的，在那个年代来说，这简直就是肆无忌惮的，我们完全有理由称其为一场革命。

完全可以想象的出，教民听众由此而忘记了唱诗。这当然又是监理会召见他的一个原因："向他指出，他迄今为止在众赞歌中插入了很多稀奇的变奏，掺入了过多陌生的音调，致使教民们对此难以理解。"这些先生们没有抓住这个机会，向巴赫发出宗教方面的警告和指令，反而给巴赫上了一堂音乐创作课："今后，他如果想要插入异调，必须保持节制，不应过急地寻找异端的曲调……"

人们一直保存着有关宗教法庭的指控和巴赫先生的回答等文献。如果有人对艺术家和公众之间由来已久的斗争感兴趣的话，可以去读一读这些文献。

最后，这帮盛气凌人的权威者终于意识到自己的证据不足，眼看大势已去，便使出了撒手锏，怒气冲冲地责问管风琴师巴赫先生："为什么不久前让一个陌生少女混进了教堂，在唱诗班里唱歌？"

在那之前，受人尊敬的路德派唱诗班一直是由清一色的男子组成的，他们从来不允许女子加入其中，因为《圣经》里讲的清清楚楚，妇女在教堂里应该缄口不言。一个年轻的女子被悄悄介绍到唱诗班里去，这使得安斯塔特的家庭主妇在闲来无聊时想着，这个女子到底是谁？除了卢艾格认为，那位女士可能是玛丽亚·芭芭拉的妹妹之外，其他人均认为，那位"陌生的少女"一定是巴赫未来的生活伴侣玛丽亚·芭芭拉。因为他不太可能把未婚妻留在家里，而带着未婚妻的妹妹去参加唱诗班。

虽然发生了这种职业方面的不快，但是在安斯塔特生活的日子对巴赫来说，还是一段十分幸运的时期。在这里，除了生活着巴赫家族的远房亲戚外，还住着他已去世的叔父遗孀的妹妹，也就是他的姨母。他的两位远方表姐当时就住在这位姨母家中，其中的玛丽亚·芭芭拉就是他的意中人。两人在安斯塔特初遇时，塞巴斯蒂安·巴赫 18 岁，玛丽亚·芭芭拉 19 岁。这是一个相爱极佳的年纪，两个人迅速坠入了爱河。

在所有这些档案中，没有一处记载过，教会方面和这位管风琴师之间的人际关系如何。巴赫遭到了指责，并赋予了新的义务。这种办法当然不会改善他们之间的关系：这个上司已不能再给巴赫什么东西了，他决定就此离去。

1706 年 12 月，他听说穆尔豪森市圣布拉西乌斯教堂的管风琴师约翰·乔治·阿尔意外身亡。乔治是一个非常著名的人物，不仅在穆尔豪森。他的父亲约翰·鲁道夫，以前就是这里的管风琴师，在基督教新教的众赞歌曲集中，至今还保留着他创作的宏伟的众赞歌的旋律，例如《亲爱的耶稣，我们就在这里》和《永恒的朝霞》。

这个城市是一个自由的城市，富饶而有地位，作为文化中心，这个城市有令人骄傲的传统。巴赫在这里很有声望，人们不仅把他看作管风琴或者羽管键琴高手，更把他尊崇为一位崭新风格的作曲家。

我们可以这样认为，巴赫完全可以抓住这个机会，从安斯塔特前往穆尔豪森，但他却并没有这样做，他泰然地让其他应聘者先去。但是才华横溢的人不会永远被埋没，最终巴赫还是收获了成功。

在穆尔豪森，他的艺术像 3 年前在安斯塔特一样，受到了热烈的欢迎。当一个月以后教会理事会开会时，答案早已确定：新的管风琴师不是别人，就是巴赫。一名市政委员被派往安斯塔特，去和年轻的巴赫谈判。

穆尔豪森的条件和安斯塔特一样，但是报酬却高了很多，另外，巴赫从安斯塔特到穆尔豪森的旅费也可以报销。当时巴赫的高报酬只是一个例外情况，在安斯塔特和穆尔豪森都是如此，由此可以看出：这个年轻人确实是一个能够给人留下深刻印象的音乐天才。

就这样，巴赫来到了穆尔豪森。6 月 15 日，他签署了任职合同，并于 6 月 29 日交回了安斯塔特管风琴的钥匙，送上了辞呈。

安斯塔特伯爵监理会并没有刁难他，因为他们找到了接班人，就是巴赫去吕贝克时做代理的那位音乐家。他答应领着学生唱诗，并且要求的报酬也低得多。

巴赫和安斯塔特的解约于 9 月 16 日生效。为了搬家，他甚至从穆尔豪森预定了运输家具的车辆。唯一暂时留在安斯塔特的，就是他的未婚妻。从此，安斯塔特对他来说已成为过去。

巴赫早期的教会任职经历不能说是很愉快的。他当然不是那种忘记履行义务的人，也不是那种无能的组织者或者暴躁成性的人。但是作为一个从小就归附于教会的有天赋的音乐家来说，在经过了安斯塔特的事件之后，他改变了对教会的看法。

根据文件记载，这时教会和巴赫之间保持了相当远的距离。在安斯塔特的 3 年经历，已经使巴赫不会再相信这个地方教会中的任何人了。

在 1707 年，如果一个年轻人拥有了巴赫得到的这些，就可以结婚了。而且除了天上掉下来的关于工作的这块大馅饼以外，巴赫母亲的兄弟托比阿斯兰莫赫特去世后，又给他姐姐的每个孩子留下了 50 个金币，这更促使塞巴斯蒂安当机立断。

1707 年 10 月 17 日，在靠近安斯塔特的简陋狭小的多恩海姆教堂，约翰·塞巴斯蒂安·巴赫和玛丽亚·芭芭拉·巴赫结为了夫妻。

从那时起，约翰·塞巴斯蒂安·巴赫就被称为"乐师"了，他的学徒生涯宣告结束。他已经掌握了这门技艺，可以独立开创自己的事业了。按照他这一行的传统，乐师一定要结婚，所以说，塞巴斯蒂安做好了迎接新生活的一切准备。

# 6. 穆尔豪森时期

约翰·塞巴斯蒂安·巴赫在穆尔豪森的人际关系，是完全不同于安斯塔特的。穆尔豪森是一座自由城镇，它不隶属于任何贵族。经历了 30 年战争之后，这座城市失去了往日的辉煌。在巴赫到来之前的 1707 年 5 月，一场无情的大火，使半座城变成了烟尘和废墟。

两周之后，巴赫成了蒂维·布拉西教堂的管风琴师。这个教堂和圣玛利亚教堂一样，都是在火灾中幸免于难的。但是这场灾难留下的后果是非常巨大的，当时市政委员想找到墨水和羽毛签署任命证书都十分困难。这里的市政委员会和以往的不同：巴赫不再隶属于任何一个伯爵的宗教机构，而是成了市政府的一名雇员。

因而，他受到了市政委员会的高度重视。市政委员会由 3 名委员组成，3 名委员经常更换，他们的职务是主持城市的行政事务。

市政委员的更换是一次盛大的庆典活动，巴赫在一次委员更换的庆典上创作了一首康塔塔，这首康塔塔是由市政委员会出资制成铜版印刷出版的。这类作品在后来的魏玛和莱比锡都未曾重现，这是巴赫在他 65 年的一生中独一无二的康塔塔。

除此之外，还有 4 首也创作于穆尔豪森时期，这些早期的康塔塔和他在安斯塔特创作的管风琴曲一样，引起了人们的注意。早在巴赫 19～22 岁时，他的作品就已经向我们显示出了他是具有大师风范的，他的思想内容十分深邃，作曲技巧非常高超。这样的内容和技巧，即使在与他同时代的成名大师的作品中也很少找到。

布拉西教堂的管风琴非常破旧，对此，巴赫提出了一个详细的维修建议。另外，由于他在安斯塔特受到了那些公子哥和监理会的干扰，所以他没有很好的完善音乐的机会，现在他终于可以继续进行他在安斯塔特没有完成的事业：重奏音乐了。

穆尔豪森有着良好的音乐传统，这种传统一直延续到了附近的农村。在那里有一个名叫"音乐协会"的组织，这个组织可以把邻近的歌唱和演奏人才聚合起来。巴赫的前任就曾和他们合作演出。巴赫的五代前任都为此做出过巨大的贡献。他的上一届前任约翰·乔治·阿勒在才华和思想上都不如他的父亲约翰·鲁道夫·阿勒。后者不仅是这座城市的管风琴师，而且也是这座城市的市长。

由此可见，这个地方管风琴师的地位是如何的显赫。我们就可以理解，为什么阿勒去世后，这座城市的元老要在挑选接班人上花费如此多的时间。实际上，布拉西教堂的管风琴师就是这座城市的音乐主持。

年轻的巴赫就任时才 22 岁，他不仅成了这座城市的音乐主持，同时还接管了一个很有专业实力的穆尔豪森"音乐协会"。

现在看来，一切都预示着巴赫即将在音乐的舞台上大放光彩：和谐而美满的家庭、美丽大方又善解人意的妻子、优厚的待遇及音乐同行对他日益增加的敬意。

拥有了这些，一个人还能要求什么呢？

然而就在这时，穆尔豪森开展了一次邪恶的神学争论，无论在什么地方，处于什么社会，信仰什么教义，都会在固定的周期内受到这种争论的影响。

多年以来，加尔文教派和路德教派的新教徒都是以某些非常明确的原则来划分的。重演那些无聊尖刻又古老的争论是最令人痛苦的。这些争论总是无事生非，然而又不了了之，但是它经常使很多人精疲力竭，神经崩溃。随后不久，同样毫无意义的争论又会出现。

在穆尔豪森，巴赫最不能容忍的是郊区牧师兼蒂维·布拉西教堂的首席牧师具有虔信倾向。这是路德新教中的一个教派，以虔诚主义而闻名于世。巴赫是在路德正统学派的影响下长大的，在学校里他接受的都是正统派的神学教育，而正统学派也是安斯塔特的神学体系。

"正统"意味着"正宗"，而"虔信"则意味着"虔诚"。企图用内在的虔诚突破坚定的信仰原则的努力，并不是什么新发明的东西。早在100年前，约翰·阿恩特、菲利普·尼克莱等人就已经著书对此进行了阐述。这一教派得以传播，是从法兰克福传教士菲利普·雅克布·斯彭内尔的著作开始的，这部著作的名称为《虔诚的愿望》，这一学派也因此而得名。

回首"正统路德教派"和"虔信派"之间的争论，我们可以确信地说，当时的正统派是路德教派的死硬分子，他们坚信自从1563年接受海德堡宗教问答手册以后，所有关于信仰的问题就都有了最终的定论，然而虔信派则相信宗教是可以不断充实丰富及不断发展的。

虔信派认为，当初只有那些逆来顺受的无名之辈才愿意接受基督传来的信息，而他们自己正是这些人的后代。他们看不起现世和这个词所引申出来的一切，包括奢华的生活、戏剧舞蹈，以及其他各种各样的乐趣，因为这些都与灵魂永生的庄严事业没有直接的联系。

因为对音乐的热爱是直接从异教徒那里继承来的，所以对这些正直的民众来说，音乐是令人反感的，而他们的敌人——富有的正统派，却不仅非常喜欢赞美诗的演唱，而且还允许用管风琴来进行伴奏。这些出身贵族的绅士和他们珠光宝气的太太总是彼此竞争，攀比谁能请到世界上更有声望的管风琴家。

但是，如果一位管风琴师受聘以后公然叛逆，忘记了马丁·路德先生的圣训，沉溺于各种装饰音或不同寻常的声音效果，那么他就肯定不会被宽恕了。因为他们认为这些东西不但不能使人接近上帝，还会把人们引向所有基督徒都应该努力忘记的世俗快乐中。

教区牧师兼圣布拉希教堂的首席牧师约翰·阿道夫·弗罗纳，是一个坚定的虔信主义者。因此他不仅反对任何星期日的活动，而且反对任何世俗的娱乐或消遣，因为这些都被虔信主义信徒看成是罪孽。其中当然也包括音乐，特别是对教堂音乐的任何丰富或发挥。

然而，玛丽亚教堂的首席牧师乔治·克里斯蒂安·艾尔马却是另外一种人，他是非常坚定的路德正统派信徒。自从 1699 年来到穆尔豪森以后，他就开始了反对弗罗纳学说的斗争。但是由于此地虔信派教徒和传统路德派教徒人数相差无几，所以争斗常常发生。市政委员会不得不正式发布禁令加以制止。

在穆尔豪森存在的虔信主义，无疑是不利于塞巴斯蒂安的创作的。至于有关"虔信主义分子"的证据，无论如何都是要谨慎、认真对待的。"虔信主义分子"在今天的教内人士看来是不难分辨的。实际上，关键的问题不在于虔信主义的思想，而是在于不同派别之间的狭隘性。

从上面讲述的情况可以看出，塞巴斯蒂安那个时代的虔信主义，已经不仅仅是一种虔诚的宗教活动，而是变成了一种尚武的观念了，这种观念导致了大规模的政治对立和国家政权的干预。

马里亚教堂的艾尔马所代表的正是巴赫在其成长中所信仰的学说。巴赫是艾尔马的朋友，可是如果他公开和弗罗纳对立，自然会引起弗罗纳信徒的不满。但是艾尔马始终没有放弃对弗罗纳的攻击，以致市政当局不得不于1708年5月8日再次进行干预。

巴赫作为音乐家并不懂神学，对那方面的舌战他也没有什么兴趣，更不用说耐心了。于是，他决定遵从那句富有智慧的古老的德国谚语"聪明的人先认输"，再去寻找其他的职位。其实这对于他来说是非常容易的，因为他早已经名声在外了。

巴赫在他的辞职报告中这样描写了当时的情况，"尽管我对所委托的任务总是很乐意接受，但终归是违心的。从当前的形势看，今后也不会有所改观"。随后，他又补充了自己新的立场："我对教堂音乐创作的最终目的，只能在顺心的岗位没有其他人给脸色看的环境下才能达到。"鉴于市政委员会对他非常看重，所以"给脸色看"的其他人，显然不是指他们。在信中他还请求："请您同意我此次的愿望，免去我这微薄的教会义务，今后我如果还能够为您服务，必将全力以赴。"

这些尊贵的绅士同意巴赫走，但是他们要求巴赫必须答应一个条件。巴赫当时正在协助当地管风琴制造师修理布拉西乌斯教堂的管风琴，穆尔豪森市政会那些"高贵、崇高、博学、可敬的绅士"坚持要他们"最卑贱的仆人"继续负责必要的修理工作。巴赫表示同意以后，双方客气地分道扬镳了。

虔信派教徒在此次争论中占了上风，但是这是多么古怪的胜利啊！要知道他们打败的就是那位通常会在手稿开头写"J. J."的作曲家。

# 第三章 塞巴斯蒂安再次回到魏玛

## 1. 魏玛的宫廷生活

由于魏玛的宫廷管风琴师约翰·埃夫勒已经年迈，所以他辞去了这个职务。塞巴斯蒂安·巴赫熟悉魏玛宫廷，同样，魏玛宫廷对塞巴斯蒂安也很熟悉。

和在安斯塔特及穆尔豪森一样，当塞巴斯蒂安在魏玛公爵威廉·恩斯特面前试奏的时候，人们都被他精湛的技艺折服了，公爵喜出望外，不仅任命塞巴斯蒂安为宫廷管风琴师，而且还给了他宫廷独奏乐师和宫廷乐队首席的职位。在这里，巴赫得到了比以前的工作都要好的工资待遇。

巴赫在很多地方都得到比前一份工作更多的报酬，而他的接班人的工资却又退回到了他的前任的水平。从这里可以看出，他卓越的才干受到了多么高的重视。

从经济方面来说，他来到魏玛以后有了很大的改善，从艺术上来说更是如此。在魏玛，他可以在管风琴前、礼拜堂里、室内交响乐场合施展他的音乐才能，再也不受虔信主义反世俗教条的干扰。

然而从社会地位上来说，这并不是一次提高，因为他从一个自由城市的市民再次沦落成为一个君王臣民的侍从。这两者之间的差别，他在这里也有了进一步的了解。

至于在宫廷乐师中的地位，他则是被排在倒数第二的，他后面还有一位城市乐师。宫廷乐师在宫廷侍从人员中的地位被列为中下等，虽然比驭手和马夫的地位要略高一些，但是仍然是低于贴身侍从和宫廷园丁的。这也就是说，当时塞巴斯蒂安在魏玛的社会地位是相当低的。

1708 年，塞巴斯蒂安和玛丽亚·芭芭拉的第一个孩子出生了，艾尔马牧师为了当孩子的洗礼教父，专程从穆尔豪森赶来。这表明，塞巴斯蒂安和艾尔马之间的友谊很深厚。

巴赫有很多孩子，其中只有两名孩子的教父是宗教人士。还有一个值得我们深思的事情是，巴赫在魏玛的时候，一共聘请了15 位教父，其中也只有两名教父是来自魏玛的。

魏玛政府内部关系很复杂。为了防止国家分裂，威廉公爵决定，让他的两个儿子以同等的权力分别执政。于是就出现了两个宫廷、两份家业和两份个人预算及一份共同的财政支出。

塞巴斯蒂安曾于 1703～1704 年在魏玛待过一段时间，那时他就是在威廉公爵小儿子约翰·恩斯特的帐下任"私人音乐侍从"的。可是后来事情发生了变化，威廉公爵的小儿子不幸离世，所以大儿子威廉·恩斯特继位，这时他不再是个人的私人乐师。这样，塞巴斯蒂安就成了"共同宫廷乐队"的成员了。

巴赫的传记作家们，极力赞扬公爵威廉·恩斯特的人格。施威策说："他属于那个时代最高贵和最有教养的君王之一，他全心倾注于艺术事业中。"斯皮塔说："在当时德意志中部地区的小国君主中，大多都尽可能否认他们的德意志属性，只注重个人的荣华，而对管理国家的义务一无所知，而魏玛公爵威廉·恩斯特却是一峰突起，显示出独一无二的正直而深邃的个性。""巴赫于1708 年所依附任职的威廉·恩斯特公爵，以其非凡的品德和崇高的抱负而出类拔萃。他是那个时代君王中的一个例外。"这是特里的观点。

类似的看法一直持续到今天，奥特巴赫说："这位公爵始终注意不让正统观点和虔信学说之间的斗争蔓延到他的宫廷中来。在他执政期间，始终笼罩着一种启蒙式的进步气氛……从某种意义上讲，这种态度为魏玛文化的繁荣奠定了基石，从而吸引了歌德和席勒的到来。"

我们在格蒙德·舒尔茨那里也可以读到："执政的威廉·恩斯特公爵是那个时代君王中的一个例外现象，他认真地致力于提高文化的地位。从某种意义上讲，为世纪末的魏玛盛世奠定了基础。"在这之前不久，他还说到那个时期有"早期的古典主义气氛"。

然而，在音乐理论家们不约而同地一致唱赞歌的时候，历史却显现出了一幅完全不同的景象。

威廉·恩斯特公爵生于1662 年，并于1683 年开始执政。巴赫去魏玛的时候，威廉·恩斯特公爵已经46 岁了。在接管政府时，他和他的弟弟签署了一项协议，保障了他自己所拥有的权力。两年以后，他又通过法律程序，改变协议，进一步限制了弟弟的职权范围，扩大了自己的权势。又过了两年，他提出单独享有国家的最高审判权，这样做，实际上是把他的弟弟"打入了冷宫"。弟弟没办法，最后只好求助于德意志皇帝，希望重新得到原来属于他的权利，至少可以两人分而治之。但等待了 4 年以后，他的要求遭到了拒绝，最终，他彻底交出了执政。经过 9 年的争执，威廉·恩斯特终于达到了从一开始就渴望的目的。

毫无疑问，威廉·恩斯特公爵是一个很会治理国家、很虔诚的人，但是他却一点都不看重兄弟手足之情。1706～1707 年，他的弟弟已经病入膏肓、卧床不起了，但他却从来没有去探望过一次，因为弟弟对他来说已经无足轻重了。

相反，他对弟弟的两个儿子却极为关注，甚至不惜违背弟弟遗孀的意愿来取得两个孩子的监护权。然而，弟弟的大儿子恩斯特·奥古斯特却和他的伯父一样执着，决心不让自己应有的共同执政权像父亲那样被夺走。

于是，在这两个"微型国家"之间就发生了不断的纠葛，我们都知道，有纠纷自然就会殃及百姓的利益。有一次，威廉·恩斯特公爵让他的警察进驻恩斯特·奥古斯特税区村镇。随后恩斯特·奥古斯特公爵则派出他所管辖的 20 名士兵，到通往威廉·恩斯特村镇的公路上向行人收取过路费，而威廉·恩斯特则立即派人夺走了这些士兵的马匹。伯侄两人赌气式的报复，对百姓的伤害是非常大的。

除此之外，威廉·恩斯特的很多做法都是很无情的。当他的妻子夏洛特和他意见不一致时，他立即和她离婚，并把她幽禁在一所城堡里度过了余生。同样，他对邻国的"外交政策"也是强硬无比的，在他完全冷落他弟弟之前，曾同萨克森·埃森纳赫发生过一场争执，他提出要占有耶纳，并把此事提交给了帝国宫廷会议讨论。过了不久，他又同萨克森·哥达发生了类似的争执，随后又向施瓦茨堡伯爵安东·君特二世提出要求占有阿恩施塔特和凯佛堡的某些职位。这场争执持续了将近 30 年，最后帝国宫廷会议裁决威廉·恩斯特公爵败诉。

他在外交上取得的最重要的成就，就是他拒绝为萨克森派遣支援部队，从而避免了他的国家卷入北方战争的命运。战争不会给一个国家带来好处，尤其是一个很穷的国家。

1681年，他曾经颁布法令，禁止乞讨。由于他无法铲除根源来改变这种状态，所以只好让他的警察把那些遭遇不幸而沦为乞丐的人驱逐出境。面对那些四处流浪的吉普赛人，他会把他们直接从公路上送进监狱。他就是这样在国内建立秩序和规矩的。

威廉·恩斯特有一座监狱，全名是"监狱和孤儿院"，其实，把孤儿和犯人放在一起可以说是一种进步，因为在很多小国里面，孤儿都是被放在疯人院里长大的。

此外，他还实行了普遍义务教育。在那个年代，他当然不是最早这样做的，普遍义务教育在埃森纳赫早就存在。虽然他不是最早提出的那个人，但是他的教学课表却十分有趣。

伏尔泰在费尔内为他的农民讲授种植、园艺和畜牧课，他认为这比学字母更有实用意义。威廉·恩斯特公爵也认为，只要设立算数、写字、读书和宗教几门课，就已经足够了。穷人虽然不知道学这些东西有什么用，但他们知道，只要他们来上学，以后就可以从公爵那里获得丧葬费。

可他的这种行为没有给他的人民带来幸福，也没有给他的国家带来富有，因此，他只好借助于宗教，宗教活动成了他最大的爱好。他8岁的时候就做过布道讲演，他的父亲对此非常骄傲，立即让人印刷出来公之于众。威廉·恩斯特公爵很喜欢把魏玛的牧师们聚集在自己周围，让他们全部穿上法衣。当时，高级宫廷牧师在魏玛是个十分重要的职务，但不是公爵灵魂的左右者，而是魏玛国家教会的首脑。

　　在魏玛这个国家，去教堂做礼拜是每个臣民必须尽的义务。这里的市民经常在做完礼拜后，被公爵本人拦住，要求说出今天布道的内容。参加礼拜的人也可能被要求当众回答教义方面的问题。

　　威廉公爵在其他方面也非常注重秩序。他规定，夏天的晚上9点钟、冬天的晚上8点钟时，宫殿里的灯火一律熄灭，魏玛开始进入夜间休息状态。

　　虽然公爵建立了一个图书馆，但是他的臣民是没有机会进入的，而且他常常把时间用在收藏钱币和珍品上。

　　我们可以看出，这里完全没有体现出"启蒙式的进步思想"。康德对启蒙运动下的定义是："让人从自我约束的不自主中解放出来。"而公爵对此是一点都不感兴趣的。

　　自主的国民只会给独裁的统治者带来麻烦，公爵更愿意让他的臣民严格遵守路德正统宗教的礼仪行事。启蒙教育对他来说意味着一种障碍，他制定的学校教育课程根本不包括这方面的内容。如果谁不同意这个观点，那他大概是既没有研究过威廉·恩斯特公爵，也没有研究过启蒙运动。

　　然而这里有音乐。威廉公爵所喜欢和培育的当然不是室内乐，他更重视的是宏伟和激动人心的教堂音乐及华丽的狩猎音乐，因为狩猎是他喜欢的为数不多的爱好之一。为了显示气派，由16名乐师组成的"共同宫廷乐队"，在演奏场合一律要穿匈牙利海度肯军服演出。

　　自16世纪以来，宫廷乐队指挥一职除了短暂的中断以外，始终由德雷泽家族垄断。曾经创作过美丽曲调"在生命之旅途上走向耶稣"的亚当·德雷泽，就曾担任过魏玛宫廷乐队指挥，不久就由他的儿子继承了这个职务。在那时，他的孙子威廉就已经担任了乐队的副指挥一职。

人们或许会认为，在这种情况下，巴赫在乐队里很难有所作为，但是当时乐队的指挥德雷泽已经 64 岁了，而且他体弱多病，他的儿子又没有更大的抱负。所以，新来的管风琴师在乐队里参加演奏，让他们两人都感到非常满意。新来的管风琴师替他们做了很多工作，逐渐减轻了他们的很多负担。

室内乐当时只在公爵的侄儿恩斯特·奥古斯特和约翰·恩斯特的红宫中演奏。巴赫为他们的父亲效力时，就曾教过两个人音乐课。两个人都很有音乐方面的天赋，尤其是约翰·恩斯特。他创作了很多音乐作品，其中的两首还被巴赫改编成了管风琴协奏曲。

恩斯特·奥古斯特拉得一手的好提琴，他和他的伯父一样，是一个做事果断、非常有魄力的人，他决心要重新获得被伯父夺去的参与执政的权力。公爵威廉知道侄子的野心，他当然会极力抵制。所以在巴赫任职两年以后，一场大规模的伯侄之争爆发了。

当大侄子向他的伯父提出要求以后，公爵立即把侄子的幕僚禁闭了起来。于是，一场公开的战斗开始了，社会各界都牵涉其中。这场战争最后由哥达的埃尔内斯廷会议调停，但却没有让双方和解。

巴赫很少理会这些事情。他是管风琴师和"共同宫廷乐队"成员，他只按照合同行事，效力于两个宫廷。威廉公爵也不关心巴赫在红宫搞什么音乐，因为他知道自己是强者。如果两个侄子致力于研究音乐，那他们就没有时间参与政治了。

威廉公爵觉得聘请这位年轻的巴赫先生是他的一个良机。这样的一名管风琴师在周围远近是首屈一指的，他没有局限于合同规定的范围，只要有可用之处，他就立刻抓住不放。

自从巴赫来了以后，宫廷乐队的水平有了很大的提高。威廉公爵得到巴赫，意味着他得到了一名卓越的作曲家，这远远超过了他的想象。在这一点上，公爵毫无保留地给予确认。在后来的几年里，他不断地提高这位管风琴师的工资。

"慈祥的主人对他演奏的喜爱，使他得到了鼓舞，他试图把管风琴艺术的一切可能都尽情发挥出来。"我们可以在巴赫的悼词中读到这样的叙述。由此可以看出，威廉公爵对巴赫的能力和价值了解得一清二楚。最后，巴赫终于成了整个公爵音乐的灵魂。

威廉公爵经常给巴赫增加工资，但是却没有考虑过提高他的地位。巴赫没办法，最后只好为此提出了正式的书面申请。这样，威廉公爵才认识到了这一点，批准他为乐队首席。实际上巴赫早就已经开始担任这一工作了，只不过是现在才得到了正式认可而已。

应该指出的是，至今在乐队中起关键作用的乐队首席，在当时有着更为重要的作用。在海顿的伦敦交响乐进行首演时，乐队首席威廉·克拉莫的名字以完全平等的地位，和指挥海顿并列在节目单上。

巴赫在魏玛的乐队首席地位，在艺术上远远超过当时的副指挥德雷泽，实际上，他已经成了全乐队的指挥。

## 2. 塞巴斯蒂安当时所处的环境

如果有人认为，约翰·塞巴斯蒂安生来就是个老成稳重的人，大大的假发下面永远板着一副严肃的面孔，整天沉浸于复杂的四部和声部里，像德国外省的音乐教师那样，不拘小节却受人尊敬，那就大错特错了。

正如世人所说，塞巴斯蒂安一生保持着单纯的个性。他的家里有很多孩子，收入却很有限，这样的家庭自然是没有什么奢侈品的。正因为他有这种天然的纯真个性，才使他和很多才能平平的同行区别开来，没有因为满足于现状而停滞不前。

巴赫被称为一百五十年前的技巧高手，这不仅是一种乐器改进的结果，也与18世纪后半叶开始修建的公路有直接的关系。正因为有了公路，人们才可以大张旗鼓地踏上路途，使他们的名字传到更多的地方，让穷乡僻壤的百姓对他们的技巧叹服不已。

现在，毕业于任何一所不错的外省音乐学院的人，都能够掌握这些技巧，但是在当时，人们认为它们属于巫术，只有把灵魂抵押给魔鬼撒旦的人才能做到这样。

有时候，塞巴斯蒂安要到其他城市，去展示他演奏羽管键琴或管风琴的高超技艺，这时他只能搭便车或者步行前往。

尽管三十年战争已经结束快100年了，德国仍然是一个非常贫穷的国家。宗教战争中那可怕和残酷的杀戮，使人口锐减到战前的三分之一，现在正在向正常状态缓慢回升。

大片的德国领土遭到了瑞典、巴伐利亚、法国和无数参战方雇佣军的侵占和掠夺，不过他们很快就忘记了是为谁而战。许多村庄面目全非，变成了一片废墟。图林根的遭遇不像帕拉蒂纳德那么惨，后者在不到20年的时间里经历了32次侵略，好不容易战争结束了，瘟疫又来了。一连串的疾病使大屠杀的幸存者再次遭到蹂躏。

如果仔细研究一下巴赫家族的家谱，就会不断地看到某个约翰或者安布罗希乌斯或者麦克或者尼古拉斯，在1682年的鼠疫或1685年的传染病或1687年的热病或1699年的黑死病中，消失在人群中。

美洲的发现对德国也产生了一些影响，它在一定程度上破坏了德国南部的繁荣，这里在中世纪后半期曾经是旧大陆最富饶的地区之一。由于德国南部的城市处于意大利通往北海和波罗的海的主要通道，所以那里聚集了大量的财富。

罗马帝国衰落以后出现的第一批百万富翁是奥格斯堡的商人和贷款人，他们建立了富格尔银行家族，甚至还开发了约奇姆斯特尔银矿，赋予了这个世界"塔勒"或"美元"这些富有魔力的新字眼。

但是，现在这一地区出现了新的贸易通道，这个通道可以绕过好望角到达印度，而且到美洲也有了新的捷径，地中海便沦为了冷清狭小的内陆海。由于西班牙拒绝学习经济政治，所以他们遭受了很多灾难，它的势力日渐衰弱。一批新兴的国家把印度和美洲的货物从原产地运到欧洲，便立刻飞黄腾达了起来。

威尼斯、热那亚、比萨、佛罗伦萨的风光都已经不复存在了。死气沉沉的博物馆里，住着一群流浪汉，他们在废墟和荒废的宫殿间过着悲惨的生活；戒备森严的骡马商队载着丝绸和香料前行，他们不再走阿尔卑斯山危险的小道；奥格斯堡、茵斯布鲁克和纽伦堡只能靠消耗自己积累的财富才能得以生存。

很快，传统商业的改变影响到了整个德国。

接着就是劳民伤财、生灵涂炭的三十年战争，连年的战争把昔日里剩下的最后一点繁华也给毁了。

从此以后，德国成了农民和小乡绅的国家，那些可笑的小君主们顶着天大的头衔，风度却和拜罗伊特侯爵一样。如果他在餐桌上喜欢一个盘子，为了得到它，甚至能在里面吐口唾沫。

在北方，有人想在殖民地的开拓上分上一杯羹，结果却一无所获。而敢于冒险的英国和荷兰成了当时最富有的国家。

其实，德国殖民者到过委内瑞拉和非洲的西海岸，但是周边地区人们的嫉妒和他们自己资金的匮乏，导致了探险失败的结局。

德国两百年以来，始终保持着节俭的习惯，人们往往没有办法理解它的脆弱。在这里人人都坚信，一个人只有靠无休无止的工作，像苦行僧一样克制自己，才能生活。这种社会和经济模式，与美国最初的新英格兰模式没有什么差别。

但是，就像备受非议的新英格兰一样，生活虽然缺乏物质享受，却在其他方面得到了补偿。人们的确是很缺乏物质享受，然而他们却很有能力，并保持了自己的独立性格。德国人在历史长河中为我们的共同文明所做的贡献，在莱布尼茨出生到歌德去世这个阶段是最大的。

从政治观点来看，生活在那时的几代人其实完全是失败的。与塞巴斯蒂安同时代的那些人，并不认为他们应该成为"创造之主"，他们也不会为了证明自己的男子汉气概而不顾生命安全地去打打杀杀。

塞巴斯蒂安在新的职位上干了九年，正是在魏玛任职的时候，他极大发展了非凡的管风琴演奏技艺，也正是这种非凡的技艺，使他声名远扬。总的来说，这段时间塞巴斯蒂安不仅颇有成果，也非常快乐。

塞巴斯蒂安的薪水并不高，但是已经足以维持生活了，而且能够按时领到工资，在当时的音乐界是不多见的。开始，他每年只领156金币，但是每过一段时间，他那慷慨的雇主就会给他增加薪水。

虽然无法告诉大家当时的156金币相当于现在的多少钱，但这个数目足够供一个不断增添人口的家庭吃穿用了，还能使家里的男孩女孩都受到教育，让他们按照真正基督徒的准则长大成人。

多几个金币迟早是有用的，可塞巴斯蒂安不介意金币到底有多少，他的心思并不在这上面，他还有其他的工作要做，那才是他真正的工作。如果这意味着7个小巴赫不得不轮流穿同一件西服，这当然会令人很遗憾，但是这对他们倒是没有什么害处，因为这反而能教会他们仔细过日子。这种美德是应该从小就培养的。

## 3. 年轻的塞巴斯蒂安完善音乐技艺

在魏玛任职时期，塞巴斯蒂安开始对意大利作曲家的音乐产生兴趣，当时他们的事业正如日中天。这些幸运的大师所在的国家，还在享受四个世纪商业繁荣的硕果。虽然商业和贸易的繁荣已经一去不复返了，但是由此积累起来的财富还暂时保留着。

自古以来，艺术总是追随最丰盛的餐桌，难怪欧洲各地的音乐家都迫不及待地赶往这片快乐之地。这里有灿烂的阳光、廉价的葡萄酒、举止得体的少女和欧洲其他地区一无所知的优雅的社交生活。

今天也许不会再有18世纪意大利灿烂的阳光、廉价的葡萄酒和举止得体的少女了，但是我们有钱，我们付给一个一般小提琴手的报酬，相当于他在莱茵河、塞纳河、波河的家乡可以得到的十倍。

再过50年，我们甚至会看见，一个新的音乐流派在我们身边发展起来，能够超越中世纪的荷兰乐派和17世纪的意大利乐派。但是在那之前，我们还是要依靠三四百年前意大利人建立的传统来行事。

后来循规蹈矩的德国人掌握了意大利人的创新，随后他们发明了交响乐，向前迈了一大步。但是歌剧、协奏曲、奏鸣曲和管弦乐组曲这些形式，还是从前意大利人带给我们的。很难想象，意大利曾经是个多有眼光和品位的民族啊。

正是在魏玛任职期间，塞巴斯蒂安全面地了解了各种新颖的音乐表现形式，它们是从阿尔卑斯山脉另一侧传来的。然而，他的才华使他必然会改变所接触的一切，而且早晚会发现全新的音响色彩组合，那是意大利人做梦也想不到的。

现在就让我们以奏鸣曲为例，看看巴赫对它做了什么改进吧。

音乐词典上说，奏鸣曲是一种"音响作品"，是用乐器演奏的，与"康塔塔"不同，因为"康塔塔"是由人声演唱的。

意大利拥有温和的气候，那里的人民有出色的嗓音，所以他们擅长康塔塔。唱歌和用小提琴或其他乐器演奏乐曲是不同的，因为它不需要那么多训练，而且一个人可以在任何地方唱歌，比如在街上、卖菜时或照看葡萄园的时候。

可是北方民族所处地区气候潮湿，他们的生活更多是在室内度过的，他们经常会感冒，还要战胜最新的气管炎的侵袭，所以他们不能经常享受这种唱歌的乐趣，自然就会更中意于乐器。

掌握乐器是需要无限的耐心和专注力的，他们的灵魂一丝不苟，这种乐器比一曲辉煌的《我的太阳》更适合他们。

巴赫基本上是一个"室内型"的人，他试验的各种奇异乐器组合是以前从未有人尝试过的，但他却对此乐此不疲。他进行音乐尝试的条件比我们现在要好很多，因为在十八世纪后半叶，古老而荣耀的维奥尔家族的许多音乐乐器成员都还健在，而且非常受欢迎，可是现在它们却像古老的渡渡鸟一样绝迹了。

这个家族里有正统的小提琴，有它又大又笨但是很实用的表兄低音提琴，还有其他几位表兄，因为种种不足而演化成了大提琴和低音维奥尔。那里还有多弦抒情维奥尔，臂上提琴和许多其他维奥尔，现在这其中的大多数已经成了博物馆里的展品。虽然中提琴和高音维奥尔音色不亮，但是它们却比同一家族的其他成员寿命都长。

借用生物学家的术语来说，当时的音乐乐器还有其他一些"变种"，比如微型小提琴和中音小提琴，以及某些大胆的乐器制作者制造出的稀奇古怪的东西，它们被称为"崭新的创造"。这些乐器曾经被大肆地宣传过，但是过后就完全被人遗忘了，就像我们在杂志广告页看到的那些类似试验一祥。

有很多中长笛和管乐器现在早已完成了它们的历史使命，但在巴赫的时代它们曾经非常活跃，巴赫用它们组成了各种奇怪的组合。而现在，除非人们比较怀旧，否则已经很少再弹奏这些乐器了。但是就在这些试验中，出现了一种我们非常熟悉的新现象。

直到约翰·塞巴斯蒂安登上历史舞台之前，奏鸣曲几乎都是为一两把小提琴和一把大提琴而写的，外加一个管风琴或羽管键琴简单低音通奏或数字低音。

在这里我们需要知道，"数字低音"和叫作低音提琴的乐器毫无关系，它只不过是一种音乐速记法。那时人们认为每个乐手都必须牢牢掌握自己的技艺，在演奏之前要把所有细节都写得一清二楚，这样就可以随意地转调。

现在巴赫要用各式各样的小提琴、自己心爱的羽管键琴和相当可靠的管乐器，开始他有趣的试验了。

受到了意大利音乐的启发以后，他向同事们展示了单调的古老奏鸣曲翻出的新花样，很快，这些同事都被他的创举惊呆了。正因为这样，我们才有了配器是弦乐、羽管键琴、圆号、双簧管、低音维奥尔、臂上提琴和小号的《勃兰登堡协奏曲》。

巴赫把这组乐曲献给了勃兰登堡侯爵，也许他希望从中得到一些象征性的感谢。但是结果却令他非常失望，因为这位侯爵是个非常枯燥乏味的人，他的一生从未让人演奏过这些协奏曲，他死后各个声部以一先令一份的价格卖掉，进了满是尘土的音乐图书馆的书柜。

一个多世纪之后，当它们重见天日时，那欢快的音符令听众震惊，但演出的组织却让可怜的指挥家们着实头痛了一番，因为他们必须找到技巧高超的乐手，来掌握第二声部轻快顽皮的 F 调圆号。最后他们失望地发现，这种 F 调圆号高手已经绝迹，只能找一些有名无实的普通圆号手凑合。

那么塞巴斯蒂安·巴赫是从哪儿得到它的灵感和美妙旋律的呢？从这方面来说，伟大的塞巴斯蒂安很像伟大的埃冯河畔斯特拉特福德、伟大的威廉姆和他同时代的亨德尔一样。但是塞巴斯蒂安借鉴别人的作品时要比乔治·亨德尔斯文的多，因为亨德尔常常对这种偷窃行为大吹大擂，而塞巴斯蒂安始终是一位绅士，需要感谢的时候他总是做出应有的表示。如果他穿着借来的华服，他一定会让世人知道。

但是，巴赫的手稿却没有得到精心的整理。现在我们怀疑，他的四首所谓《威瓦尔蒂改编曲》中有两首根本不是威尼斯圣马克教堂红发教士的作品，而是由约翰·恩斯特大公创作的。

每当巴赫对较为复杂的管弦乐作品稍感厌倦的时候，他总是善于用其他人的作品练手，他为它们做其他乐器的配器，这是一个熟悉各种技巧的最佳方法。就像曾经用毛笔的版画家北斋对绘画"着了魔"一样，许多18世纪的作曲家也同样对音乐着了魔，所以，巴赫总是有很多改编的零活可以做。

多产的威尼斯音乐大师威瓦尔蒂为我们留下了38部歌剧、12首为两把小提琴和一把大提琴而作的三重奏、18首小提琴奏鸣曲和多达80首小提琴协奏曲，他也偶尔创作过为两把、三把或四把小提琴而作的协奏曲。

巴赫会把它们改编成管风琴或羽管键琴的音乐语言，并重新予以估价。他孜孜不倦地利用一切有用之材，他对音乐的热情非常高，甚至还能抽出时间改进管风琴演奏技巧，包括键盘、踏板和音栓的操作。

这些改编曲中的绝大多数，我们只是有所耳闻，因为没有手稿让我们可以用文字来了解大师是如何掌握踏板和音栓的。

还有一件事更令人难以想象，那就是他始终没能用上一架优质管风琴。他希望有一天能得到一架，然而这个愿望却始终没有实现，于是他渐渐地成了一名管风琴制造师。一些偏僻市镇的教堂创造新的管风琴的时候，都会请他来帮忙。

但遗憾的是，作为管风琴演奏之父的巴赫，却从来没有拥有过这种乐器，这一定令他非常失望，但是即使这种忽视使他受到伤害，他也从来没有在流传下来的书信中提到过。

# 第四章　塞巴斯蒂安离开魏玛

## 1.　塞巴斯蒂安离开魏玛的原因

巴赫离开魏玛，这让很多人都无法理解，人们会好奇为什么巴赫要放弃这么好的岗位？唯一对巴赫离开魏玛的细节给予描述的，是魏玛教会高级委员赖因霍尔德·姚尔尼西，他以严谨的科学态度，整理了巴赫在魏玛的相关材料。他虽然也只是反映了一半事实，但却远远超过了其他人论述的总汇。

对于巴赫来说，1716 年是非常重要的一年。这既是巴赫一生中一个卓有成就的年份，也是一个危机四伏的年份，当然这种体会，他是在以后才慢慢感觉到的。

事情的起因是当地发生的政治事件，当时的巴赫显然低估了这个事件对自己命运的影响。

虔诚的威廉·恩斯特公爵遵照父亲的遗嘱，必须和他的兄弟平分政权，但他又极不情愿让他的侄子获得比弟弟更多的权力。就这样，伯侄之间的争执愈演愈烈。

1716 年，当侄子要求从国库支取钱财大兴土木时，公爵立刻提出他也要支取钱财来扩大自己的收藏。侄子的钱留在了国内，而他的钱却流到了国外。可他仍然很恼火，于是他压缩了侄子的红宫晚间照明用的蜡烛的数量。因为蜡烛的费用出自共同的金库。

也是这一年，侄子终于受够了伯父的独断专行和自我吹嘘，于是他向帝国宫廷委员会控告了伯父，想要讨回自己的一切。其实在当时，公爵的声誉已经江河日下了，他周边的很多贵族都已经不再和他往来了，但是他自己对这些却不予理会。可是侄子的控告还是使他处于了非常难堪的境地。为了报复，他在减少了侄子的照明费用以后，就打算采取进一步措施，夺取侄子生活的乐趣。

宗教正是一个良好的契机。由于虔信主义思想有助于国内的子民脱离红尘，学会忍耐和知足，所以公爵并不反对这种思想，但是他却反对虔信派个人信仰的方式，因为它有可能导致国家的分裂。他的侄子当然不愿意和他一起做祈祷，他更倾向于在家中静修。于是公爵就借口反对虔信主义而发出了禁令。

宫廷的老首席传教士去世以后，威廉公爵就任命当时颇有声望的神学家托伊纳为接班人。他希望这位新传教士能够在宗教这一层次上干预他和侄子之间的争执。可惜的是托伊纳一开始就好心做了错事，因为他认为自己有必要让威廉公爵找回良知。

可威廉公爵坚持《圣经》中的一句话"不顺我者，即反我"，于是他长期不让这位传教士赴职，直到这位传教士修正了自己的立场。

伯父继续反对他的侄子。由于侄子喜欢音乐并扶持音乐，那么最好的办法就是，取消他对"共同宫廷乐队"的使用权。然而，侄子对伯父的这个指令并不予以理睬，因为他的血管里流淌着和他的伯父同样的血液，两个人都有强硬、不服输的性格。最后，威廉公爵召来乐队成员，明令禁止他们以任何方式为他的侄子提供音乐服务。

这也是巴赫被卷进去的一个方面。作为乐队首席，他把自己看成是乐队的领导，而不是普通成员。公爵的侄子是真的喜欢音乐，而公爵只是把音乐作为一种排场。巴赫和公爵的侄子有着友好的关系，和公爵却没有任何个人交往。

而且，巴赫承担着合同明确规定的义务，为两个宫廷创作音乐。他看不到有什么理由，不去遵守合同的这种规定，因而他继续和公爵的侄子一起从事音乐活动。

总而言之，这位老公爵并不是一个和善、随和的人。红宫中的侄子虽然也不能算是贵族中的开明典范，但是他起码是生机勃勃的，而且和巴赫的关系比较亲密。

1716年公爵的侄子结婚了：他的新娘是安哈尔特·科藤的利奥波德亲王的姐姐莱诺拉·维海米娜。奇怪的是，他们的婚礼并没有在魏玛举行，而是在属于安哈尔特·科藤的尼恩堡举行的。

他的伯父是否参加了婚礼，我们不得而知，但是婚礼上是不可能没有音乐的。科藤的侯爵是个狂热的音乐爱好者，通过他的妹夫，他认识了一生中最重要的人物——巴赫。

开始时一切都是循规蹈矩的。2月，威廉·恩斯特公爵应邀去参加魏森费尔斯公爵克里斯蒂安的诞辰活动，活动包括观看歌剧和参加狩猎。威廉公爵带去了他的乐队首席，巴赫就是以这种方式开始了和魏森费尔斯交往，这段关系后来持续了很长的时间。

这之后，巴赫继续在红宫中演奏音乐，威廉·恩斯特公爵对此保持沉默，显然他并不想采取反对的措施。

在这期间，巴赫也结识了前一年就任的中学副校长约翰·马蒂亚斯·盖斯纳，两个人之间建立了很深厚的友谊。盖斯纳非常喜欢音乐，他是巴赫音乐的狂热崇拜者。

在头一年，巴赫的第三个男孩出世时，他为威廉公爵创作了一批美妙而具有现代意识的康塔塔，这批康塔塔加入了咏叹调和宣叙调，这在当时曾被认为是歌剧对教会的入侵，因而遭到了非常激烈的非议。但是巴赫显然是另外一种观点，他认为恰恰是这一技巧给教堂音乐带来了生气。

1716 年 12 月 1 日，乐队指挥老德雷斯离开了人世，对巴赫来说，乐队指挥一职理所当然应该归他所有，何况他实际上早就做着这个工作，只是需要正式确认而已。

但巴赫完全想错了。早在他在红宫演奏音乐的时候，威廉公爵就已经发现他的乐队首席违反了他的指令。一个不尊重他命令的人，是不能考虑担任乐队指挥的。出于报复心理，他决定要让巴赫知道违反命令的后果。虽然后果很严重，但是他开始时却不让巴赫感觉到，甚至不通知他。

这期间，公爵还给他涨了工资，以显示他是一个多么宽宏大量的君主，但是暗地里，他却决定要彻底毁灭巴赫对这一职务的期待。

公爵选中的接班人是特勒曼，此人自 1712 年开始就担任美因河畔法兰克福城市乐队的主持，在那里他不仅开展了很多演出活动，而且也显示了多方面的组织才能。然而，特勒曼在法兰克福有一个称心的职务，而且他认识巴赫。所以当他收到公爵发给他的邀请信后，立刻回信说，在他身边的巴赫就是最好的音乐家，也是乐队指挥的最佳人选。

巴赫从特勒曼方面知道了这封回信后，立即向公爵正式提交应聘这个职务的申请，但是他并没有得到答复。随后他又写了一封卑躬屈膝的信提醒此事，仍然没有回音，最后他申请晋见，但是仍然没有获得批准。

虽然公爵没有得到理想的人选，但他决定无论如何不能启用巴赫这个乐队首席担任乐队指挥。

当时威廉公爵四处传言，要让德雷斯的儿子接替他父亲的职务。这种谣言一直持续到年底，并最终成了现实。公爵的这种态度显示了他在音乐方面的水平：当他不能得到第一流的音乐家的时候，得到一个三流音乐家他也完全可以满足，因为音乐水平对他来说是无所谓的。

另外，巴赫为了作曲每年都从国库得到一令双页曲谱纸，但是公爵当时已经不想见到他了，所以他取消了曲谱纸的供应。这对于巴赫来说，意味着他已经不再是作曲家了。

当科藤侯爵听说巴赫没有取得魏玛乐队指挥的职务时，他高兴地邀请巴赫到科藤来担任他的乐队指挥。科藤侯爵本人是一个狂热的音乐家，而且他从内心里清楚，巴赫是个什么等级的人物。

为了吸引巴赫，他给出了最优厚的条件。但这不仅仅是钱的问题，与此相关的还有巴赫社会地位的猛升，这在他的大部分传记中都很少提及。

在魏玛，约翰·塞巴斯蒂安·巴赫的地位始终是一个侍从，但是如果他去科藤，就会属于宫廷官员系列，只有宫廷总管位居他之上。在某些方面，他的地位甚至高于科藤市长。可是很多人都忽视了社会地位的上升在那个时代的意义。

另一方面，威廉公爵的决定，实际上是把他冷落到了一边。

当一个人不被重视的时候，也就没有人能把他留下了。所以，巴赫提交了辞呈。就像前几次的申请和要求晋见一样，他仍然没有得到任何回音。巴赫对于公爵来说只是一个侍从，所以公爵不理巴赫是不需要做任何解释的。

巴赫还没有和傲慢的权贵打交道的经验。

在安斯塔特，他顺利地从伯爵的臣民地位中解脱了出来，而且伯爵还批准了他和玛利亚·芭芭拉·巴赫的婚事。

在魏玛，他和约翰·恩斯特公爵的合同也得到了顺利的解决。但是当他失去了乐队的领导职位，甚至连他的作品也无人问津之后，问题已经很清楚了，他无法也不想留在这里了。

在这种情况下，巴赫和科藤的侯爵签署了合同，规定于1717年8月1日起就任那里的乐队指挥一职，他这样做是完全可以理解的。因为在当时，他们认为辞别只是一个形式。但是对于威廉公爵来说却不是这样的，他遵循《旧约全书》的信条："我要走向你们，并教训你们，你们应该爱我。"所以当8月1日到来的时候，巴赫一直没有得到威廉公爵的答复，他被留在了此地。

这时我们会想，为什么塞巴斯蒂安·巴赫不能不辞而别，直接去科藤呢？这里实际涉及了那个时代的法律和制度问题。我们可以回忆一下，直到1807年，普鲁士的奴隶制才得以废除。根据魏玛的警察治安法规，任何人在拿到解职证明之前，是不允许接受其他职务的，没有公爵的特许，任何雇佣者都不能出境。巴赫正是置身于这样的窘境之中：只要威廉公爵愿意，他可以把巴赫埋葬在这块虔诚的魏玛土地上。

安哈尔特·科藤侯爵试图干预。但是显然，和威廉·恩斯特公爵进行谈判是毫无意义的。因为科藤侯爵和公爵的"敌人"——他的侄子恩斯特·奥古斯特是连襟。但是侯爵很关心巴赫，他曾经派一名骑手前往魏玛，两个星期后，又派了两名侍从，在那里整整停留了一个星期。由此我们可以想象，侯爵向巴赫提供了个人保护，但是巴赫没有接受这番好意。

巴赫通过同公爵痛恨的侄子一起搞音乐，以及过高估计了公爵对艺术的兴趣，不可避免地陷入了这个恶劣的处境之中。不但威廉公爵是这样的，他的侄子也和他一样，有着非常强硬的高压政策。

当恩斯特·奥古斯特掌权以后，他的第一小号手申请辞职，他不但不允许，还把小号手痛打了一顿，而当小号手仍然想离开这个国家的时候，恩斯特·奥古斯特则把他禁闭在了一座囚塔当中。这个公爵就职时就宣告："每个下属，凡要叛逆的，均判以 6 个月监禁。"

## 2. 巴赫前往德累斯顿与 路易·马尔尚比试音乐技能

就在这困难且危险的处境下，1717 年的秋天，巴赫获得了一份去德累斯顿的邀请。其实巴赫的交往很广泛，绝对不是像斯皮塔所说的那样，"他的艺术创作及生活，满是寂静和单调"。虽然从来没有去过德累斯顿，但是在那里他有很多熟人，而且这些人都不是一些无关紧要之辈。

毫无疑问，巴赫接受了德累斯顿的邀请。巴赫之所以可以去德累斯顿，是因为他没有离开维提纳区域。我们不知道，巴赫是否获得了那位顽固的威廉公爵的恩准，但是请假去德累斯顿是很难拒绝的一件事，因为奥古斯特大王是所有维提纳公国的宗主。

德累斯顿的音乐和威尼斯的音乐一样辉煌。然而使它辉煌的既不是它的歌剧，也不是它的乐队，而是因为它是波兰国王的驻地。

"波兰国王"不止是一个形式上的称呼，尽管波兰的贵族一再限制国王的权力，但它并非是一个虚名。萨克森大选侯宫殿的光彩夺目，是波兰王室授予两位维提纳族人国王的地位以后才出现的，并经历了文化、经济的大繁荣和历史上最长的和平时期。

时至今日，波兰的历史学家，都把维提纳国王统治时期描绘成最光辉的历史阶段。实际上，当时萨克森和波兰的结合，确实给双方都带来了好处。萨克森当时是德意志各邦国中最富裕的国家，并一直延续到 7 年战争前。

波兰国王和奥古斯特大王在帝国君主中占据很重要的位置，萨克森大选侯也是如此。他当时在大选侯中名列第一，地位仅次于皇帝，是皇帝的副手。作为助理，他也曾掌管过皇室的事务，因而和维也纳皇室有着密切的关系。

在他的政府中，不仅有萨克森的贵族，也有波兰的贵族任职。

王室中的权臣雅格布·海因里希·封·弗莱明伯爵就是波兰贵族的显赫象征，他在波兰的财富超过了整个萨克森候选国。

所以，前往德累斯顿是一件大事。不论是维也纳还是伦敦，是马德里还是圣彼得堡，都没有如此的光辉，至于柏林和其他德意志王室就更不值一提了。

1717 年秋，巴赫前往德累斯顿。其实德累斯顿向他发出这个邀请并不是没有缘由的，当时德累斯顿的乐队遇到了麻烦，那里新去了一个叫路易·马尔尚的名家。

在去那里之前，马尔尚曾经在凡尔赛担任法国国王的宫廷管风琴师和羽管键琴师。到达德累斯顿以后，马尔尚四处招摇，就像某个流行摇摆乐队的主唱由于环境所迫必须去边远小镇避难时一样。这位法国人总是以高高在上的态度来对待德国的一切。

巴赫先生了解路易·马尔尚先生的所有作品，并把他尊为才华出众的羽管键琴演奏家。这位法国人准备开始一项新的事业了，他了解自己的音乐世界，也了解宫廷中的音乐世界，他知道如果能开展一次音乐活动，就能让自己获得人们的注意和尊敬。

一些音乐爱好者决定让巴赫和马尔尚用音乐比武的方式来判断，这两位音乐家到底谁更伟大。一场以阿波罗神的名义举行的比赛在首相弗雷蒙伯爵家中进行。弗雷蒙伯爵酷爱音乐，甚至在家里供养了一支乐队。

比赛当晚，人们都兴奋地等着看比赛的结局，然而当约翰·塞巴斯蒂安·巴赫到场以后，他的对手却没有出现。仆人到马尔尚的住处打听他缺席的原因，却听说路易·马尔尚先生雇了一辆马车，带着他的家当急匆匆地向西去了。

于是巴赫被宣布为胜利者。因为对手缺席而获得的胜利不算什么，但是在当时，这给了巴赫先生最需要的东西，也就是正确的舆论。

巴赫和马尔尚的会面，或者说没有成功的会面，通常都被简单地说成是一次爱国主义的行动，是德意志音乐家战胜法国音乐家的一次战争，即使不说是德意志民族主义式的胜利，也要说是巴赫这次艺术之旅的一个特别成果。

之所以会出现这种说法，是因为人们没有仔细研究一下路易·马尔尚。实际上，马尔尚不是一个偶经此地的无名之辈，而是一个赫赫有名的音乐家。路易·马尔尚14岁就在内威斯主教堂担任管风琴师，20岁就任巴黎耶稣教团的管风琴师的职位，24岁就已经获得"一级管风琴师"的称号，31岁成了"王室管风琴师"。他是法国管风琴艺术的重要代表人物。

在路易·马尔尚的音乐作品上，他的名字前总是加一个"大"字。路易·马尔尚是一个非常自信、非常自我的人，他失去职务是因为他离开了冷落他的夫人，于是夫人提出要抚养费，国王为此判决马尔尚要把自己所得工资的一半交给他的夫人。

于是，在这之后的一场音乐会上，他当着国王的面，在演出当中突然停了下来，并说，既然国王把他一半的工资支付给了他的夫人，那么剩下的一半演出应该由他的夫人来完成。

这样一来，路易·马尔尚无疑是断绝了和国王的关系。

这种莽撞的行为者在法国王室是层出不穷的，例如，年轻的伏尔泰由于莽撞触犯了国王，被判处一年半的监禁，刑满从巴士底狱出来后，他向他的主子说："陛下，我觉得您的此举甚佳，为我解决了吃饭的问题，但我请求您尊敬的陛下，今后不用再为我的住处操心了。"

马尔尚和伏尔泰知道自己的价值，并从中得到了应有的自信。但是从巴赫日常的表现，特别是在同周围人的交往中来看，他无疑是一个朴实无华的人，但是自信他还是有的，在安斯塔特如此，在魏玛和后来的莱比锡也是如此。

路易·马尔尚离开凡尔赛后，决定来德累斯顿，这是有足够理由的：在欧洲没有比此地更为光辉的宫廷，也没有如此重视艺术的王室了。

马尔尚的献艺产生了两个效果：一是王室众人的诧异，这位来自法国宫廷的先生竟也摆出一副贵族的姿态；一是乐队的愤慨，马尔尚竟然如此肆无忌惮地不顾忌自己地位前后的差别。

王室众人的欢欣鼓舞是因为通过这位马尔尚先生，他们可以从源头上欣赏法国音乐；乐队感到愤慨，是因为他们担心这个法国名家的成就会影响他们意大利音乐风格的光彩。因为国王可能会就此考虑，授予路易·马尔尚一个宫廷头衔，把他留下来。

在这里，我们还必须知道，法国风格和意大利风格，在当时是格格不入的。在那个时代，法国的歌唱家和意大利的诙谐歌手，曾在巴黎进行过一场名副其实的比试，诙谐歌手甚至取得了胜利，因为意大利式的音乐比较容易听懂，更能深入人心。

为什么至今还没有人发现这段历史中的奇特之处呢？

路易·马尔尚的不辞而别，绝对不可能是因为他有自卑感。因为据说他是一个"喜怒无常、傲慢不逊和不能自制"的人，而且在王室观众中也是有他的崇拜者的，也就是说，他占了地利和人和，而且他的巨大才能也是无人质疑的。

当时路易·马尔尚返乡其实是去参加一次对他很重要的巡回演出。回到了巴黎，他的声望并没有受到丝毫的损失。他仍然是作为"大马尔尚"进入了法兰西音乐史册。可他当时为什么要避开巴赫，在夜雾中踏上归程呢？

马尔尚是以其大胆的和声转化而闻名的，而巴赫在这方面的胆量，却没有被斯皮塔所发现。其实，巴赫不仅是一个大胆的，而且也是一个非常有开拓意识的和声大家。路易·马尔尚其实也是，但是他所没有的，是巴赫在安斯塔特已经树立的座右铭："平均律音准。"

问题的关键在于，在合成好的八度和五度音阶之间，存在一个差异。这个差异存在的实际后果就是，在用C大调调好的钢琴上，升B大调会发出完全不协调的音阶，这样五度音的发生就像是在号叫，因而巴赫时代的音乐家称其为"五度狼嚎"。

这种现象不仅在升B大调时会出现，而且它会随着调式升降记号的增加而加强。因此就有必要对"纯"音准进行修正，使其

"趋于平稳"，让所有的音都稍微偏离"纯音准"一段距离。

从理论上来说，这个问题其实早就已经得到解决了。法国修士马兰·梅尔塞内早在 1637 年，就发表了对此问题研究的结果，而哈伯施塔特的管风琴师安德烈亚斯·韦克麦斯特尔也同样于 1686～1687 年，用德文做了这方面的工作。但是在他的管风琴作品中，他却极力避免完全超越五度循环。因为他明白，从理论到实践绝非易事。

首先，要想改变管风琴几乎是不可能的，因为如果过渡到"平稳的平均律"上去，就必须相应改变所有的高区音管，可到那时再想保持其音响的纯净就非常困难了。所以说，人们已经习惯于对有四个升降符号的调式进行有限的处理，而对有五个或六个升降符号的调式，他们根本就不会去演奏。

我们可以去翻阅那个时代的全部资料，特别是查阅路易·马尔尚的作品和巴赫的管风琴作品，在这当中，我们找不到降 F 大调或降 D 大调，而四个升降符号也只是出现在个别的作品中。

但是巴赫在这方面已经走到了可行的极限，他一直在为实现这种音准而努力，因为这是在作曲过程中无法逾越的问题。巴赫必须为"平均律音准"找到一种钢琴调音的新方法，而且当时他确实已经快要解决这个问题了。因为两年后，他在他的《变音幻想曲与赋格》中走进了这个"平均律音准"全部宽阔范畴的可能之中，注入了前人从来没有敢尝试过的和声转化。

这很可能就是路易·马尔尚提前离去的原因。从马尔尚的作品中我们可以看出，他非常努力地在解决和声的问题，而且他在这方面有很深厚的造诣。他不需要听巴赫的演奏，他的自由的想象力或羽管键琴的几个音调，就会使他意识到，这个人早已超过他很多，而且掌握了他至今尚未入门的可能性。

马尔尚当然不是"喜怒无常、傲慢不逊和不能自制"的，否则他在阴谋四伏的凡尔赛恐怕连两个星期都待不下去。他也并不是被"激怒"而对国王说那番话的。他不辞而别离开了德累斯顿，是因为作为内行，他知道他是不可能取胜的。

当初马尔尚毅然离开凡尔赛，是因为他已经输了；他暗暗离开德累斯顿，是因为他不想输掉。他失败的消息没有事先传回巴黎，所以他回到巴黎时是带着光辉返乡的。他不是傲慢，而是看到了自己的界限，他不是不能自制，而是像一个聪明人那样经过了深思熟虑才行动的。

巴赫在规定的时间出现在弗雷蒙家中，和崇拜马尔尚的观众见面。穿着寒酸的魏玛市民服装的他，不可能给观众留下什么深刻的印象，人们都认为他只不过是一个乡下来的钢琴教师。

然后，演奏开始了，整个世界发生了变化。很快，人们就觉得"这真是一个难忘的夜晚"！事实也确实如此，德累斯顿从此再也没有忘记过巴赫。

当巴赫再次回到魏玛的时候，科藤侯爵的骑手已经来过又走了，巴赫的处境没有发生任何变化。在这种情况下，他只有一种选择，那就是和威廉公爵抗争到底。他认为已经没有必要为威廉公爵提供作品了，因为他已经没有办法得到曲谱纸了。他把管风琴师的位置，让给了他的高才生舒伯特。

据说，当公爵开展耗巨资举行的宗教改革二百周年庆典时，巴赫没有出现在宫廷教堂中，而是去参加了城市教堂的礼拜。他所遵循的原则是：威廉公爵不放他走，他也不为威廉公爵效力。除此之外，他还有什么办法呢？

为了摆脱威廉公爵的控制，他只能铤而走险。而公爵的反应则是当机立断的：正如当年他侄子的谋臣提出不符合他意愿的策略时，他把他们逮捕起来一样。现在巴赫的行为同样不符合他的愿望，所以他也立即把巴赫逮捕了起来，关在了"公国法官小屋"中。

"公国法官小屋"这个词听起来好像很温馨，似乎像是有教养人家的软禁室。至今还有一些人认为，巴赫就是在这个"公国法官小屋"中写下了他的《管风琴小书》。

但是有两个理由说明，这似乎是不太可能的。第一是从目的上看，这本书是为初学管风琴的人，也就是他的学生所写的，而巴赫此时想去科藤，但是那里没有他的学生。第二是这个"公国法官小屋"不是做这种事情的合适场所。

在威廉·恩斯特公爵的魏玛，有三种形式的监狱：由他创建的监狱和孤儿院，这里有他在道路上抓的吉普赛人；城市监狱，专门关押刚生育完的未婚母亲；然后就是那个"公国法官小屋"了，这是为乞丐、流浪汉和一切被称为"下九流"的人准备的监狱，也是魏玛最低下、最具侮辱性的地方。

公爵把他的乐队首席和社会的渣滓关在一起，目的就是让他明白，他在公爵眼里是个什么东西——不外乎就是一个叛逆的侍从。

但是威廉公爵没有想到，把这个叛逆的侍从关起来的行为，却引起了一场不小的风波。我们都知道，公爵的政治声望本来就不好。科藤的侯爵，作为他侄子的连襟和柏林的王室有着特殊的关系。

而巴赫自从在德累斯顿亮相以后，就成了执政大臣弗雷蒙伯爵棋盘上一颗大棋子。巴赫的妻子还在，对于此事，她也不会保持沉默的。很快，巴赫被捕的消息传播开来。

威廉公爵在前一年已经由于行为不端受到了维提纳宫廷的谴

责，而且在帝国宫廷会议上还进行着与他有关的两起官司，一个是和他的侄子的，一个是关于他向施瓦茨堡伯爵提出的不合理的要求的。

现在他又把一位赫赫有名的音乐家和社会渣滓关在了一起，只因为这位音乐家想离开魏玛，这对威廉公爵来说，绝对不是个有利的事件，而且为了巴赫和德累斯顿的执政大臣发生纠葛，也确实没有好处。

于是，我们在魏玛的档案中，看到了出自宫廷秘书特奥多尔·本内迪克特·伯尔曼手笔的记载："（1717年）11月6日原乐队首席、宫廷管风琴师巴赫，由于固执的行为和提出辞职，被关押在公国法官小屋中。12月2日，由于失宠，威廉公爵通过宫廷秘书下达了辞职批准书，同时巴赫予以释放。"一条旁注说："见档案。"

在当时的魏玛宫廷中，档案的保存是非常完整的，甚至连库房现存的马料单据都还存在，但是关于巴赫的档案却离奇般地消失不见了。这也就是说：威廉公爵让他彻底消失了。威廉公爵对这次的失利非常恼火，所以他把一切与巴赫有关的档案都销毁了。而且他还做了交代，即使他死后，巴赫的名字在魏玛仍然要入另册。

# 第五章　巴赫成为科藤亲王的教堂乐长

## 1.　巴赫来到科藤

巴赫于 1717 年 12 月来到了科藤。在这之前，他在魏玛最差的监狱住了四个星期，亲身体会到了一个被激怒的权贵可能的作为。显然，离开魏玛对他来说确实不是一件容易的事。

有人说，玛利亚·芭芭拉·巴赫和孩子们已经在科藤派骑士去的时候，先行去了科藤，那时巴赫正在德累斯顿，或者甚至已经进入了魏玛的监狱。但是，芭芭拉应该不会那么愚蠢。因为按照当时实行的法律，威廉公爵完全有权要求引渡，并且把她也投入监狱，把她的孩子们关进监狱和孤儿院。当时，巴赫的处境已经非常危险了，她不可能以这样的行动冒更大的风险。

很多人错误地认为，巴赫一生的愿望，就是留在教堂并为教堂创作音乐。但是实际上，他一生所追求的核心，以及他生活的目标并不是教堂，而是音乐。塞巴斯蒂安·巴赫和所有教会上司都保持着距离。他的儿子们提到过很多拜访过他并同他保持关系的音乐家，但是他们却没有提到过神职人员。作为一个音乐家，并不是教堂赋予了他什么，恰恰相反，是他给教会带来了更多的影响。

巴赫去了科藤，既没有背叛他的信念，也没有背叛他的天职。他不是一个音乐传教士，尽管他十分善于利用音乐去传教。

然而还没有人注意到的是：他作品中，有一半以上，并不是教堂音乐。在这里，我们并不是贬低他的受难曲和康塔塔中表达的执着信仰，而只是想指出，巴赫除了这些作品以外，还有其他的作品存在。

塞巴斯蒂安·巴赫对魏玛没有任何留恋，他放弃了那里管风琴师的职务离开了。其实，巴赫在魏玛并没有为教堂做礼拜写过管风琴曲，连那本《管风琴小书》也只是一本教材，尽管其中的个别曲子，完全可以在教堂里使用。

虽然巴赫在科藤得到的管风琴只有十三个风管，但是这并不意味着他告别了管风琴，因为他只要对一台小管风琴稍做调试就能显示出其强大的表现力。

我们无法证明，巴赫在科藤停留期间，是否会同当地新教教团进行接触。那里的大多数臣民，都是不信仰路德新教的，他们对瑞士人茨文里和加尔文的信仰信条进行了革新，不仅取消了一切偶像，而且也取消了礼拜仪式及其核心的教堂音乐。

在经过革新的教会里，人们放弃了"为上帝演奏的虚伪的教堂音乐"，但是这里的统治者利奥波德亲王，却和他的魏玛同事不一样，他非常宽容，允许他的臣民有更大的宗教自由，这里除了有革新派教会，还有一个路德派教团。

利奥波德亲王这样写道："在一个国家里，臣民的信仰自由受到充分保护，这实在是一件极大的幸事。"他本人也一直在经过改革的宗教堂做礼拜，这里的礼拜非常阴森乏味，除了歌唱以外，其他的音乐形式都是被禁止的。但是在这之外的其他时间里，科藤城堡则陶醉在快乐的旋律里，在这里，高水平的室内乐是家常便饭。

为音乐会演奏者考虑，利奥波德亲王保存了一批非常稀有的乐器，下面这个事实可以说明他对教堂乐长巴赫有多么欣赏：利奥波德亲王并不是像一般雇主那样讨价还价，而是保证每年支付巴赫400金币，按当时乐师薪水的标准来说，这绝对算是一笔相当可观的收入。

虔信主义是从路德正统派里面分裂出来的，而且受到了正统派的攻击，但是它从来没有脱离开路德新教的根基。尽管如此，这两个派别在巴赫那个时代却仍然是水火不相容的。

在德累斯顿和莱比锡，经常有著名的虔信派人物被赶下圣坛。魏玛的公爵为了反对虔信派的静修，甚至发布了非常严格的禁令。反对革新教派的斗争，是建立在更为深刻的对立之中的。他们的分歧不是一朝一夕就能解决的，他们之间有着非常古老的渊源。

路德和加尔文同是一个时代的人，他们都属于新教改革派，但路德抗议当时天主教教会的内部状态，他希望能够改革天主教，而加尔文却要建立一个非天主教的宗教。两个人的分歧非常大，导致路德拒绝和加尔文讨论任何问题，因为在路德眼里，加尔文主义是不能进行对话的邪说。

勃兰登堡大选侯是加尔文的革新教的信仰者，他巧妙地用一种看似宽容但实际并不宽容的手段引进了这个信仰。由于伟大的《新教圣歌》的作词者保罗·格哈德不肯背离路德教义，所以他不得不放弃在柏林尼古拉教堂的传教士职务。

　　莱比锡是路德正统派的基地，这里的人们对加尔文恨之入骨，以至于在 1812 年前，所有大学教师在接受任命之前，都必须书面声明，即加尔文派信徒都是叛逆，他们必须付出代价，要被投入地狱之火中接受惩罚。当然，巴赫在 1723 年受命时，也同样签了字。

　　我们设想，如果巴赫十分看重教会的人，他就不会这样做，因为这样做相当于把他的崇拜者和朋友全部都置于永恒的诅咒之中，他是不会这样轻率行事的。但是巴赫毫不犹豫地签了字，而且还为这些"叛逆"做了一首催人泪下的丧歌。

　　由此我们可以看出，其实这件事对于巴赫来说只不过是教会的一纸空文而已，在他心里，这和他的基督教信仰毫无关系。

　　我们只有了解了路德派和革新派之间的深刻分歧，才能够评价，在这个不大的安哈尔特·科藤国土上，君主需要有多么开明的思想，才能够使两派并肩共存。我们都知道，两派代表之间肯定会发生无法避免的激烈的争执，但是侯爵却能泰然处之，毫无疑问，他是一位名副其实的开明的君主。

　　早在腓德烈大帝宣布，在他的国家里"人人可以按自己的生活方式获得幸福"之前的几十年，科藤的侯爵就已经将此付诸于实践了。在巴赫经历了同安斯塔特和穆尔豪森的教会上司非常不快的分歧，经历了在魏玛的宗教专制以后，科藤自由的宗教气氛，让巴赫一家都非常开心。

　　当巴赫一家终于到达科藤的时候，利奥波德亲王非常开心，他表现出了异常的恩宠：巴赫一到来，亲王就立即向他新的乐队指挥支付了 4 个月的全部工资。4 个月，正是那位固执的威廉公爵阻止巴赫上任而耽搁的时间。

　　另外，利奥波德亲王还为他们准备了一所房子，甚至包括一间乐队排练厅。现在，我们这位新的乐队指挥巴赫终于可以在家里进行音乐练习了。另外，巴赫房子的租金和取暖费用都是由君主的国库承担的。

这里我们不得不说，巴赫在科藤找到了一个温暖的巢穴，当然这个温暖也包括心理上的感觉。科藤的君主非常好接近，他并不像魏玛的公爵那样是一个难以相处的人。利奥波德亲王本人非常喜欢音乐，而且很有天赋，他会演奏小提琴和钢琴，也非常喜欢唱歌，上天赐予了他一副美妙的低音歌喉。科藤君主经常在他的乐队指挥那里学习作曲，对亲王来说，音乐简直就是他的生命。

科藤的乐队虽然比魏玛的乐队大不了多少，但是这个乐队却十分优秀。柏林的弗里德里希·威廉一世在他父亲死后继承了政权，为了精简开支，他首先解散了宫廷乐队。利奥波德亲王曾经在柏林的骑士学院受过教育，因而和柏林王室有着很好的关系，于是利奥波德亲王把其中的 5 名乐师请到了科藤，为自己服务。

利奥波德亲王是一个非常看重乐器的人，他曾经为了一架羽管键琴，专门派他的乐队指挥前往柏林验收，如果合格就把它取回。现在这个卓越超群的巴赫成了他的乐队指挥，这让他感到非常欣喜和满足。

没有什么事情是无理由的，利奥波德亲王这么看重音乐其实是有渊源的。他的父母非常开明，在他们执政时，国家被管理的井然有序，从来没有什么小题大做的事情发生过。

利奥波德亲王的父亲是信仰革新教派的，但是父亲在教派争执中十分超脱、十分淡然，最后他娶了一个路德派的妻子。有些人说这并不符合"门当户对"的规矩，但这似乎从来都不是他父亲考虑的问题。他们结婚 11 年后，丈夫于 1704 年去世，于是 10

岁的利奥波德继承了父亲的位置。

由于利奥波德太小了，所以当时是由他的母亲替他摄政的，这种摄政的生活一直持续到他成年。亲王的母亲是一位非常能干、非常开明的女人，她的一生都信仰路德新教，也正是她向她的夫君提出建议，在科藤除了革新教派外，也应该建立路德教会。这位伟大、开明的母亲为她儿子安排了非常良好的教育环境，在儿子满 16 岁以后，她安排了儿子到国外去增长见识、游历学习。

就这样，利奥波德亲王先后去了英国、荷兰和意大利。在威尼斯的时候，利奥波德深深地爱上了歌剧，并且利用在罗马的停留时间，拜德国歌剧作曲家约翰·达维德·海尼兴为老师，学习作曲。

利奥波德 21 岁时接管政权，我们前面已经提到过，他的母亲十分明智，于是她不再干预儿子的国家事务，从此隐退了起来。利奥波德从母亲身上学到了很多东西，他继承了母亲快乐热情的生活态度。

尽管从传统上来说，科藤受约翰·加尔文的影响比受马丁·路德的影响更多一些，但是这位年轻的君主是一位非常迷恋俗世的人，他对上帝非常崇敬，他的崇敬表现为感激地接受一切美好的事物，因为他认为这些都是上帝对人类仁慈的赏赐。

有了 400 金币的年薪保障，即使家里不断增添人口，巴赫也不用为日常生计操心了。他和他的君主利奥波德亲王之间一直保持着真诚热情的关系。

1718 年，巴赫家生第七个孩子的时候，不仅利奥波德亲王，甚至亲王的哥哥和姐姐也都在洗礼上担当了孩子的教父母。从这个亲切的行为可以看出，教堂乐长在整个宫廷中有着崇高的地位，这位教堂乐长也的确非常感激利奥波德亲王的知遇之恩。

毫无疑问，巴赫去科藤的时候，在音乐界已经有了一定的声望，而且他的音乐造诣也确实趋于纯熟。在宫中，利奥波德的宫廷事务由大管家负责，巴赫则负责为侯爵带来欢乐。

在这种无忧无虑，既不会受到任何限制或禁令，还不断受到赞扬的环境里，巴赫的情绪自然非常高昂，所以他认为在这里和侯爵共同献身音乐，实在是一件非常有意义、非常有趣的事情。巴赫当然充分利用了这个条件。

此时，巴赫觉得，他终于在这里找到了一生的归宿。

## 2. 妻子的去世给巴赫带来沉重的打击

然而就在这一帆风顺的时候，命运却给了巴赫一个灾难性的打击。

利奥波德亲王有一个习惯，那就是无论他去哪里旅行，总是带着六名私人乐队乐手。其实这对于巴赫来说是个很让人开心的安排，因为他不但可以到处游玩，还可以认识很多人。

1720 年的夏天，巴赫按照惯例随他的亲王去了卡尔斯巴德温泉，然而当他再次回到科藤时，却得知他心爱的妻子玛利亚·芭芭拉已经于三个星期前去世了，从此他们阴阳两隔，再也无法共同面对生活中的点滴。

在那个年代，死亡总是来的非常快，也很经常，并且通常是很无情的，甚至盲肠炎都会置人于死地。我们都知道生病可以用手术救治，这在今天而言当然是很容易的，但它却是在 19 世纪末才出现的。

当时的医学是远远不如神学发达的，那时候，死神距离人总是非常近。

玛利亚·芭芭拉去世时年仅 36 岁。由于妻子的离世，他们完美的婚姻仅仅维持了 13 年就结束了。这位夫人非常安静，对她我们了解的并不多，但在他们以前的那些艰苦的岁月里，她绝对可以说是巴赫可靠的坚强支柱。

作为妻子，她给了骄傲的丈夫所需要的支持，并且用微薄的收入应付一切开销，保持家庭收支平衡。她为塞巴斯蒂安生了七个孩子，这是非常不容易的，七个孩子中有四个活了下来，并且有两个在日后取得了很大的成就。

巴赫的长子威尔海姆·弗雷德曼·巴赫是塞巴斯蒂安的几个孩子中最有音乐天赋的一个，但是他好酒贪杯，最终没能成为当时伟大的管风琴师。想起这件事来，总是让人很悲伤，他的父亲以他为骄傲，但是他却落得个乞丐的下场。

他喝醉以后，有时在郊区的啤酒花园里弹奏舞曲，有时在乡村的小教堂替换固定的管风琴师，仅仅靠这些工作挣些喝酒的小钱。因为这些孩子的童年都特别艰苦，所以他们的身体都非常健壮，直到 74 岁，他才结束了自己不光彩的一生。

威尔海姆的晚年非常凄惨，他父亲的传记作者约翰·尼古拉斯·佛克尔看不下去，偶尔接济他。如果不是有人接济他，他恐怕早就死在贫民窟里了。

玛利亚·芭芭拉另一个活下来的儿子卡尔·菲利普·艾曼努埃尔生于 1714 年，尽管他的天资不如兄长，但他却是个完全不同的人，他非常努力，找到了自己的人生价值，同样享年 74 岁的他，去世时是一位鼎鼎大名的管风琴师和作曲家。

卡尔·菲利普·艾曼努埃尔作有 52 首有乐队伴奏的协奏曲、210 首钢琴作品、22 首受难曲和无数小曲，但是他的作品常常被误认为是他杰出的父亲所作的。

玛利亚·芭芭拉·巴赫的离世，为塞巴斯蒂安·巴赫的生活撕开了一道深深的裂痕。从魏玛时期他的肖像上看来，他是一个充满自信的年轻人，但是在科藤画家约翰·雅格布的笔下，已经完全两样了。巨大的痛苦和难以遮掩的悲伤，深深地铭刻在他的脸上。

如此看来，失去心爱的妻子对塞巴斯蒂安·巴赫的打击很大，而这些打击使他再次脱离了轻松的管弦乐和器乐形式，转向了戒律森严的管风琴和宗教音乐。这样我们就可以解释，他为什么会离开科藤宫廷舒适而有保障的环境，去过教堂唱诗班乐师的艰苦生活，而且他还要担任乏味的教学工作了。要知道，这对他来说本来是不合口味、毫无兴趣的事。

1720年9月，汉堡的管风琴师兼雅格布教堂的执事海因里希·弗雷斯去世了，有八个人有资格接替他的职位，巴赫是其中之一。海因里希·弗雷斯去世之后，整个北部德国音乐界都在猜想，到底谁会填补这个空缺。其实巴赫在汉堡是非常有名气的，马特松在他的报告中曾提起过此事，尤其是雅格布教堂的首席牧师埃尔德曼·诺伊迈斯特对巴赫很熟悉。

巴赫也了解汉堡，因为他在伦伯格上学时，曾经去汉堡拜访过大师约翰·伊丹·雷因肯，巴赫明白音乐在汉堡是大有可为的，同时他也明白，在那里是很难改善自己的社会和经济状况的，因为一个乐队指挥无论如何都高于一个管风琴师和教堂执事。

如果去汉堡，那么巴赫将很难得到他在科藤所拥有的地位。

那么他为什么执意要去汉堡，还为汉堡写了一首康塔塔作为练习曲呢？他到底为什么要接受这个邀请呢？难道只是为了更换一下环境，回归他真正的归宿吗？

从他在科藤的最后一段时间看，其实他根本就不必为这件事情着急，因为他的创作活动证明，他在教堂职务以外为音乐做了很多其他的事情。

巴赫接受了汉堡对他的邀请，并且为此做好了准备。其实这并不难理解，因为原本充满温馨的科藤已经没有了他的爱妻，对他来说，这里是一个伤心地，充满了凄凉和荒芜。他迫不及待地想要离开他的君主，离开无忧无虑的生活，离开他的音乐天地和社会地位，只是想在一个其他的地方，重新开始一段新的生活。

就这样，他去了汉堡，而命中注定，这次的汉堡之行同样不是他生活中的一个小插曲，就像在德累斯顿的音乐会一样。

在当时，汉堡是德意志地区最繁华的商业城市，就连法兰克福都没办法与之相比。汉堡是欧洲贸易交易量最大的港口，市民可以自己管理城市，这里并没有贵族进行干预，但是他们过的生活就像贵族一样。

这座城市是一座很富有的城市，而且一个人来到这里，是很容易富起来的。凭借音乐评论受到德意志重视的马特松，就是从一个不知名的歌手开始奋斗的，最后他购置了自己的房产、马车和马匹。亨德尔刚来的时候也是一贫如洗，但是两年以后，他已经赚到了可以去意大利游玩的路费了。

同时，汉堡也是一座音乐城市，那些在雷文特的大学音乐社演奏的罗马和威尼斯的音乐，与在维也纳和德累斯顿的演奏一样精彩。汉堡是对外开放的，这里有自己的大学，有自己的船员公会和商会，有来自全世界的商社，甚至在海外，他们也有自己的移民。中部德意志小城的那种狭隘，在这里是完全看不到的。而巴赫也早已不再是从伦伯格到汉堡来的那个 18 岁的学生了，当时他来这里是为了结识一位音乐大师，而现在他自己已是一位有13年实践经验、成熟掌握了全部技能的艺术家了。

汉堡圣凯瑟林教堂的管风琴师简·雷因肯是一位非常重要的人物，因为他是考试委员会中最重要的一员，为了赢得他的好感，巴赫决定直接去见他，向他证明自己的能力。

巴赫出生28年前，简·雷因肯就已经在荷兰代文特做实习管风琴师了。他的年纪很大，当时已经是97岁高龄了，但是仍然精神矍铄。和提埃坡罗与弗兰茨·哈尔斯一样，简·雷因肯觉得生活其实是从70岁开始的。

在97岁的年纪，他精湛的管风琴技艺仍然令人们非常震惊。像很多老人一样，他也十分虚荣，仅仅是自己仍然健在的事实，也能让他产生奇怪的骄傲，不过这也的确是值得骄傲的事情。

尽管简·雷因肯看不起塞巴斯蒂安·巴赫这样的年轻人，可是他非常仁慈，同意了听一听科藤来的候选先生的演奏。

巴赫即兴演奏了合唱曲《在巴比伦河畔》，雷因肯非常欣赏他，让他弹了整整两个小时。会面结束时，简·雷因肯兴奋地说，他本来以为即兴演奏的艺术已经消失了，现在才知道，原来它仍然存在。

我们不知道塞巴斯蒂安这次是否还演奏了什么其他的作品，很可能剩下的时间他都用来弹"前奏曲"了。前奏曲在十八世纪来说是一种特殊的艺术形式，它是一种即兴演奏，不过却是一种有明确目的的即兴演奏，这种艺术形式现在几乎已经不存在了。

一般在公众开始演唱之前，管风琴师会先把旋律弹一遍，这样参加礼拜的人们就大致了解他们要唱的音高和曲调了。在两百年以前，安息日礼拜中最重要的音乐节目，是管风琴师和乐队一起演奏的一个作品。

　　为了让乐队有时间调好自己的乐器，管风琴师一般会即兴来个简短的前奏，在这个过程中，他会特别强调一下其他乐器要演奏的调。等其他的乐器都调好音以后，指挥就会示意管风琴师，其他人已经做好准备了，可以开始了。这时，管风琴师就会停止前奏，加入到乐队的演奏中来。

　　顺便说一句，巴赫在莱比锡惹了大麻烦，而原因正是这些前奏。由于巴赫弹得过于精彩了，所以乐队很难调音，他那些光怪陆离的旋律引起了教会人士的反感。他们认为，只要是他们不能理解的东西都是毫无价值的东西，所以不断地有人抱怨，他们说教堂乐师演奏庄严的曲调本来就是为了教化会众，但是巴赫却随心所欲，这种态度实在是大不敬。

　　比起莱比锡平和的市民，汉堡人民可能更习惯于接受国际化的豁达观点，如果这样，巴赫的下半生或许可以好过一点了。但是可悲的是，他却没有机会证明这一点。在竞选的时候，其他的候选人听说了他们的竞争对手以后，都悄悄撤销了申请，所以我们可以认为，这个职位已经非巴赫莫属了。但是在最后时刻，因为某种原因，汉堡人却把这份工作给了一个名叫约翰·约奇姆·海特曼的外来者。

　　作为一名管风琴师，海特曼是个一事无成的无名之辈，基本上完全不为人所知。所以说，这实在是件怪事，因为那时的音乐家简直就像今天的电影明星一样耀眼。

　　一开始人们都认为，巴赫与教会和权贵打交道时总是那样高傲、桀骜不驯，所以肯定是他从科藤寄给汉堡宗教会议接受职位的书信写得太随便了，得罪了人，汉堡才会最终选择别人。

　　但这并不是真正的原因。教堂记事簿中 1721 年 1 月 6 日有一项记录，让我们了解了真相：这天早上，新任命的管风琴师向圣雅可布教堂（或者照我们的说法是圣詹姆斯教堂），交付了"谈妥的四千马克，以感谢教堂选中他担任这个职务"。

这样的贿赂案件在人们眼皮底下发生，让人们非常气愤，这丑恶的交易引起了人们的公愤。同年11月21日，尊敬的教区委员会觉得他们有必要解释一下这件事情，他们为子孙后代这样写道：

> 有很多理由都可以说明，为什么管风琴师职位的买卖不应成为惯例。因为这个职位是为上帝服务的，所以选择应该是自由的。首先应该考虑候选人的能力，而不是他答应交付的钱财。但是如果在选拔之后，被选中的人出于本人自由的意愿，渴望表达他的感激之情，这种行为应该受到教会的赞赏。

读到这段话时，人们会觉得，在接受贿赂这种微妙的事情上，现代人仍然可以向1721年的人取点儿经。但是我们需要补充一下，汉堡也不乏正直的人民，他们是不同意这种观点的，其中反映最强烈的是著名的约翰·马休森，他是汉堡大教堂的乐长，是当时威望最高的音乐家之一。

当时他用最尖刻的字眼痛斥了整个贿赂交易，他的主要论点来自一位当地牧师，这位牧师在布道时曾经公开斥责了这个罪恶的买卖圣职的行为，他以这段评论结束了自己的布道："如果这种情况在本城泛滥起来，如果下次再竞争管风琴师的职位，一位伯利恒的天使想从天堂来到圣詹姆斯教堂当管风琴师，他演奏得圣洁美妙，但没有钱财支付，那么除了重新飞走外，他什么办法都没有。"

巴赫在汉堡没有实现他的抱负，于是就又回到了科藤，开始整理自己的家。

我想这对巴赫来说，肯定是一个很艰难的时期。在汉堡的竞争中，他并不是因为没有才，而是没有钱，这个事实使他非常痛苦。凄凉的家中，只有去世的妻子留下的 4 个孩子和一名女佣，没有女主人的家显得格外凄冷。

妻子在世时，繁重的家务都不需要巴赫来考虑，但是现在这些却一下子全部压在了他的肩上。尽管女主人已经长眠地下了，但是家庭还要维持下去，女佣需要主人告诉她应该采购什么东西，还有家中的生活用品、每日的烧柴、冬天的储备、孩子们的衣帽鞋袜等，都必须安排妥当。

在 18 世纪，操持家务可不是一件那么简单的事情，很多我们现在认为是理所当然的东西，当时还没有。

当时要想用水，必须用桶从水井里提回来，冬天还需要留心水井不要封冻。总之，尤其是在冬天，人们一定要把家中需要的东西储备好。

肉食要由腌缸和熏炉来储存，到了收获的季节一定要买足可以存放的食品。

但是用于做早餐的面粉却不能买得太多，因为它是在潮湿状态下磨成的，最多也就存放 4 个星期。

用来装水的罐子也不能简单地放在炉灶台上烧，因为把炊具直接放在炉灶上烹烧，那是 100 年以后的事情了，当时还没有。

那时候买来的柴火是整块的木头，并不是成束的，所以必须事先把它们劈好。

晚上太黑了，需要点不太明亮的油灯来照明，因为那时候还没有发明灯罩。在那个时候，就连使用蜡烛都是一件很奢侈的事情，在普通人家里，使用的都是插在墙上的铁环里的松木火把。

当时也并没有钢笔，约翰·塞巴斯蒂安·巴赫的那些作品都是用鹅毛笔写成的。

从巴赫迁居莱比锡，我们可以看出当时操持家务的繁杂程度：巴赫家中的物品整整装满了 4 大车。而且对于孩子的教育也是不能掉以轻心的，由于当时还没有义务教育，所以教孩子读书、写字和算术的任务就落到了父母的肩上。在过去，这些都是由妻子打理的，但是现在却都落在了巴赫一个人的身上。

巴赫的事情可不止这么多，除了这些繁杂的家务之外，他还要抽出时间写音乐，还要排练乐队，还要给他的侯爵学生上课。

从这里我们可以看出，无论在什么时候，塞巴斯蒂安·巴赫都是不会放弃他的音乐的。在这段艰难的时光中，他写出了 6 首《勃兰登堡协奏曲》，同时还在筹划他的主要作品《平均律钢琴曲集》。在那段时间，《平均律音准》虽然已经被人多次提出，但却还没有人能够真正地运用和掌握自如。

《变音幻想曲与赋格》是巴赫在这个方向上的首次天才的尝试。现在伟大的塞巴斯蒂安·巴赫用对别人而言只是理论上存在的调式，写出了一首前奏曲和一首赋格。

技巧的关键其实并不在于描上六七个升降符号，开头时把 C 大调变成降 C 大调，把 e 小调变成降 d 小调。它的关键在于从一个调式过渡到另一个调式上，即转调。在纯净或者是缓和的平均律音准中，通常总是会出现并不纯正的降 d 小调和弦和降 C 大调和弦，这些都是需要尽量避免的。如果是用 A 大调来写，就需要 E 大调作为属音和弦，可是如果这样的话，就会陷入到"五度狼嚎"当中。

然而，巴赫找到了新的方法，他发现用他学会的调试羽管键琴的方法，就可以使发出的声音变得纯正。可以说，巴赫把音乐的大海连接了起来，找到了北方的海上通道。

巴赫之所以这样做，其实并不是对理论的追求，而是音乐作曲的需要。在巴赫的那个时代，没有一个人像他那样漫游了调式的海洋，能够自如地运用调式，也没人知道怎样从一个调式转换成另一个调式，没有人能够像巴赫一样如此自信地从一个和弦走向另一个和弦，因而也没有一个人感觉受到一个开放的五度循环的阻碍。

非纯正的降 F 大调、非纯正的 b 小调，对巴赫来说都是不能接受的障碍，因此他必须证明，这些都是可以克服的，而且他也确实证明了这一点，为完美的五度循环写下了 24 首前奏曲与赋格。毫无疑问，这在当时那个年代是一个革命性的创举。德米特里·肖斯塔科维奇在 20 世纪也曾做过类似的创作，但那时这种创作已经不再是什么新鲜事了，而且他的和声也不必再受古典和声学的严格限制了。

可是在音乐史上存在一件怪事，那就是这部划时代的、影响如此巨大的世纪之作，在巴赫在世时，竟然从来没有印刷出版过。这部巨作有伟大的意义，这在当时就已经为人所知，这可以从很多人相互传抄中看出。

实际上，这部著作是各个音乐时代的必修读物，不仅莫扎特受到了影响，而且舒曼、门德尔松、贝多芬和瓦格纳，也都从中受益匪浅，甚至时至今日，它仍然是一切从事键盘乐器和作曲的人不可缺少的教材。如果当时就存在演出和复制权协会的话，那么巴赫只通过 D 大调一首前奏曲，就能成为一个富翁了，但是他一生都没有成为富翁。

除此之外，还有很多事情值得醒悟。当时巴赫正值中年，他有一份很好的工作，一支优秀的乐队和一位开明的主人，但是他心爱的妻子却离开了他，只留下了 4 个孩子。在我们看来，《曲谱小书》应该是巴赫为他的四个孩子写的，因为在他的家中音乐教育是不言而喻的事情，但是事实却并不是这样的。事实是，这是他单独为大儿子所写的。由此便可以看出，大儿子是他最喜欢的孩子。

只要我们研究一下巴赫各个时期的肖像，就能注意到一件事情。塞巴斯蒂安·巴赫和其他的儿子都是膀大腰圆的类型，虽然说算不上圆滚型，但是至少是非常强壮的。而他的大儿子弗雷德曼却完全不一样，他苗条、秀气，也更敏感一些。由于大儿子和巴赫长的不像，那就只有一种解释了：他更像他的母亲一些。

在弗雷德曼的身上，巴赫能够找到妻子的影子，这也就可以理解为什么巴赫如此喜欢他的大儿子了。在巴赫的眼中，弗雷德曼不仅是最懂事、最有音乐天赋的长子，更是故去的妻子玛利亚·芭芭拉的影子。

巴赫和弗雷德曼的关系一直非常和谐，直到巴赫第二次结婚。我们都知道，巴赫成了一个鳏夫，他要独自养大四个年幼的孩子，同时又要整天忙于宫廷的职责，这样说来，要想把这些事情都处理好，那唯一的办法就是再婚，而且要越快越好。所以，就在 1721 年 12 月 3 日，巴赫娶了他的第二个妻子安娜·马格达莲娜·魏尔肯，她是维森菲尔斯宫廷号手约翰·卡斯帕·魏尔肯的小女儿。这位女士非常温柔贤惠，无论怎么赞美她都不过分。

安娜·马格达莲娜·魏尔肯出嫁的时候只有 21 岁，而当时巴赫已经 36 岁了，虽然他们的年龄是有差异的，但是他们的婚姻非常幸福，并没有受到年龄的影响。安娜·马格达莲娜·魏尔肯是一位歌手，有时在安哈尔特·泽布斯特宫廷演唱，当时她的收入相当于巴赫的一半，这在女性当中算是非常独立又可观的收入了。但自从她嫁给巴赫以后，只是偶尔在自己家里唱歌。

安娜·马格达莲娜·魏尔肯是一位独立自主的女性，在当时那个年代，这样年轻独立的女性是很少见的。因为当时年轻的姑娘都急于找到归宿，她们非常渴望成为家庭主妇和母亲。

有些人在描写巴赫这段婚姻的时候是这样说的，似乎他必须行动起来，在当地的女孩中挑选一名尽快成婚。如果真如所描写的这样，那么和安娜·马格达莲娜·魏尔肯结婚就绝对不是一个明智的选择，因为她太年轻了，比巴赫小 15 岁，而且这个女孩习惯于自立，在操持家务和教育孩子的问题上也毫无经验可言。

但是如果我们进一步观察，就会发现，不管是从魏尔肯小姐一方，还是从巴赫一方来看，他们的结合都不会是出于伦理，更不用说是习俗了。结论其实很简单，那就是他们是真心相爱的，而且这个爱情一直持续了一生。在此后的人生中，安娜·马格达莲娜·魏尔肯亲自抄写了无数曲谱，以表明她是以何等的献身精神在为丈夫的事业分劳。

魏尔肯十分聪明，她有非常出色的音乐听觉和理解能力，所以很快她就学会了羽管键琴。巴赫著名的《平均律钢琴曲集》就是为她写的，这两卷曲集每卷都包含二十四首前奏曲和二十四首赋格曲，"既适合需要学习的年轻音乐家使用和练习，也适合对此有所掌握的人"。

由此可以看出，巴赫已经把心爱的安娜·马格达莲娜·魏尔肯当作年轻音乐家中的一员了。《平均律钢琴曲集》中的第一卷是 1722 年在科藤出版的，而第二卷是二十年以后才出版的，那个时候，巴赫已经是莱比锡音乐生活的主导人物了。

优秀的著作是不会被埋没的，《平均律钢琴曲集》也得到它应有的名望，在今后的学习生活中，它仍然为所有钢琴学生所知，即使古诺和其他人对它的旋律做了可怕的篡改，也没能毁坏它的魅力和单纯。

但是还有另外的两本小册子，比《平均律钢琴曲》更能表达巴赫对妻子深切的爱，那就是《古钢琴曲集》，包括1722年的一本小册子和1725年的一本大册子，其中1722年的《古钢琴曲集》生动地说明了安娜·玛格达莲娜·魏尔肯和约翰·塞巴斯蒂安·巴赫之间和谐的关系。

当时，科藤这个城市是加尔文教派的大本营，严苛的清教徒主义思想让人觉得这座城市非常沉闷。巴赫把他年轻的妻子带到这里来的时候，就像一个十八世纪的英国殖民军官，被迫请求来自英国宫廷的新娘陪他去波士顿一样。

巴赫从自身痛苦的经历中清楚地明白，约翰·加尔文博士的教义对音乐所起到的影响。这本《古钢琴曲集》是巴赫在婚礼之后为他的新娘选编的，他似乎是以略带歉意的口吻解释："现在，我亲爱的，事情并不像别人说的那么可怕。"之所以这么说，是因为在安娜·玛格达莲娜·魏尔肯的曲集中，绝大多数乐曲还是充满着快乐的情绪的，而没有受到老约翰·加尔文沉闷偏见的影响。

第二集《古钢琴曲》是1725年编成的，这个时候，巴赫一家人已经搬到莱比锡了。第二集的封面上有安娜·玛格达莲娜·魏尔肯名字的缩写字母 A．M．B．和时间 1725 年。这本书其实是一本小品曲集，里面收录了巴赫认为妻子可能喜欢的各种小曲，其中的很多作品都是安娜·玛格达莲娜·魏尔肯亲手抄写的。这位女士的抄谱水平是一流的，她不仅为丈夫生了一大堆孩子，同时还挤出时间抄写了丈夫的很多作品。

如果你对笔体学感兴趣，就会发现这对相濡以沫的夫妻的书写有很大变化。刚开始的时候，他们的笔迹很容易辨认出，一看就能知道哪些是巴赫自己写的，哪些是安娜·玛格达莲娜·魏尔肯写的。但是经过 20 年的忠诚合作，这种差别完全消失了，夫妇两人好像合二为一，甚至削鹅毛笔的方法和拿笔的方式都完全相同了。

弗雷德曼对继母的加入并不是无动于衷的，因为迄今为止，父亲给了他最特殊的爱。但是这个陌生的年轻女人无疑插入到了他们父子之间，影响了他们的感情。

其实安娜·玛格达莲娜·魏尔肯不过比他年长几岁而已，在年龄上就像一个大姐姐。尽管巴赫对大儿子的爱丝毫也没有改变，但我们知道，人的精力是有限的，他的爱不得不有所分割了，而且两个部分必然不会是等同的。

这位纯情的年轻妻子以其真诚的爱情又给巴赫带来了新的生活，让他重新看到了希望，所以她的分量当然要比大儿子重得多。因而，在巴赫的家中，一丝纤细但深刻的裂痕出现了。

## 3. 利奥波德亲王的婚姻对巴赫的影响

1721 年还有另外一段重要的姻缘，它对巴赫的事业影响非常大，几乎可以和他自己的婚姻相比，这就是他的雇主利奥波德亲王与其表妹安哈尔特·波恩伯格的弗雷德雷卡·海安丽塔公主的联姻。

据巴赫本人在给但泽的朋友乔治·艾德曼的信中说，这位年轻的妇女"蔑视他的艺术"，因此巴赫很快就对这位公主非常反感，经常把她称作阿穆莎或缪斯神的敌人。

这位弗雷德雷卡·海安丽塔公主是一位非常迷人的姑娘，她有着一头黑发和一双乌亮的眼睛。但是她和安娜·玛格达莲娜·魏尔肯有本质上的不同，那就是这位公主希望所有的人都能适应她，以她为中心。

这位公主认为，这样的要求对她的丈夫来说，是理所应当的事情。利奥波德侯爵非常喜欢这位公主，他觉得自己得到了一颗珍贵的明珠，所以他愿意不惜一切代价满足公主的所有愿望。侯爵让人把宫殿整修一新，紧接着举行了持续了 4 个星期的婚礼。

人们一定会想，这回巴赫可有机会大展身手了，在利奥波德亲王的婚礼中，巴赫一定会展露自己作曲的天赋，创作更多优秀的音乐作品并进行演奏，以表示对利奥波德亲王婚姻的祝福。

但这完全是一种误解，因为巴赫什么都没有写。有人认为他其实是写了的，只是那些作品丢了，但其实这是不太可能的事情。因为正如我们所知道的，巴赫对待他的音乐非常认真，他是不会轻率地处置他的曲子的。

有一次为了给君主祝寿，塞巴斯蒂安·巴赫在勃兰登堡协奏曲的一章中加进了一首祝贺合唱曲，这当然是一种应景文章，但他还是把它存留了下来。后来利奥波德去世后，巴赫为他写的哀乐，也完整地在《马太受难曲》中再现，我们也保存有它的单行曲谱。

那么整个婚礼的音乐怎么会丢失呢？巴赫和利奥波德亲王的关系那么好，如果他真的为此作曲了，那他必定会全力以赴，而且进行很好的保存。然而事实却是，在盛大婚礼的准备过程中，并没有一丁点的时间是留给巴赫作曲的，甚至在整个宫殿里没有一间房子是供音乐使用的。这只能说明，婚礼上根本没有演奏音乐，而这仅仅是因为弗雷德雷卡·海安丽塔公主不喜欢音乐。

弗雷德雷卡·海安丽塔公主不喜欢音乐，但是她也有感兴趣的方面，那就是军事，为了博得公主的欢心，利奥波德专门为她建立了一支宫廷卫队。在此前，利奥波德曾在柏林骑士学院接受过军官训练，所以对此也有一定的了解。既然心上人有这个愿望，他当然很乐意去满足。

人们都说，等这场婚礼过后，音乐一定会回归的，但是看来他们完全想错了，因为在那之后，音乐再也没有回归。

巴赫在科藤时期的创作成果是非常丰硕的，在那些年里，他非常喜欢小提琴和大提琴，那时，他创作了一些独一无二的独奏曲和室内乐，三首小提琴协奏曲也都是出自这个时代，还有勃兰登堡协奏曲和乐队组曲。这都产生于 1721 年之前。观察巴赫的作品目录，我们可以看出，巴赫在结婚以后直到他离开科藤，他只写了钢琴曲，而且是为了家庭的需要。

说得更明白一点：由于弗雷德雷卡·海安丽塔公主不喜欢音乐，所以她彻底弄昏了利奥波德的头脑，使他冷落了他的宫廷乐队指挥。

这已经是巴赫第三次受到冷落了。在穆尔豪森，牧师对虔信主义的狂热打乱了他的节奏，使他不能再"均衡敬仰上帝的教堂音乐"；在魏玛，威廉公爵因为怀恨在心，让他屈从于一个没有能力的乐队指挥，剥夺了巴赫作曲的权力，最终只把他当成一名叛逆的侍从；而在这里，由于侯爵的心上人不喜欢音乐，所以人们再也不需要他的音乐了。

虽然巴赫正值中年，但是他在科藤的音乐生涯实际上已经结束了。于是，他第三次站到了一片废墟面前。

其实约翰·塞巴斯蒂安·巴赫是有足够的忍耐力的，在他的一生当中，他以几乎无法置信的容忍面对了很多事情，而且一再如此。

　　可是现在他应该怎么办呢？我们都知道，巴赫在科藤的生活是非常不错的，但是现在，他已经不被需要，已经变成一个无用的人了。最主要的是，他看不到任何希望，因为利奥波德和他的公主在一起非常幸福，我们可以看出，侯爵的爱好已经被这个公主彻底改变了。

# 第六章　莱比锡需要一个新的管风琴手

## 1.　巴赫得到了莱比锡的职位

约翰·塞巴斯蒂安·巴赫一直在等待，但是我们知道，一个勤奋向上的人是无法忍受这种无聊的生活的。就在这个关键时刻，莱比锡托马斯教堂下属学校的乐监去世了，这样一来，一个空缺的职位就出现了。

要知道，莱比锡这个地方非常重要，甚至不逊于汉堡。希格蒙德·舒尔茨认为，正是这一原因"吸引了巴赫，去担任这个博览会和大学城市的重要的教会乐监，同时在更高一个层次上积累教堂音乐的经验，并兼任音乐主管"。

但是他想错了，首先，博览会和大学都是不属于城市管辖，而是隶属于国王的，所以说乐监的职务也不属于教会，而只是属于一所学校；其次，巴赫并没有受到莱比锡的吸引，他现在是宫廷乐队的指挥，从地位上来看，是远远高于一所学校的老师的。实际上，这个职位确实没有那么吸引人，所以它空缺了很长时间。

就这样，巴赫无所事事地待了整整一年。人们已经不需要宫廷乐队了，侯爵也开始逐渐辞退乐队的人员了，巴赫夫妇实际上是在领取赏赐工资。但是即使这样，他仍然没有去莱比锡应聘职务。巴赫听说汉堡的泰莱曼曾经想去应聘，但是汉堡方面知道以后，立即为他提高了工资，把他留了下来。

按照常理来说，巴赫应该有所行动才对，但是很显然，巴赫对"一个受启蒙力量和进步市民阶层影响很深的城市"的钟爱是有限的：他并不想去谋求这一职务。

转眼到了深秋，"无所不能的莱比锡市政委员会"正式派出使者来拜访巴赫，此次来拜访巴赫的使者就是托马斯教堂的神职助理神学士克里斯蒂安·维瑟。有些人说，他此次来的目的就是为了请巴赫前去就职，但是事实证明这样想是不对的，他来到这里只是为了请巴赫去参与竞聘。毫无疑问，那里的人们希望候选人多一点，这样他们就能有多一点的选择余地。

而且，"无所不能的委员会"还用了讨价还价的招标形式，来为这个职务选取最合适的人。巴赫就任乐监职务的过程非常坎坷，在委员会1720～1730年的整个记录当中，没有任何一项其他的事务能够与之相比。

泰莱曼早就谢绝了这个职位，但是即使是这样，委员会的这些先生们仍然没有考虑约翰·塞巴斯蒂安·巴赫。一直到了12月，记录当中才出现了格劳普纳和巴赫的名字，而且当时那些先生们是更倾向于选择格劳普纳的。格劳普纳以一首康塔塔进行了试演奏，但是三周以后却出现了问题，因为格劳普纳不知道他的君主是否批准他离开。

在维瑟进行了拜访以后，巴赫表示，他愿意在12月也进行一次试演奏，但是我们都知道，当时格劳普纳已经占据了更大的优势了。

可直到格劳普纳最后拒绝了这个职位，他们也没有考虑巴赫，而是先让当地的一名管风琴师演奏。直到这位琴师演奏完了，巴赫才被允许演奏，但是这之后他仍然没有得到认可。后来是因为格劳普纳的极力推荐，这些先生们才决定任用巴赫。两个月以后，委员会的先生们要求巴赫出示他的君主允许他离开的书面文件，巴赫随即递交了声明。

1723 年 4 月 22 日，委员会终于决定任命约翰·塞巴斯蒂安·巴赫担任这一职务。这场谈判如此旷日持久，那么等待巴赫的又是什么呢？

## 2. 莱比锡的情况介绍

莱比锡最初也有很多斯拉夫人定居，所以才有了"利芭"这个名字，这个名字在俄文中的意思是"椴树"。

莱比锡这个城市的地理位置非常好，处在埃尔斯特河与蒲莱斯河之间的溪谷中，所以它必然会成为一个繁华的城市。从条顿部落向北欧平原扩展的时候，德国人就占据了这个要地，在经过了几百年激烈的战争之后，莱比锡仍然被德国人牢牢掌握着。

中世纪时，一批富有又活跃的阶层来到了这里，这批人拥有很多城市特权，并且很独立，就在大家都认为这座城市会建设得越来越好的时候，三十年战争来了，它毁掉了所有人光明的前程。在经历了三次抢劫和六次围困以后，《威斯特发里亚和约》制定了。

瑞典人为了确保赔款能够顺利支付，整整两年都霸占着这座城市。战争带来的永远都是伤痛，这座城市的财政元气大伤，但是它的位置给它的恢复带来了希望，因为这里非常适合进行斯拉夫地区和德国的货物交换。

十八世纪的时候，萨克森王经常在这里居住，由于他同为波兰国王，所以这个城市获得了新生，当地的居民都骄傲地称之为北方的巴黎。要知道，这里的人并不是夸大其词，因为宫廷对所有的艺术都有着非常深沉的热爱之情。

当时，宫廷有一个歌剧团。在这里，德国人证明了他们的实力，他们一旦决定自己创作剧作，根本就不需要法国人来帮忙。那时的莱辛还很年轻，他最早做出的戏剧就是在莱比锡上演的；《浮士德》当中的很多场景设计理念也都源于这里；另外，还有很多名人也都毕业于著名的莱比锡大学；最不能忘记的是伟大的菲里克斯·门德尔松·巴托尔蒂，他就是在这里去世的，正是由于他无私的奉献和不懈的努力，约翰·塞巴斯蒂安·巴赫的作品才能重新被人们发现，产生如此深远的影响。

保林堂可以说是莱比锡最古老的教堂，但是最大的教堂还是托马斯教堂，这所教堂是在美洲被发现四年以后开始修建的。

托马斯学校是一所贫民学校，由于经费是由市政承担的，所以学生们必须在日常做一些其他的事情来增加学校的费用。当时，教会的费用也是由市政委员会负责的，所以教会的监理会并不是由神职人员来担任，而是由市政委员们来担任的。也正因为如此，学生们日常要在城市教堂里演奏音乐。

为此，他们决定专门聘请一名教师，在讲授拉丁文的同时，负责教堂的音乐事务。在当时，拉丁文课程其实是不被注意的，但是作为音乐教师，却可以于每个周日在四个教堂中进行表演。"乐监"这个职位在学校当中相当于副校长，所以巴赫还是有一定的回报的。

　　在正式的音乐学校建立之前，这里就是整个基督教德国的音乐学院，很多喜欢音乐的青年才俊都汇集到这里，来学习管风琴的演奏技巧和作曲的基本知识。

　　从某种意义上来说，其实巴赫就是整个学校的招牌，因而在报酬方面，巴赫还是很满意的。

　　很多巴赫的研究家们说，"贫民学校"这个称呼对于托马斯学校来说，只是非常古老的传说，实际上在巴赫就职的时候，这所学校已经摆脱这个名号，变得非常有声望了。但其实这并不是事实。因为在当时的莱比锡，只要家庭条件稍微好一点，父母都会把孩子送到尼古拉学校去接受教育，或者是干脆在家里请家庭教师。托马斯教堂非常破旧，最多的时候有 120 个学生，但是巴赫在位的时候只有 52 个，他们甚至不能拥有单独的床位。

　　就像上面所说的，当时那里的生活条件非常艰苦，老师要和学生们一起住在宿舍里。每到夏天，他们五点就要起床，冬天可以稍微晚一点，可以六点起床。学生们十点吃早餐，五点吃晚饭，为了节省蜡烛，他们甚至八点就上床睡觉了。

　　托马斯学校的学生很辛苦，他们还必须到街头卖唱，用歌声来获得一些钱。唱歌得到的这些钱，也不是全部占为己有，而是要按照一定的比例进行上交，教师授课的工资就是这么来的。

　　由于学校的空间太小了，所以很多时候都是 3 个班级一起上课。学校的校舍楼在两百年间从没有进行过任何的修缮，当然也没有人认为这是必要的事。对于市政当局来讲，托马斯学校是无足轻重的，以致到 1730 年之前，在市政档案中根本就找不到与此有关的记载。

　　要说巴赫对这种状况完全不了解，那是不太可能的。那他为什么还不顾这些欣然接受这个职务呢？其实这个原因是多方面的。巴赫在科藤已经没有办法施展才能了，他时时刻刻都提心吊胆，因为他不知道新的侯爵夫人什么时候会把他赶走。出于安全的考虑，约翰·塞巴斯蒂安·巴赫需要一个新的活动空间。

虽然莱比锡的托马斯学校的状况不尽如人意，但是塞巴斯蒂安·巴赫仍然申请了这个职务。这只能说明，学校的这种状况对他来说是不重要的。巴赫知道教授拉丁文会耽误他很多时间，但是在他之前的那位老师经常找人帮他代课，所以他决定效仿这位老师，一旦觉得厌烦时，就让别人帮忙代课。

虽然学校的状况很差，但是这里的职位还是非常吸引人的。在这里，巴赫是莱比锡托马斯学校的乐师，也是公认的德国宗教音乐的领袖，除了德累斯顿圣十字学校的乐师，他其实没有任何真正的竞争对手。

今天的"教堂乐师"这个词会让很多人联想到犹太教堂，因为我们偶尔见到的那些"教堂乐师"都是受过专门训练的，他们在演唱犹太礼拜的抒情部分时，歌声总是那么美妙。早期的基督教教堂的新成员完全来自改宗的犹太教徒，因此，继续由教堂乐师在礼拜中负责弥撒音乐。

当教会建立了自己的组织以后，他们马上就认识到了礼拜音乐的魅力，更重要的是，这种音乐在情感上有巨大的感召力。听说早在四世纪就已经有教堂乐师领导的音乐训练学校了。

罗马的教堂乐师学校是整个基督教世界中的范例，路德教派在刚刚成立的时候，从罗马学习到了很多的知识，其中就包括这种对音乐的兴趣和爱好，也包括保留教堂乐师，并让他们来负责星期日礼拜。

在莱比锡，教堂乐师有两名，也就是宗教学校的校长和副校长。当时这些权威人士被人们称为"上级"，也就是我们现在所说的教授。由于他们平时工作非常繁忙，所以他们有很多"下级"和助教来协助他们工作。除了要负责星期日的礼拜音乐之外，教堂乐师每周还要花几个小时教唱歌，并向他手下的人传授拉丁语的知识。巴赫总是说他对拉丁语毫无兴趣，所以他总是想尽快摆脱这种烦人的责任，尽管这种做法不被他的雇主认可。

## 3. 巴赫在莱比锡的工作环境

在最大的两座教堂圣托马斯和圣尼古拉斯里，每个礼拜都要演唱一部固定的康塔塔或者是经文歌，这些歌曲是由管风琴和完整乐队来伴奏的。这样的安排可能是考虑到了教堂乐师的繁忙，为了节省教堂乐师的精力才设置的。

这些礼拜从早晨七点就开始了，要到中午才能结束。在这个过程中，要想让一群精力旺盛的小鬼一直守规矩，那可不是一件轻松的事。

在遇到特别重大的节日时，这两所教堂都会搞一些特别的活动。这个时候，精力有限的巴赫就负责托马斯教堂，而他的助手就会负责圣尼古拉斯教堂。唱诗班、管风琴及乐队的排练都是安排在星期日的下午进行的，时间一般是从两点到四点，但是如果这个时候有婚礼或者是葬礼，就需要做一些额外的准备了，在这种情况下，教堂乐师和唱诗班就得工作到深夜，因为在当时那个时代，还没有工会，也没有工会规定的工作时间和工作报酬。

约翰·塞巴斯蒂安·巴赫是非常繁忙的，因为他不仅要负责大部分的指挥工作，还要认真地挑选演出的曲目。除此之外，唱诗班每年还有四次重大的游行，所以他还得带领唱诗班为此做准备。

说起来很奇怪，每次到游行的日子时，总是会下起瓢泼大雨，那些可怜的孩子有一半在回家的时候都要感冒。另外，教堂乐师还有义务监督莱比锡其他教堂管风琴师的工作，他要负责聘请、解雇和管理在教堂工作的乐手，还要让各架管风琴都能得到维修。

那个时代的学者是非常不幸的，当他们研究音乐不太繁忙时，就会学点拉丁语和其他学问来打发无聊的时光。他们知道，或许这些学问在某一天能够帮助他们取得乡村助理风琴师的职务，这个职务的年薪为 20 个金币。

虽然他们吃住的情况非常差，甚至经常要上街乞讨，但至少从一个方面来说，他们比老师的处境要好一些，那就是每年在莱比锡的三次集市期间，他们可以放三次整整一周的假，这一点还是很令他们骄傲的。

另外，在夏天他们还有一些半休的假日，甚至在圣贤日、葬礼日或者学院日都不用上早课。最后，作为额外的奖励，在学校的四位主任教师庆祝生日的时候，他们也可以放四天假。

相比来说，教师的职责却十分繁重，因为孩子们几乎时时刻刻都是和他们在一起的，所以他们几乎没有独处的时光。这种制度虽然不至于让他们发疯，但是确实会让他们的神经受不了，于是他们就发展出某种可悲的性格，这种性格使他们成为了课堂上的独裁者，这些凶狠的恶魔把很多可怜的学生推向自杀的边缘，甚至造成了更严重的后果。

教堂乐师有免费的住房，就在学校的主楼里。另外，学校还会供给他们一定数量的柴火、粮食、葡萄酒和足够他们生活的年薪。虽然这里的年薪和约翰·塞巴斯蒂安·巴赫以前的工作没办法相比，但是，就当时最简朴的生活需求来说，这些报酬已经足够了。

除此之外，巴赫还能获得很多外快，这些外快的一部分是他指挥婚礼或葬礼的音乐挣来的，巴赫在给朋友的信中调侃地抱怨道："这个夏天人们非常健康，因此葬礼极少，我的收入也受了影响。"

这样听起来，这些事情都是有点不同寻常的，但是就像法国人所说的，"时代不同，风俗不同"。尽管我们私下里不想让这位音乐大师过那样的生活，但是我们不应该忘记，十八世纪的德国还是一个贫穷的国家，一个不收学费的学校当然无法给学生和老师提供那么多奢侈品。

但是对于接下来说到的这种安排，我们又应该做何感想呢？

托马斯学校的学生们每周要出行两次，他们走在莱比锡的大街小巷中，收集一些东西，作为给学校的赠礼。其实说起来，这也没什么，他们的做法只不过是沿袭了中世纪乞讨僧的传统，这些乞讨僧就是靠化缘来维持基本生活的。

在这些学生辛苦地收集来的财物中，有 6 个便士要上缴给学校，让他的 4 位主任教师分享。我们从中可以想象出，伟大的约翰·塞巴斯蒂安需要从每个学生的手中接受一个半便士的小费的情景。

然而，这在巴赫所经受的磨难当中，实在是算不上什么大事。真正让巴赫费尽心力的是他管教的那群孩子。虽然我们称他们为孩子，但是其实他们当中的不少人已经长大成人了，正是这些人有时会让人非常受不了。

如果巴赫的书信和他对雇主的抱怨属实，那就说明，他不得不经常应付一些非常出格的犯罪或堕落行为。有时只有跑快点，才能避开折磨他的那些家伙们，才能勉强躲过皮肉之苦。

三十年战争使德国变得非常贫穷，民众的道德水平也大不如从前，战争带来的伤害是一百年的和平时光也没有办法弥补的。

如果你熟悉伦勃朗的铜版画，那你一定记得他画中可怜的叫花子或流浪者的形象。其实他画这些人并不是因为他偏爱于此，而是因为这样的人特别多。当时，在阿姆斯特丹和莱顿这些地方，无家可归的人到处都是，这种状况是战争所带来的必然结果。

处在巴赫那个时代的人，是比他们这些前辈的处境要好一点的，但是如果想要成为合格的文明人，道路还是很艰辛的。如果他们的嗓音条件非常好的话，就有机会进入唱诗班，因为就声音而言，还是人人平等的，贫民窟的孩子甚至往往比富贵人家的孩子嗓音条件要更好。

于是，只要是稍有唱歌天赋的男孩子，就会想尽一切办法来莱比锡或者是去德累斯顿，他们希望至少在几年的时间里，可以拥有一张床睡觉，可以有个地方吃饭。

受到音乐方面的初级训练以后，如果表现好的话，他们可能会有更好的机会，比如去某个歌剧院当小提琴手或者是合唱队员。如果运气再好一点，他们甚至有可能当上某个小教堂的管风琴师。其实不管这些梦想是不是能够成真，至少他们现在是有地方睡觉，有地方吃饭的。

现在我们假设一下，如果这些男孩幸运地通过了考试，并且得到了奖学金，那又能怎么样呢？

其实他们根本就没有想要过上非常舒适的生活，他们要的很简单，一般人的正常生活就够了。但是很快他们就发现，即使是国王的士兵也比他们多得好，因为这些可怜的学生经常连饭都吃不上。

　　成为一名正式的托马斯学校的学生虽然很令人骄傲，但是他们每天只能喝上一盘菜汤，穿城里好心人捐献的旧裤子，而且还得对这一切怀有感激之心。在这里，没有任何措施是用来保证他们身体健康的。

　　但我们不应该因此责备莱比锡的权威人士，因为就算是当时最好的船队去印度航行，人员损失数量也是非常重大的。

　　所以我们也就没有理由要求，一个内陆城市的权威能更开明多少。如果学校里的孩子觉得身体不舒服，他们就会把郎中请来，给他吃很多所谓的灵丹妙药。如果生病的孩子死了，这肯定是件伤心事情，但是既然他已经感受到天堂的快乐了，那也就没有什么好抱怨的了。

　　当葬礼的队伍穿梭在莱比锡的大街小巷的时候，这些孩子往往要被雨淋上好几个小时，而且因为条件的限制，他们基本上没有换洗的衣服，所以他们很容易得肺病。当时，人们并不是十分清楚传染病的危害，所以疾病就常常在宿舍里到处蔓延，那个时候的死亡率经常高得令人心痛。

　　而且那个时候还有另外的一个习惯，就是派这些孩子去给婚礼或私人聚会演唱。我们已经清楚地知道，他们经常食不果腹，但是为了去演唱，他们经常要爬四五层楼梯才能到达表演地点，这对于演唱女高音的男童来说是一件特别困难的事。能找到男童来唱女高音就非常不容易，但是就像老师们不停抱怨的那样，难得的几个男童女高音演唱者很快就会因为营养不良而不得不退学了。

　　这些苦难实在是一言难尽。但是上面所说的这些就是为了让大家知道，在巴赫那个年代，如果一个学生想要得到免费的音乐教育，需要付出什么样的代价。

　　现在，巴赫来到了这里，人们都认为，这些幸运的孩子现在能够得到巴赫的指导了，他们应该相对幸福一点了，就像维也纳男童合唱团的那些孩子一样。但是他们忘记了，维也纳的孩子常年有一位称职的医生为他们仔细检查身体，他们享受着最精心的饮食安排，睡着舒服的床，而且还有善解人意、有教养的老师悉心陪伴，保证他们每天都有足够的休息和娱乐时间。

　　与此相比，托马斯学校的孩子得不到一点照顾，人们认为他们就应该多干活少吃饭。对于孩子们来说，只要能活命，他们就应该感激不尽。

　　在这样的境况下，这些孩子们只要有机会离开这里，就会奋勇直前。当整个西欧和北欧都对意大利歌剧痴迷的时候，他们知道他们的大好机会来了。当时，每个人都成了歌剧狂。

　　以前很多欧洲的一流乐手都在教堂乐队或爱好音乐的王公家里任职，但是他们的薪水非常少，新建歌剧院的经理一向他们提供更为自由的职位，他们就都欣然地接受了。很多保守的同行看不起他们，骂他们是"弄爵士乐的"，但是他们并不在乎这种侮辱，因为现在他们有更丰富的生活，可以尽情畅饮美酒，这是那些心怀嫉妒的同行所不能做到的。

　　"为艺术而艺术"这个口号总是更吸引俗人，缪斯真正的追随者往往是不受其吸引的。但是我们并不能责怪这些职业提琴手和笛手。如果一个木工或者是瓦工专门挑选那些供应晚餐的活儿，我们会怪他们吗？

　　十八世纪初期，伟大的阿波罗神的几个宠儿整日奔走于各个宫廷中，进行他们的巡回演出，他们这个职业的很多成员也都因此得到了荣耀的桂冠。从弗朗兹·里斯特和尼古拉·帕格尼尼的时代开始，只要一个年轻人是毕业于法国或意大利人的音乐学院，那么他去面馆吃饭的时候，就会选择披上帕格尼尼式的斗篷。每个小钢琴师，只要是在潮湿的波罗的海海滨浴场开过几场独奏会，就会拼命地模仿李斯特的风格，希望心怀崇敬的乡村美人把他当成李斯特，倾心于他。

面对这种荒唐的行为，人们已经见怪不怪了，因为在人人都疯狂地着迷一件事情的世界里，这种离谱的行为往往能让他们的腰包更鼓，因此这是很有"票房价值"的。

但是在这里，我们要说明的是，一般的音乐家是不会像伟大的帕格尼尼那样不顾尊严的。他因为害怕被骗，所以会选择亲自管理音乐会门票的销售。其实他很聪明，他清楚地知道应该如何处理利益和荣誉的关系。如果他不是谋略过人，也就不能主宰自己的市场了。这样，他也就不会名扬四方了。

然而，教堂乐师巴赫教授的那些孩子既不是帕格尼尼，也不是李斯特，而是出身卑微的贫苦学生。歌剧院合唱队付给他们的几个小时的报酬，比在教堂唱诗班辛苦几个礼拜挣到的还要多好几倍，在这种情况下，聪明的他们做出了正确的选择。

他们坚定地爬出托马斯教堂的窗户，希望自己能成为伟大的歌剧明星。其实学校的老师们本来是可以派警察把他们抓回学校的，但是这无疑会引起公开的丑闻，这是任何人都不希望看到的。

要知道在这个城市里，大家一定是非常赞同这些孩子和他们的歌剧理想的。现在歌剧咏叹调是非常流行的，在当地的咖啡馆里，只要受欢迎的歌手愿意让大家和他一起唱，客人们就会非常开心地和着他唱起来，遗憾的是，参加这种即兴演唱的，大多是莱比锡城最有身份的好市民。所以，这些可怜的学校老师还能怎么样呢？每到重大的节日时，他们总是孤立无助，因为学校里只剩下几十个训练糟糕的孩子，或者是因为条件不够好被歌剧经理拒绝的学生了。

这样的情况确实很糟糕，但音乐家的生涯就是这样艰难。我们都明白，巴赫不顾这种种困难，仍然尽忠职守，而且对他的理想从来都没有动摇过。同时我们也应该记得，他得到了应有的补偿。总的来说，托马斯学校的校长在当地市民的眼中仍然有着不同寻常的地位，这种举足轻重的地位足以让他忽略工作中的不愉快，而满足于自己达到专业巅峰的成就。

宗教权威人士和雇员所签的合同，再一次揭示出了音乐王国的现实。首先，有一个条款是关于巴赫先生戒酒的问题的。

在教师和教士的心目中，酗酒是一种罪孽。

所以宗教权威人士们坚持要让教堂乐师约翰·塞巴斯蒂安·巴赫以书面的形式保证，他要像绅士一样生活，不能酗酒；然后，他还要勤勉地履行自己所有的职责，包括教拉丁文，还要始终尊重宗教委员会，教给学生声乐和器乐，创作的音乐间奏既不能过长也不能过于歌剧化。另外，他不能粗暴地对待学生，不能在唱诗班里任用不称职的歌手，没有市长的允许绝对不能离职，没有委员会的允许不能接受大学的任何职位等。

## 4. 巴赫和教会监理会的冲突

巴赫与神职机构监理会第一次意义上的冲突，是在 1724 年复活节的时候，那时候巴赫非常繁忙。宗教改革纪念日是 1723 年 10 月 31 日，为了纪念这个日子，巴赫把他在魏玛时创作的一首康塔塔《我主是一座坚固的堡垒》改写并进行了扩展，献给了纪念活动。大家都承认，这首音乐真的非常好听。

圣诞节的时候，巴赫给莱比锡献上了一首《圣母颂歌》，这也是他创作的最美的音乐作品之一。到了复活节，他则准备了一首根据《约翰受难曲》改编的乐曲。因为巴赫除了本职工作以外，还要做很多别的事情，所以他没有办法把精力再集中于教授拉丁文课上，于是他就根据合同中的条款，聘请了拉丁文课的代理教师。

《约翰受难曲》是写在科藤的曲谱纸上的，纸上有一些字迹显得有些潦草。因此有些人认为，这部作品是巴赫还在科藤的时候写的，并且已经演奏过了。

但是如果我们仔细分析一下这部作品提出的演奏要求，就会否认这种说法：这首曲子要求至少要有 50 名乐师参与其中，而且合唱曲占了三分之一。其实，曲谱纸本身并不能说明产生的时间，因为曲谱纸有可能是巴赫在科藤时买的，但是一直没有被扔掉，并且在莱比锡创作时加以使用了；字迹有些潦草也说明不了什么，那有可能是因为时间紧迫，或者是灵感突发，所以比较着急。

当时巴赫的宗教改革康塔塔和圣诞康塔塔都非常成功，在这之后，他希望能再献上一首精品。我们知道，要想表演成功，肯定要做非常充分的准备。巴赫的这场演出需要圣托马斯唱诗班中每个人的参与，只有 8 个人的乐队是远远不够用的，巴赫必须想办法增加乐队人数。另外，除了乐器以外，他还需要演出场地。

因此，巴赫决定把 1724 年耶稣受难日星期五进行的演出，定在托马斯教堂。

然而，这种行为在当时是很少见的。因为按照莱比锡的传统，受难日的音乐应该轮流在尼古拉和托马斯教堂举行，而到了巴赫这一年，轮到尼古拉教堂了，可是巴赫却改变了这一规定。

巴赫选择托马斯教堂是有充足的理由的，因为托马斯教堂的廊台面积更大，而尼古拉教堂的管风琴和羽管键琴非常破旧，是需要维修的，另外，唱诗班站立的廊台也已经腐朽了，如果真的在尼古拉教堂表演，那不能排除演出过程中发生坍塌的危险。

针对这一情况，巴赫及时向他的教会上司进行了报告，他们并没有反驳他，不是因为他们完全体谅，而是因为他们认为这根本不属于他们的管辖范围。

所以，现在出现了一个非常复杂的法律地位问题了：监理会只是负责宗教方面的事务，他们认为演出一定要在圣尼古拉教堂举行。其实这其中还有一个更重要的原因，那就是教区牧师戴灵是这个教堂的传教士，所以在这方面他是绝对不会同意把这次机会让给托马斯教堂的。

另外，巴赫在合同中也做出过保证，答应不会采取任何标新立异的行为。显然，他这样做给自己带来了很大的麻烦。

但是无论怎样说，尼古拉教堂的条件确实不够承担巴赫的演出，那里的羽管键琴已经用了将近 100 年了，而其他的管风琴也已经有 30 多年没有维修过了，更别说那个危险的廊台了。

监理会告诉巴赫，他们并不负责改善教堂的状况，这是市政委员会的职责。于是巴赫找到市政委员会说明了一切，可是他得到的答复却是：他们没有钱进行维修。巴赫说，如果不能进行维修的话，演出就不能在尼古拉教堂举行，必须要在托马斯教堂. 此时，市政委员会则说，这是监理会管辖的事务。

监理会非常不能理解巴赫提出的奇怪要求，因为在巴赫上一任乐师在位的时候，尼古拉教堂的乐器和廊台明明都是完好无损的。他们似乎都忘了，巴赫的上一任乐师也曾经不想在尼古拉教堂演奏的事实了。如果不是因为人们不愿意在尼古拉教堂进行演奏，那么市政委员会也没有必要做出必须在两个教堂轮流演出的决议了。

总之，巴赫非常想实现他的梦想，想在1724年演奏一场美妙的受难曲音乐，所以他绝对不允许自己的乐队使用一台音栓不知道什么时候就会塞住不动而发不出声音的管风琴，也不能用一台将近一百年没有修过的羽管键琴来进行演奏。

巴赫已经提出过申请了，但是既然市政委员会没有资金，教会监理会也不管，那他就不得不自作主张了。因为如果演奏的效果不好，责任既不在市政委员会身上也不在监理会身上，而只在他一个人的身上。于是巴赫当机立断，自己印了传单，上面写着，今年的受难曲音乐将在托马斯教堂举行。

此举无疑是火上浇油。很快，监理会就召见了巴赫，他们说他不仅违反了合同，而且明显违反了上级的命令。但是巴赫也引用了合同条款中"保证全力搞好教堂音乐"这一条，为自己辩护。他必须尽力争取，因为尼古拉教堂实在是没有办法满足这一点。

最后，教区牧师也觉得，如果尼古拉教堂的演出不成功的话，对自己的影响也非常不好，最后监理会只好亲自过问这件事，尽快安排必要的修缮，但是他们只同意修理管风琴、羽管键琴和廊台，其他的修缮他们认为是没有必要的。

这个时候，市政委员会再次做出决议："今年的受难日礼拜活动必须在圣尼古拉教堂举行。"其中还有对巴赫明显的批评话语："乐监先生请在选址上按此决议行事。"同时还有另外的一些："……羽管键琴必须进行维修，但应节俭开支，同时也要考虑到进行一些改动，以便在演出时，有关人员得到足够的空间。"

由于还是要在尼古拉教堂演出，所以演出的通知要重新印刷，地点要从托马斯教堂改为尼古拉教堂。巴赫答应了他们的这一要求，但是他拒绝支付重新印刷的费用。记录中写道："乐监先生应该负责印刷一份通知，说明音乐演出今年仍在尼古拉教堂举行，所需费用由无所不能的委员会承担。"事实证明，巴赫的这一决定是非常正确的，因为仅仅维修管风琴这一项就花费了600塔勒尔。

演出的通知是由巴赫起草的，虽然最后听从了委员会的意见，但是巴赫的语气却十分不客气："鉴于前次有关受难日通知以后，高贵而明智的市政委员会倾向于圣尼古拉教堂，因此此次礼拜活动于下周五在圣尼古拉教堂举行，故向尊敬的诸位来宾发此通知宣布。"

其实巴赫所做的这一切斗争，都只是为了给他的音乐创造一个良好的环境，最后他达到了目的，但是却没有人感谢过他，因为他的固执使他站在了委员会及监理会的对立面上。

委员会和监理会都开始因为这个新乐监的出现陷入了深深的不安中，因为他们任用巴赫的本意不是为了找一个对立面。

由此也可以看出，巴赫是一个不愿意附和的人，也是一个非常顽固的人。

## 5. 高德利茨大学士和教区牧师戴灵

接下来就是1728年巴赫和学士戈特弗里德·高德利茨之间的纠葛了。

首先我们要先了解一下巴赫的宗教上司教区牧师戴灵，这是一位挺有名气的人，他的画像至今还挂在托马斯教堂圣坛旁供人欣赏。戴灵是一位非常有学问的人，也是虔诚的老路德正统派的信徒。当时，莱比锡是不容许虔信主义存在的。

戴灵现存的作品有《神圣的观察》，这部作品是用拉丁文写成的，包括150篇共三卷神学论文集。在其中的一篇文章中，他用8行的篇幅写了音乐，但并不是专门写的，而是顺便提及。看来，他对于音乐是没有进行过专门研究，是无从下手的，他只知道音乐是宗教礼拜中不可缺少的程序。音乐并没有打动戴灵的灵魂，所以，他也肯定不会支持巴赫致力于创造均衡的"为崇敬上帝的教堂音乐"的。

巴赫的家用《圣经》被保存了下来，他在其中历代志上篇和下篇中，都写了很多能够启发人的注释。

在上篇的第25章中，原文为："战场上，大卫和勇士们前去侦察……其他人则应该演奏竖琴、扬琴和管钟。"几段以后又有："曾演练过上帝圣歌的兄弟及大师们，总人数为288人。"在这旁边有巴赫注释的手迹："注：这一章是上帝喜欢的所有教堂音乐的真正基础。"

此篇第28章，巴赫的注释是："这是一个绝好的证明：礼拜弥撒外，还应有音乐，那是通过大卫转达的上帝的意志。"

他的第三条注释，是在历代志下篇第五章，第12至15行，里面描写了祭司和教士在转移存放上帝约法的圣柜时奏乐的情况，巴赫写道："注：在虔诚的祈祷音乐中，慈祥的上帝是无所不在的。"

这些注释表明，巴赫是有信仰的，他的音乐与他的信仰是紧密联系在一起的，音乐驻扎在信仰之中。

这不仅证明巴赫非常的虔诚，而且也证明了音乐在他的心中占据着多么重要的位置：在巴赫的心目中，音乐和布道一样重要，都是弥撒礼拜的重要组成部分。

按照他在注释中所表达出来的观点，他认为在教堂里音乐家和神职人员是处于同等地位的，这也是他本人在教堂创作礼拜音乐时的基本立场。

对于一位教堂音乐家来说，这恐怕也是最鲜明的立场了。但是到今天为止，神学家也不是很赞同这种观点。很多人说这其实也是戴灵的立场，但是根据我们掌握的材料来看，不对。

对《圣经》的这三处注释，不仅让我们看到了巴赫诚挚的信仰，而且也反映了一种坚定的斗志："是一个绝好的证明：礼拜弥撒外，还应有音乐，那是通过大卫转达的上帝的意志。"

音乐对于巴赫来说既是一种信仰，也是一种自卫行为，我们只有了解了这种崇高的原则，才能深刻地理解巴赫在莱比锡的所有活动。

就像巴赫就任时看到的那样，莱比锡是一个所有公职人员都有自己权力的地方，而且为了捍卫这些权力，他们必须不断地进行斗争。而在这些斗争中，善良和公正是没有用的。这一点，巴赫在争取职位和进行演奏的时候已经有深刻的体会了。在莱比锡这个地方，为了不没落下去，就要一直坚持斗争。

巴赫一家人在莱比锡也有很多的朋友，有住在托马斯教堂对面的商人兼市政委员伯瑟，也有税务督查亨利奇，以及为他的康塔塔写歌词的西格勒的夫人，但是巴赫一家人和神职人员却基本没有往来。

我们前面所提到过的那位到科藤拜访巴赫的神学士维瑟，曾经在巴赫和马格达莲娜第一个孩子出生以后，当了孩子的洗礼教父，而和其他的神职教父就真的没有任何往来了。

当时，社会等级差别还是很重要的，那些在城市中有发言权的市政委员会成员都是上过大学的，而巴赫却是一个没有上过大学的音乐家，他的拉丁文教的也并不出色。另外，他后来又在监理会上和学士高德里茨产生了纠葛。人们都觉得巴赫实在是一个不简单的人。

按照后来的惯例，做礼拜时唱什么诗歌是由神职人员选择的，他们选择以后会告诉乐监或者管风琴师，这样就能够使唱诗的内容和布道相一致了。但是在巴赫那个年代，挑选唱诗歌是乐监的事情，可是当学士高德里茨担任了托马斯教堂传教士以后，他就开始自己写作这些歌曲了。

巴赫容忍了这种情况，但是当这位高德里茨学士想要改变更多习惯的时候，巴赫不得已向监理会提出了申诉。我们上面提到过，巴赫在合同中已经保证过，不会做标新立异之举，但是现在发生的这些事情已经是标新立异的了，这已经超出他的职权范围了。

其实如果两个人都有理智，这件事情只要经过沟通就能得到很好的解决，前提是他们之间要有最基本的信任。然而，巴赫和教会的关系却不是这样的，在这里，他找不到可以合作的人。

学士高德里茨也并没有要和巴赫和解的意图，所以巴赫只好向教会上司部门求助。教会经过调查以后，也找不到什么借口支持高德里茨，于是他们只好确认巴赫对于教堂演奏歌曲的决定权利。这当然是很不容易的，因为高德里茨是他们中的一员。

这件事情发生在 1727 年，在这一年里，巴赫还曾经为演出祭奠哀乐进行过斗争。现在我们来说说巴赫的斗争经历。

他在到莱比锡不到一年的时间，就为了尼古拉教堂的管风琴修缮问题和廊台问题进行了一场正式的斗争。第二年，他向国王上报，随后取得了他应有的权力。如今他又不得不反对监理会，因为他们侵犯了他的职权范围，而到了秋天就是那场为了演奏祭奠哀乐而进行的斗争。

其实这还远远不是所有的斗争，因为在学校里，他是有权力根据歌唱水平参与决定唱诗班成员的，但是这点权利他也没有享受过。

75岁的校长艾内斯蒂在托马斯学校供职48年了。在这段时间里，学校没有发生任何变化，而且这里的学生人数逐年减少。所以在挑选唱诗班成员的时候，就不能单单看他们的歌喉了。

到目前为止，巴赫已经在托马斯学校担任了4年的乐监了，他对于音乐质量的要求非常苛求。另外他还有一大堆关于"为崇敬上帝均衡教堂音乐"的奇思怪想，这一切都使他在市政委员会、教学监理会或大学中成了一个完全不受欢迎的人。

他当时所面对的现实是只能拿到一半的工资，而且所教授的学生都是不符合要求的学生。现在巴赫已经度过人生的第42个年头了，现在正是创作的高峰期，但是他却从来没有得到过上司部门的认可，现实情况正好是相反的。

# 第七章　一个启蒙者和被启蒙者辈出的世纪

## 1. "启蒙运动"是个烦恼

人们把整个 18 世纪称之为"启蒙的世纪"。但这可能只是一种误导，实际上并不是这个世纪被启蒙了，而是在这个世纪中，启蒙者和被启蒙者辈出。

在这个世纪末时，康德把启蒙定义为"不靠别人帮助而启用自己理智的能力"。但是斯宾诺莎在 1670 年时，就曾经宣告有必要"把人们从自我引起的依附中解放"出来。因此我们不能说启蒙思想是在 18 世纪才出现的，因为启蒙主义者很早以前就存在。当然，他们都有一个共同点，那就是不受统治阶级的欢迎。

当年，苏格拉底曾经用辩证的方法教导他的学生，仔细观察事物和一般描绘事物，是两个完全不相同的概念，也正因为如此，他被判以极刑，罪名是坑害青年；施陶芬王朝的皇帝弗里德里希二世是一位具有启蒙思想的君主，但是最后他的下场是被教皇宣判为基督的叛徒；1302 年，但丁被判以死刑，最后逃亡在外；发明音乐线谱的圭多·达雷佐被赶出了修道院；德斯卡特斯被禁止教授课程；伽利略的作品被禁了几百年，而他本人对受到肉刑的威胁也只能沉默以对；斯宾诺莎被驱逐出了犹太教团；伏尔泰揭露了普鲁士王国科学院院士冒坡推斯的不学无术，但是最后却遭到了国王腓特烈二世的惩罚，被投进拘留所，而那个不学无术的冒坡推斯却仍旧当着他的院长。甚至在伏尔泰生命终结的时候，他的葬礼都是被禁止举行的。

其实这只是其中的几个例子，这样的事情不胜枚举。那些启蒙者们只不过是希望用新的知识来取代传统的陋习，并且让大家认识到过去有些东西是错误的。如果一个城市管理部门，明确告诉他的职员，禁止创新，对一切新的事物都采取封闭的态度，那么毫无疑问，他们肯定是不关心启蒙运动的。同样，那个由 5 名神学家和 11 名哲学家掌管的大学亦是如此。

当时的神学家是非常执着的，他们都誓死捍卫自己的信仰，因而他们必然是谨慎保守的。莱比锡的哲学教授们则时时不忘恪守他们的教条。要想知道一个有独立观点的哲学家教授会有什么样的遭遇，只要问问唯理性主义教授沃尔夫就知道了，当时他被神学家定性为玷污了上帝，随后遭到了普鲁士国王的驱逐。

其实这还是最轻微的惩罚，因为在瑞士和法国，如果一旦被定性为玷污上帝，那么他们就会遭受到特别残酷的处死方式。直到那个世纪末的时候，还盛行着对女巫实施火刑的法规，尽管莱比锡并不是这样，但是它却一直是一个雇佣城市刽子手的地方。即使在普鲁士，也是到了腓特烈大帝即位以后才取消了部分肉刑。

莱比锡的费利克斯和施奈德海因策教授认为，戈特谢德是文学启蒙运动的核心和莱比锡启蒙运动的代表人物，但是他们并没有仔细阅读过戈特谢德的《演讲艺术详论》和《试论德国人批判性诗话》。这两本书虽然使戈特谢德在1730～1740年晋升成为德意志文学教皇，但是他所宣扬的文学典范，却没有被保留下来。

1737年开始，德国的女演员卡萝莉娜·诺伊伯为了提高话剧艺术水平，把戈特谢德的改革设想运用到了舞台上。但是如此一来，她基本上失去了所有的观众，而伟大的戈特谢德也没能容忍她这种行为。

莱比锡并不是一个被启蒙了的城市，因为对于真正的启蒙者来说，这里根本就没有他们的容身之地，也并没有多少人理解他们。所以，把巴赫称为"启蒙主义音乐家"，也是不正确的。

那么，我们应该怎样理解"启蒙主义音乐家"呢？

如果我们能够读一下德斯卡特斯的《沉思录》和沃尔夫的《对人类做与不做的理性思考》，我们肯定能够更好地了解启蒙思想。但是这和音乐没有关系，和音乐家也没有关系。巴赫的《变音幻想曲与赋格》和《平均律钢琴曲》显示了开展和声对位的可能性，可这对于政治和哲学启蒙的发展没有什么帮助，就像"启蒙主义美术"和"启蒙主义建筑"同样无助于启蒙运动一样。

但是有些人却不是这么认为的，他们认为两种艺术作品之间、两种时代现象之间，或者是同一个时代的各种艺术之间，都是存在某种联系的。即使是靠推理，也总能推出一些关系。这种观点缺乏一些事实依据。

## 2. 200首康塔塔的徒劳之功

我们还应该了解另外一个事实，那就是巴赫多年以来每周都谱写并演奏新的康塔塔。很多人认为，这说明康塔塔是巴赫音乐创作的核心，但这其实是不太准确的。这些作品确实有很高超的艺术水平和强有力的信仰力量，但这并不是他创作的主要方面。

巴赫给自己定下任务，每周创作一首新的康塔塔，他能够坚持数年，实在是令人佩服。换做其他任何一个音乐家这样做的话，很可能让自己落入平庸当中。但是巴赫却没有，因为他有很强的创新能力，所以我们有理由相信，巴赫是不会把自己所承担的义务当作生命的核心的，他的核心应该是他的创作。

如果现在有人向这样一位严肃的音乐家提出，让他在接下来的几年中坚持每周为独唱、合唱和乐队创作曲子，我想他是肯定不会答应的，因为他还有很多其他的工作。为了演出一首巴赫的康塔塔，合唱队需要排练 8 个小时，他们练好后，还要和乐队排练 2 个小时，而且这样一支教堂唱诗班也是很难找到的。

现存的巴赫的康塔塔大约有 200 首，当时布道词的选择大约以 4 年为一个周期，这样算下来，和现存的康塔塔的数量基本上是吻合的。由此，我们就可以理解了，巴赫本来就已经对每周都演奏新的康塔塔有些厌烦了，更何况他还和市政委员会、教会监理会和大学不断发生冲突，并且还得不到本应得到的赞赏。

巴赫在支付了拉丁文代课教师的报酬以后，从这个学校里得到的，就只是非常可怜的几个钱了。学校落后的教学资源、破烂的校舍和不够优秀的歌手，都令他有一些沮丧。

此时，其实巴赫名义上还是科藤侯爵的宫廷乐队指挥，与此同时，他在魏森费尔斯也被任命为宫廷乐队指挥。对于莱比锡当局来说，科藤和魏森费尔斯都是一些微不足道的小国，

但是对于巴赫来说，这些地方的宫廷给予他的尊重却比莱比锡多的多。因此，如果巴赫能缩小自己在莱比锡的活动范围，并把他的精力渐渐扩展到科藤和魏森费尔斯的话，这无疑是个明智

之举。

如果巴赫真的这样做了，那么无疑他是聪明的。但是看来巴赫并不愿意这样选择。巴赫用表兄的康塔塔替代了自己的那些，显然，他是想腾出手来进行一项更大的工程。如果是别人，在这个时候肯定会退一步，选择一首他的某个前任的受难日音乐参加下一年的演出，但是巴赫却不会这样做。

在这种情况下，巴赫决定明年要利用托马斯教堂更好的条件，为莱比锡人准备一场全新的、更恢宏的和更美的受难曲。巴赫要让他们明白，他是有实力的。

巴赫有一个朋友叫亨利奇，他新创作的乐曲歌词就是由这位朋友撰写的。亨利奇一开始在邮局工作，后来改做了税务督察，所以他有很多机会可以接触到各种各样的人，并且他懂得如何保持乐观的心态，也明白怎样做才能够受人尊敬。

亨利奇是个业余文人，他不仅为虔诚的祈祷写歌词，同时也为爱情和美酒写赞美诗歌，他还会对其他日常发生的事情加以赞颂或讽刺。可以说亨利奇是在盖勒特之前的仿古诗派的代表。

亨利奇非常坦率地承认，作诗是很难的。由于他写诗歌都是有实用目的的，所以很多人说他并不能算是一位真正的诗人。其实，这样的批评是因为他们对诗歌缺乏了解。因为即使是最有才华的诗人，也不是凭空就能写出优美的诗句的。

作诗确实是一件十分艰苦的劳动，只不过在时间紧迫的情况下，有些人仍然能够写出好的诗句，而其他人就只能编几句顺口溜罢了。

亨利奇的宗教诗歌，被有些人认为是华而不实的，实际上他只是为了适应当时的潮流，始终保持在戈特谢德的水平上。

在《马太受难曲》和圣诞清唱剧中，我们都可以看到亨利奇充满深邃思想的抒情佳句。亨利奇不仅向他的朋友提供了《马太受难曲》的歌词，而且也写了咖啡康塔塔和农夫康塔塔的歌词，我们应该知道，这是实用诗歌中的两首杰作。他作诗时用的笔名是皮坎德，但是全莱比锡人都知道，这个笔名的后面其实就是税务督察亨利奇。

## 3. 著名的《马太受难曲》

《马太受难曲》是巴赫 1728 年的作品，这部作品的创作时间恰恰是在别人看来应该隐退的时候写的。为了创作新的音乐，巴赫需要大量的时间，但是学校安排的那些课程和能够给他带来额外收入的葬礼、婚礼等活动，以及他每四周一次在学校中的巡视，加在一起几乎占满了他三个月的时间。

其实巴赫有很多理由可以放弃这项很艰难的工作，但是他非常自信，他相信自己的天赋、技艺和能力，而且他一直存在一个幻想，那就是向那些上司们显示，他有能力创作超凡的音乐，他希望借此吸引他的上司们。

但是巴赫忽略了特别重要的一点，那就是这些上司们不仅丝毫不懂音乐，而且他们根本就没有想要去理解它。这些上司们不需要太有思想的人，他们需要的只是一个听话的职员、一个教授拉丁文和音乐的教师。他们希望这位教师在大家需要的时候，可以向教堂礼拜仪式提供音乐服务，而且不提非分的要求。最好这位教师要对自己的收入，包括额外的收入，以及现有的演出音乐的条件都十分满意，感恩戴德。

然而，那些上司们希望的这些，却都是巴赫无法提供的，即使他尽最大的努力也做不到，当然他也从来没有在这方面努力过。要知道，巴赫是一个音乐家，音乐不仅是他生活的中心，也成了他生活的全部内容。

巴赫的天赋使他具备一种常人所无法理解的能力，那就是以无限饱满的热情与精力投入到他的事业当中。

在这方面最典型的一个例子就是伟大的牛顿的发现：几千年来，很多人看着苹果从树上掉下来，但是却从来没有人感到奇怪，只有他觉得这是非比寻常的现象，从此深入其中，发明了万有引力定律。

巴赫对他的音乐也是如此。他确实像人们说的那样，是一个有"天赋的音乐家"。但是我们都知道，天赋并不是一种享受，因为正是他的天赋决定了他的命运。

莱辛曾经让他剧中的画家康蒂说了这样一句话：拉斐尔无疑是一位最伟大的绘画天才，即使他生来没有手也会是如此。因为他天生注定是要画画的。巴赫也同样是被注定，要去探索音乐的宇宙的，正因为这样，他才不懂得，怎么突出自我。

说到突出自我，戈特谢德在这方面却有突出的表现。

对巴赫来说，他的音乐事业是上帝赋予他的使命，是非常神圣的，甚至比个人还要重要。叔本华曾在他的《天才论》一文中说过几句话，放在戈特谢德和巴赫身上是很合适的："普通的有才华的人，总是来的很是时候，来自他们那个时代的精神需要，因而他们也只是有能力适合那个时代……对下一代人来说，他们的作品则不再可读，必然被其他所取代。但是天才却不同，他们来到他们的时代，犹如一颗彗星进入天体轨道，但其独特的轨迹，却与井然有序和一目了然的天体运行迥然有别。"

实际上，这句话准确地描绘了巴赫和他的莱比锡上司之间的关系。对于巴赫来说，音乐就是他生活的全部内容，因而他无法理解，甚至无法设想，他的莱比锡上司竟然会对他的音乐如此缺乏理解，就像在听其他国家的布道一样。巴赫以为，如果大声一点宣告他的布道内容，或许会更便于理解。

于是巴赫坐了下来，开始写我们世界上最宏伟、最震撼人心的受难曲音乐，这部作品的伟大和崇高，时至今日也是无与伦比的。

对这部《马太受难曲》，已经有不少评论了，谁写巴赫，都会对他产生崇拜之情。但是很多人都不知道，巴赫是怀着什么样的高尚情操创作这部作品的，也不知道他是在多么恶劣的条件下进行演奏的。

演出是在1729年的复活节举行的，除此之外，没有材料谈过这个事情，我们甚至可以说，这是一次彻底失败的演出。这次失败使巴赫在以后的时间里，又遭到了无穷无尽的磨难。也正是从这时开始，巴赫在上司眼中的地位与日俱下。

托马斯教堂里有两座管风琴，于是他充分利用了这两座管风琴。如果他把所有可用的托马斯歌手都集合起来，那么也可以勉强组成两个唱诗班，这样他就需要两个乐队了。

幸运的是，巴赫已经不需要依靠城市吹奏师和托马斯学校的乐师了，而是可以聘用大学音乐社的成员。当时音乐社正处于变动时期，由于音乐社的社长管风琴师朔特，在哥达找到了更好的工作，所以巴赫于1729年接受了担任大学音乐社社长这一职务，这也证明他们之间已经存在某种关系了。

朔特在莱比锡没有发展前途，这一点，市政委员会早在五年前就已经向他表明过。

当时巴赫曾经想应聘托马斯学校的乐监一职，但是却遭到了拒绝。有一点非常重要：大学生们非常尊重这位托马斯学校的乐监，否则他们就会选举大学音乐主管格尔纳担任这个职务。但是他们选择了巴赫，也就是选择了一个不受欢迎的人。

对巴赫来说，接受这个职务当然很重要，但更重要的是，大学生们选中了他。因为这其实并不是一个什么职务，而只是像一把空椅子一样的一个席位。音乐社是完全出于自愿组织的一个协会，指挥也是由成员们自己选出的，其活动范围仅限于民间，比方说在奇莫曼咖啡馆等。

巴赫接管这项工作以前，这当中的有些成员已经从参加康塔塔演出的过程中跟他合作过了。他们知道，巴赫的音乐难度非常大，他提出的要求也很高。但是他们也知道，没有比他更好、更合适的音乐家了。

他和大学生们研究音乐的这段时间里，我们没有发现他们之间有什么不和的记录。显然，约翰·塞巴斯蒂安·巴赫可以向大学生们提出任何要求，而尊敬他的大学生们总是遵循行事。后来这些大学生们甚至为了巴赫和市政当局吵架，当然，市政委员会后来也对巴赫进行了报复。

两个唱诗班、两座管风琴和两支乐队，这就是巴赫现在所拥有的一切。他后来也从未为这样规模的演出集体写过什么作品。

这次巴赫是全力以赴的，他对他的队员也很放心。管风琴前坐的是合适的人选，大管风琴是由从新教堂调到尼古拉教堂的管风琴师格尔纳演奏的。

整个演出的最大风险首先就是歌手。当时除了托马斯唱诗班，并没有其他的唱诗组织。

这期间巴赫还有一些其他演出活动：1729 年 2 月在魏森费尔斯宫廷，3 月的第一周虽然又回到了莱比锡，但以后的三周，则要和安娜·马格达莲娜·魏尔肯去科藤。

这是一次悲伤的活动，因为利奥波德侯爵去世了。侯爵去世时还不到 34 岁，科藤方面要求巴赫带去致哀的音乐，于是巴赫带去了《马太受难曲》中已经完成的一部分，这不仅是因为他没有时间写出新曲，也是因为他不可能拿出更好的音乐来。

自作聪明的赖因哈德·拉法尔特，对巴赫把献给神明的乐曲给了一个"微型侯爵"感到恼火。但利奥波德侯爵并不是"微型侯爵"，而是巴赫遇到的最好的主人，也是他唯一的崇拜者和赞助者。利奥波德侯爵的去世使巴赫内心受到了震撼，在巴赫的一生中，他再也没有遇到第二个像利奥波德这样的侯爵。

为了演练这首受难曲，巴赫花费了整整三周的时间。在这三周里他要排练三首康塔塔。面对这样一个巨大的工程，巴赫一个人当然无法完成，但他还有他的"助理"。

巴赫一共有三个这样的助理：他的儿子威尔海姆·弗雷德曼、至今受人尊敬的管风琴作曲家约翰·路德维希·克雷布斯，以及不太为人所知的约翰·路德维希·迪特尔。这些助理一直是巴赫在整个教堂音乐工作中的主要支撑。

一方面，巴赫不可能在星期日同时在四个教堂中演奏；另一方面，他一个人也不可能进行那么多的排练，否则他就不仅仅是作者，而是自己的助理了，而且这样他的学生也必须按照他的时间安排课程，而不能根据学校的课程表上课了。

正因为这些都是不可能的，所以巴赫的助理们才会成为他音乐活动的脊梁。如果巴赫想取得成功，那就必须要依靠他们。为此，那些助理们就必须能在那些年轻的或同年的同学面前站得住脚，自己也必须成为优秀的音乐家。

在音乐上，巴赫不可能以同样的精力培养所有的学生，所以一部分功课只能由他的助理去上，因此他必须要尽心去培养这些助理。为了排练这部长达三个小时的作品《马太受难曲》，巴赫用了 24 个课时和一次周六的排练，这其中他们主要是练习了几首康塔塔，整个排练过程是在时间相当紧迫的情况下进行的。

我们都知道这部作品对演奏者的要求是非常高的，但是高到什么程度呢？有一点足以说明，那就是 100 年以后，尽管资深的指挥卡尔·弗里德里希·策尔特拥有柏林声乐学院训练有素的歌手，他仍然认为受难曲的难度过高，他们无法演出。这很像 40 年后维也纳宫廷歌剧院的艺术家们对待瓦格纳的《特里斯坦》时的情况。

巴赫的这次演出，准备时间非常紧迫，掌握的艺术手段又非常有限，所以确实是一次不小的风险。现在，约翰·塞巴斯蒂安·巴赫只能依靠他那些年轻的学生了。演出不仅是那几个大合唱，而且还有很多长段的独唱歌曲，这些任务也只能由学生来完成。

虽然巴赫的妻子是受过专业训练的歌唱家，但是莱比锡的教堂就像安斯塔特的一样，是不允许妇女参加唱诗的，所以巴赫的妻子安娜·马格达莲娜·魏尔肯在跟随他迁居到莱比锡的时候，就已经放弃自己的事业了。

排练是非常匆忙的。斯皮塔描述说，巴赫在这个排练中气恼地把格尔纳的假发给扔掉了，这对于一位威廉时代的德国正统学者来说，简直就是一种无法想象的侮辱。但是当时的排练真的非常紧张，如果伟大的德国指挥威廉·弗特温勒当时也在，他是很可能会犯癫狂症的。

有人讲了一个关于阿图罗·托斯卡尼尼的逸事，说他在一次排练中非常生气，一怒之下把金表扔到了一个大提琴手的头上。乐队要比斯皮塔更理解一个乐队指挥在这种情况下的精神状态，于是他们第二天就送给了阿图罗·托斯卡尼尼一块新表。

《马太受难曲》的首次演出是在 1729 年的耶稣受难日，现存的唯一一份对此的评价，是来自一位不知名的贵族夫人，她说："上帝保佑！这不就是一场喜歌剧吗!"

对这个评价，莱比锡方面为了照顾面子，试图将其意义加以贬低，他们说，我们不知道这位夫人是何许人，也不知道是否应该认真对待。人们似乎想为她的评价进行解释，但是其实完全没有必要，因为她说的很对。

我们不应该抓住"喜"这个字不放，因为当时这个字的概念和我们现在理解的完全不同。诺伊伯的剧团常常演出十分严肃的戏剧，但是他们却仍被称为"喜剧演员"。这个"喜"字，实际就是"戏剧"的意思，那位夫人听了受难曲后，想起了歌剧，也是可以理解的。

为此我们只要听听亨德尔的《布罗克斯受难曲》或格劳恩的《耶稣之死》，就可以理解巴赫向音乐剧形式迈出的这一大步了。

## 4. 巴赫的申诉和市政当局的反应

巴赫的作品并不像亨德尔后来的清唱剧一样，在英国分幕演出。巴赫的音乐不是分幕式的音乐，也绝对不是在描写段落中出现的高度激情，而是一种发自内心的戏剧形式。它没有美化生活，也不是一首"美丽的音乐"，而是促使人们去经历那些美好的东西。

那位夫人也因为这个效果使用了"歌剧"这个概念，但是她却没有看到视觉上的表现，而是感受到了一种宏浩的经历。它和迄今为止在莱比锡听到过的受难曲完全不一样，那位夫人抓住了实质：她感到有点不舒服，因为音乐震撼了她。

但是巴赫却因此违反了他的合同条款，因为合同中明确规定了，他必须保证"不出现过长的音乐和歌剧式的音乐"。那位不知名的夫人的评价如果被看成是荒谬的，就不会被保留到今天了。

巴赫的想法没有实现，他并没有用音乐征服市政当局和他的上司，他又一次走的太远了。但是不久以后他却又往前走了一步。

对那次的演出，巴赫也感到不太满意，其实他能够用这么少的人员完成他的康塔塔和受难曲，完全是因为他有一个托马斯唱诗班，但是令他最不满意的，也恰恰是这个唱诗班，因为它远没有按照巴赫的要求，做出应有的效果来。

巴赫认识到，如果他以后想演出好，就必须行使他在合同中应有的权力，在挑选新生时发表自己的意见。

然而此时却出现了相反的情况：在招收新生的时候，巴赫选中了很多学生，但是最后被选进学校的只有 5 名学生，其中 4 名是自己之前并没有看中的。这种情况说明，校长没有给巴赫任何支持。

当时艾内斯蒂已经 78 岁了，而且这将是他最后的一次招生机会。他是土生土长的莱比锡人，在莱比锡长大，在莱比锡上大学。他是从 1693 年担任校长的，上任以来，有效地抵制了各种教育变革。1717 年要实行的新的学校督学制度，到了 1723 年才得以实施。

艾内斯蒂很聪明，他知道该如何管理这个官僚机构：那就是不断宣布要进行革新，但是却不做出任何改变。这样的做法，也给他自己和上级机关减少了很多麻烦。因此，巴赫想在音乐方面有所作为、有所贯彻，实际上是毫无希望的。

于是巴赫在无奈的情况下，又向市政当局打了报告。

从中我们可以看出，巴赫一直对这个委员会有一种错误的认识。实际上，和他们打交道，他不可能落得一点好。巴赫的前任在同样的事务上也曾经打过两个报告，但是没有得到答复。当时由于圣尼古拉教堂的建筑状况不佳，他不想进行受难曲的演出了，但是市政委员会的决定是：一切照旧，没的商量。

巴赫觉得，只要他把问题说清楚，那些先生们一定会理解他的，更何况他们自己也亲身经历了那些灾难。而且，他为此创作了一首前所未有的作品，希望最终能够引起这些人的注意。

这样的举动确实引起了他们的注意，但是并不是因为作品，而是因为巴赫签订的合同：巴赫应该创作的音乐"不能过长，也不能是歌剧式的"，所以它违反了这两点要求，引起了人们的注意。

关于第一条规则，其实音乐史上还有一个类似的例子，萨尔茨堡的侯爵主教和莫扎特签订任用合同时，也提出了他的音乐作品不能过长。对于主教强加给他的这种要求，他以离开萨尔茨堡作为回答。

但是巴赫没有效仿他，因为他还不想离开莱比锡，他只是想好好地创作他的教堂音乐，寻找生活的乐趣。巴赫是一个感觉细腻的音乐家，不完美的音乐对他来说是一种无法忍受的折磨，而这个伟大的人竟然能在这种情况下表现出如此巨大的忍耐力，实在是让人非常惊叹的。

巴赫的这种忍耐，长期的、坚持不懈的忍耐，其实在以往的年代里就一再向人们展示过——在安斯塔特，在穆尔豪森，在魏玛，甚至在他迁入莱比锡之前、全年都无所事事的科藤。

在受难曲演出的时候，巴赫在向市政当局上呈的报告中详细说明过唱诗班的组成情况："……总的情况是，已启用的学生 17 名，尚未启用的学生 20 名，不可用的学生 17 名"，从这里可以看出，这已经启用的 17 名学生是用于两个甚至三个合唱或独唱节目中的。

巴赫的教堂音乐人员组成方案是非常简短的，但是非常有必要，他认为两个唱诗班应该是 24 名而不是 17 名歌手。市政当局却把这种微小的要求看作是无可救药的恬不知耻。

一个城市的雇员竟然敢教训无所不知的市政委员会，而且在这个时候，市政委员会的的确确有很多正经事要忙。比如，市民卫队的军官们要求除了现在已经有的上尉以外，再增派一名中尉军官。城市医院的院长去世，现在已经有不下 16 名应征者在夺取这个位置了。另外，彼德城门也该修缮了。加之在这个"裙带委员会"先生们的头上，欠下的德累斯顿宫廷国库的巨额债务，已经达到 27 万塔勒尔之多了，他们总有一天要给予偿还。

在这堆积如山的问题和苦恼当中，市政档案记录中明确写道，这个托马斯学校的乐监竟然提出要增加几个合格的歌手！

至于这个破烂不堪的学校，早就给他们制造了很多麻烦了，校长已经于秋天去世了，副校长也已经年过七十了，学校的风气与日俱下，为了分配那些可怜的额外收入，教师们争吵不休，这种种的情况再加上这个乐监，还真是令人头疼。

这是个什么样的乐监呢？我们可以翻阅市政档案，绝对找不到另外一个像他那样遭到众口一致谩骂的人。关于西格勒说的那种"文化政策"，我们在其中是找不到任何痕迹的。但是关于巴赫，我们却可以肯定的说，自从演出《马太受难曲》之后，他在市政委员会中的声誉就江河日下了。

巴赫的受难曲不仅特别长，而且也过于戏剧性。早在 5 年前，人们就对巴赫的《约翰受难曲》提出过警告，但是很明显，巴赫并没有把它放在眼里。

现在，暴风雨终于袭来了！

到现在为止，还没有别的雇员像他这样老是请假的。上唱歌课的时候，巴赫经常让助理代课，自己则在一边听着。至于拉丁文课，巴赫根本就不会去上。

在这里人们完全忽视了，他在唱歌课上让他的助理代替，是为了培养这些助理，因为他们必须于周日在三个教堂里代表他去演奏礼拜音乐。

另外，很多人都忘记了，在任职合同中曾明确写明，他有权请人代上拉丁文课程。

有一点是可以肯定的，那就是这个乐监总是给他们制造麻烦。最后他们知道，巴赫竟然还抽出时间去领导大学音乐社的工作，而且在周边地区到处旅行。

迄今为止提出的各种警告都被他当成了耳边风，他们共同的评价是，这个乐监已经无药可救了。这种种的事情让他们决定要减少巴赫的工资，这也就是说，除了支付拉丁文代课费外那少的可怜的 50 塔勒尔之外，巴赫将得不到教师分配的额外收入了。

在所有关于巴赫的会议记录中，我们找不到一处说巴赫好话的地方。我们也不知道，是否有神职人员在什么时候，或在什么地方，或以任何方式曾经为巴赫说过一句公道话。看来，那时候所有人都认为，巴赫和委员会有矛盾，所以最好还是不要介入他们之间了。

巴赫在和学士高德利茨先生事件中表现出来的固执和执着，至今还深深地留在人们的记忆当中。

在过去的 6 年时光中，巴赫在音乐方面作出了非常大的功绩。在这期间，他创作了《约翰受难曲》《马太受难曲》《圣母颂歌》，以及 200 余首教堂康塔塔，这对于一个人来说是很宝贵的财富，但是对于市政委员会来说，这些根本都是毫无意义的。

当市政委员克里斯蒂安·路德维希·施蒂格里茨总结说"乐监无所事事"之时，竟然没有一个与会者表示反对。就这样，他们做出了决定并立即通知了巴赫。

对于一个实际主义的人来说，他们或许会这样想：既然他们无论如何都不喜欢我，那就算了，我会从其他地方去弥补所失去的收入。但是巴赫的忍耐力是极强的，他们的这种做法还没有达到使他要走的地步。

对于减少工资这件事，巴赫一句话也没有说。至于对他个人的贬低，对他错误的评价，对他成绩的不顾，对他合同的破坏等，巴赫根本就不想去计较这些。最终巴赫选择把这些苦果全部吞下去，但是他只有一个要求，就是必须让他继续搞音乐。

这就是约翰·塞巴斯蒂安·巴赫所有的想法。他没有对他们的指责进行辩解和纠正，而是忍下了所有的苦痛，详细而客观地呈上了一份报告："一个简短但十分必要的关于正确组合教堂音乐的方案，以及关于此事件的几点不成熟的想法。"

就像往常一样，巴赫又没有得到答复。我们知道，他从强大的无所不知的莱比锡市政当局那里，从来就没有得到过什么回答，除了那项减少工资的通知。现在，他们终于做到了让巴赫想离开的地步。

现在巴赫非常想离开这里了。

1730 年 10 月 28 日，巴赫给老同学乔治·艾尔德曼写了一封长信。这封信在巴赫的文献中被看成是"生平速写"，但是如果仔细研究过巴赫的这封信，就能感觉到一个人绝望的呐喊，那是他在最危急的时刻，向另外一个人倾诉求援的心声。

巴赫向他讲述了自己迄今为止的生活，包括他家庭的状况，也包括他对孩子们进行音乐教育的决心。然而，巴赫这 7 年任职的苦涩却往往被人低估："……一个奇特的对音乐并不倾心的上司……几乎不得不一直生活在永恒的烦恼、妒嫉和迫害当中。"

这就是"早期启蒙运动"的莱比锡的实情，这就是巴赫对它的认识。在巴赫过去的任何一个职务上，他都没有像在莱比锡那样，受到那么少的认同。

巴赫想离开这里，但是他又能去什么地方呢？在这里，他有一个大家庭，要养育很多孩子，这样的家庭对于巴赫来说，只有一个一般的管风琴师的职位是远远不够的，他还必须额外经营农业和畜牧业才能维持生活。

现在巴赫已经 45 岁了，他终于成了一名真正的新教的教堂音乐家。这样的一个岗位，在当时神圣的罗马帝国德意志民族，是非常罕见的。像普鲁士和科藤那里的革新教派，是不需要教堂音乐师的，而在天主教地区，更是不能考虑一个新教派的音乐师了，这样的出路巴赫连想都不能想。南德意志的新教地区，巴赫又没有什么关系。

在这个世界上，适合巴赫的职位太少了。至于艾尔德曼，我们至今也不知道，巴赫是否得到了他的回信。但是从莱比锡市政当局那里，我们得知，他们对这个不太招人喜欢的学校乐监的制裁，并没有停留在减少工资上。

在调查巴赫事件的时候，人们发现，在演出康塔塔时聘请的大学生歌手的费用也是由市政当局支付的。现在问题就来了，他们认为，这个巴赫不愿意规规矩矩地教书，但是他却跑去领导那个大学音乐社。这就意味着：这不是巴赫再以这种方式从市政的财政中为音乐社的成员创造额外的收入吗？这当然是不行的，所以，应该支付给大学生们的费用也被取消了。

我们应该知道，那些大学生们家境并不富裕，因此他们必须寻找额外的收入，迫于无奈，他们只好放弃参加这次演出。这样一来，巴赫就必须任用那些不合格的歌手和乐队了，这样演出的结果必然会很差。然而这一结果却一再被说成是，巴赫没有改进教育方法的结果。

委员会不想为他提供好的歌手，他们减少了他的工资，还缩小了他的乐队规模。伟大的巴赫从来没有像现在这样，被迫用如此不足、如此可怜的手段来演奏这些宗教音乐。

现在，巴赫看不到自己未来的出路。德意志新教地区中，没有一个地方可以向这位音乐大师提供一个合适的空缺。与此相比，在安斯塔特与教会的争执简直就是一件微不足道的小事。但是在穆尔豪森，虔信主义的狂热分子使他无法演奏"规整的家庭音乐"。在魏玛，威廉公爵的报复心理阻碍了他的进一步发展。在科藤，一位侯爵夫人使他坠入了冷宫。而现在在莱比锡，巴赫是无论如何也无法进行大型教堂音乐活动的。

在莱比锡工作 7 年以后，处于创作高潮的 45 岁的巴赫，这时正处于他一生中的最低点，因为他看不到任何出路。

# 第八章 盖斯纳对巴赫的影响

## 1. 新校长盖斯纳的到来

巴赫的生命历程一直是坦荡正直、非常虔诚的，就像他徒步旅行的那些路程一样。巴赫是不允许自己妥协的，在安斯塔特，他没有向那些中学生屈服；在穆尔豪森，他没有让虔信派的弗罗纳把他的音乐剥夺；在魏玛，当公爵阻碍他的发展前程时，他断然辞职；而在科藤，当他没有机会再继续创作音乐的时候，他便决定离开那个温暖的巢穴。

然而这也只是巴赫生平的一半，其实巴赫也相当于是不幸中的幸运者，因为当上帝关上一扇门的时候，总会给他打开一扇窗。当安斯塔特不能满足他的发展的时候，穆尔豪森的聘书随后就来了；当穆尔豪森拒绝他"为崇敬上帝而均衡教堂音乐"时，魏玛的管风琴师的岗位就空缺出来了；而当魏玛公爵压制他的创作、不再让他创作曲子的时候，友善的科藤侯爵又为他敞开了社会和艺术发展的大门。

无情的命运之神夺去了约翰·塞巴斯蒂安·巴赫的爱妻，但是在这之后又给他送来了新的幸福，那就是年轻的安娜·马格达莲娜·魏尔肯。

其实这都是一些偶然的事件，但是联想起来，却又像是一系列的奇迹。然而这个奇迹停在了莱比锡，只有莱比锡不是这样，经过了这么多年不懈的努力，巴赫的艺术之路遇到了瓶颈，但是这次却没有另一条出路在等着他。巴赫带着莫大的期望来到了莱比锡，可是现在他太绝望了！

在人们的眼中，看不出事态有什么改善的迹象。一直当他不存在的老校长艾内斯蒂虽然在前一年秋天去世了，但是这个岗位已经于7月得到了补缺，新校长理所当然又是市政委员会的朋友。这个人是巴赫的一个老相识，虽然办事可能好办一些，但这对巴赫却不见得更好。因为如果新校长一上任就到委员会去为巴赫鸣冤叫屈，那肯定是不明智的。

新校长约翰·马蒂亚斯·盖斯纳确实是委员会的朋友，至少是经过委员会的一个朋友推荐的：德累斯顿的法院院长极力推荐并为他担保。在过去，他曾经是魏玛中学的副校长，后来被公爵提拔，担任了监理会书记的职位，成了公爵图书馆和硬币收藏室的管家。老公爵去世以后，新上任的公爵侄子立即解雇了他，算是对他13年效忠的"报答"。

但是盖斯纳运气不错，离开宫廷后就到安斯巴赫当了免费寄宿学校的校长，如此一来，他就有机会实现他去魏玛之前就筹划的全面改革设想了。由于盖斯纳自己就是在免费寄宿学校成长起来的，所以他特别了解安斯巴赫的情况。推此即彼，他对托马斯学校的状况也能进行比较正确的评价，他非常理解莱比锡托马斯学校的学生，因为他自己也曾作为贫困生在安斯巴赫穿街走巷地进行过乞讨卖唱。

盖斯纳不仅是一位教育学家，而且也是一位特别有名的古典哲学家，声名远扬，也就是说，他是一位知名的学者。除此之外，他还以办事果断雷厉风行闻名，看来这所学校是要有些变化了。当年，盖斯纳刚刚 39 岁，是承担这一使命的最佳年龄，他的口碑很不错，而且在安斯巴赫担任校长的经历也使他积累了丰富的经验。

在魏玛的时候，盖斯纳就是巴赫艺术的崇拜者，后来他还用精彩的拉丁文写下了他对巴赫的崇敬之情。所以，当盖斯纳到莱比锡以后，他极其热情地向巴赫表示了问候，但是巴赫经过了这几年的煎熬以后，要比刚来的盖斯纳更了解莱比锡的情况，所以他仍然想离开这个地方。

从这里我们也可以看出，巴赫的失望和苦闷是非常巨大的，盖斯纳对他的友善并不能改变他的这种心情。

在前 4 个月里，事情基本上没有什么变化。但是盖斯纳的性格和巴赫完全不一样，他是一个外交家。虽然开始时什么都没有变化，但后来他却创造了奇迹：盖斯纳改变了一切。

盖斯纳做事非常精明和仔细，他善于使看起来不可能的事情变成现实。盖斯纳改变了学校的教学大纲，而且征得了市政委员会的同意，要知道，当时的教学大纲被看成是神圣不可侵犯的东西，他竟然能在短时间内彻底、坚决和全面的对此加以变革，这实在是一件非常不可思议的事情。

盖斯纳把托马斯学校的教学大纲变成了现代化的典范，成了所有同时代人的方向，而市政委员会却没有因此认为这有什么不妥之处。他取消了 1595 年就启用的老拉丁文课本，引进了包括经典作品和古典作家内容在内的新的拉丁文课本，这种新课本的内容取代了单纯的宗教拉丁文内容。

这在今天看来是理所当然的事情，可是在当时的托马斯学校却是早已被忘却了的东西。盖斯纳有很远大的目光，他当时看得很清楚，学习古典文学有利于克服宗教的狭隘观念，所以他在拉丁文课程中还增加了希腊文的教学。

他同样知道，一个正规的学校，除了要学习人文科学之外，还必须学习自然科学，所以他在教学大纲中加入了高等数学、地理课和自然课。在盖斯纳的推荐下，学校还增加了一些其他的科目，比如拉丁文即兴演讲，课外阅读，甚至在教学大纲中还加入了绘画和体育。

我们都能看出来，新的教学大纲是非常具有革命性的，但是市政委员会的那些先生们却没有丝毫的察觉。除了教学大纲的调整以外，盖斯纳还做了很多不可思议的事，他甚至说服了市政委员会，让他们同意彻底翻修托马斯学校。我们在前面提到过，这所学校在过去几乎没有进行过维修，只有在迫不得已时，才会拿出一部分钱来应付一下，而盖斯纳来到莱比锡还不到一年，就做到了开工改建学校校舍，而且是全面改建，这真可以说是创造了一个奇迹。

由此我们可以看出，盖斯纳是一个很了不起的人。

## 2. 盖斯纳对巴赫的救助和盖斯纳的自身发展

对于巴赫来说，他期盼已久的奇迹终于出现了。巴赫的住宅得到了彻底的维修，而且在维修期间，市政委员会出钱另外租了一座住宅供他们全家使用。在原来的老宅子里，巴赫有五个孩子夭折身亡，而在维修一新的房子里，其他的孩子们都活了下来。

盖斯纳还为巴赫做了更多的事，在新的教学大纲中，他取消了乐监必须兼任拉丁文课程的义务。这不仅意味着巴赫从这门课程中解脱了出来，而且也意味着巴赫的工资增加了很多，因为他不必再支付一半的工资给拉丁文的代课教师了。

这一切都令人非常高兴，除此之外，盖斯纳还做了一件更为特殊的事情。他走了一步非常巧妙的棋，这步高棋很好地保护了各方的利益，那就是他想方设法把市政委员会看作心病的乐监的一切事务，改置于校长的管辖范围之下。

对于市政委员会来说，他们非常高兴，因为他们得到了解脱，这次他们终于把麻烦不断的巴赫转移到下级机关了，而盖斯纳也可以更多地保护巴赫的权利了。

这样一来，盖斯纳就把市政委员和乐监巴赫人为地隔开了，他们之间也就不会有那么多矛盾了，而且他还做到了让巴赫重新拿到所有的报酬。

既然现在巴赫归盖斯纳管辖，那么巴赫的外出休假自然也是由盖斯纳审批的。于是，学校改建刚开始的时候，巴赫就去了德累斯顿，在索菲教堂举行了精彩的音乐会，还应王子的邀请去了卡塞尔。

王子把巴赫夫妇当成贵族一样接待，在他们停留的期间为他们提供了仆役和车轿，还为他们举行了盛大的宴会，临别时还赠送了巴赫一枚十分贵重的指环。

盖斯纳的到来，使情况得到了很大的改观，巴赫终于又恢复了生机。巴赫作为伟大音乐家的社会地位得到了确认，在学校中的权利也得到了恢复。在开学选择新生时，他终于第一次拥有发言权了。捍卫巴赫权利的校长，也同样关心他的音乐，这不仅仅是出于盖斯纳个人的喜好。

在此，我们不得不说，盖斯纳有过人的前瞻性，他和当时那一代的教育界人士相反，他明确地知道音乐在教育中的重要地位。在盖斯纳的教学大纲中，音乐是和其他课程一样重要的科目。

在莱比锡的 27 年间，盖斯纳是唯一一位赞赏、支持他，把他当作伟大的音乐家的上司。即使是在他离开莱比锡多年之后，这位古典哲学家对巴赫的赞赏之情，丝毫不减当年，仍然是那么浓厚。后来，他在出版古罗马演说家昆体良的演讲术《雄辩家的培训》一书时，又情不自禁地在脚注中回忆起巴赫来，这在拉丁文原版书中，也是绝无仅有的：

"法比乌斯（昆体良的名字），所有这一切，你都会感到无关紧要，如果你能从地下那个世界重返世间来看看这个巴赫的话——哪怕只是看一眼，因为他不久以前还是我在托马斯学校的同事（盖斯纳没有说是他的'下级'），看看他是如何用他的双手和所有的手指在弹管风琴，这是一种相当于很多基撒拉古琴的乐器。或者还有那种包括无数风管、由风箱鼓动的庞大乐器，看他如何一方面用双手按键，一方面用双脚迅速踏着踏板，演奏出各种不同但又相互协调的音调组成的音响大军来。

如果你能看到这些，那我就只能说，你们即使用再多的基撒拉琴和无数横笛都无法达到这样的效果。他不仅可以像基撒拉琴歌者唱出单一的曲调，而且可以同时奏出 30 甚至 40 种曲调来，只是通过在这里的点头，在那里的踏脚，在第三处的手指运动，就会把握住旋律和拍节，一处是高音，另一处是低音，而第三处又是中音。

你可以看到，他在自己承担着最困难的演奏任务当中，如何立即发现众多乐师有谁出现了偏差，看到他如何把大家聚合在一起，如何去帮助每一个人，一旦哪里出现不稳定，立即加以纠正；看到他如何感觉每一个拍节的震动，用敏锐的听觉检验着和声，用自己有限的嗓音绘制出各种声部。

作为古典文学的崇尚者，我相信，没有什么人能与我的朋友巴赫相媲美了，他要比俄耳甫斯高明数倍，比阿里翁强20倍。"

对于一个古文字学家来说，为一部罗马时期的著作写出这样的脚注，确实是非同寻常的，但是盖斯纳也实在是一个不寻常的人。

1730年，盖斯纳来到莱比锡，1731年3月他开始改建整个学校，到了1733年春天，学校的里里外外就已经焕然一新了。基于这种情况，我们不得不说，盖斯纳确实是托马斯学校最理想的校长。

在这里我们还要提到另外一个事实，那就是像盖斯纳这样的非凡人物，通常是不懂得适可而止的。作为天赋超人的著名古文字学家，盖斯纳不只是想当托马斯学校的校长，在完成学校的内外改建以后，他又开始了新的梦想和追求，那就是在大学里谋得一个教位。

迄今为止，市政委员会的先生们一直都在满足他的愿望，并给予了很多照顾，但这次盖斯纳想要的太多了。虽然盖斯纳之前的那任校长也在大学里有过一个教位，但是这引起了托马斯大学的一蹶不振。

于是，市政委员会做出了最终决议："他应该安于现状，不要一再标新立异了。"就这样，盖斯纳企图谋求大学教位的申请被无情地拒绝了。

盖斯纳已经为学校做了很多事情了，现在即使没有他，学校也已经很不错了，于是他决定放弃校长的职务，去申请大学的教位。

然而大学教授先生们的头脑中存在疑虑，他们不明白，为什么市政委员会的先生们会放弃这个有卓越领导力的盖斯纳，而送给他们？他们都觉得这件事是非常值得怀疑的，不知道是不是市政委员会又在打什么坏主意？难道这些人是要把一只虱子、一个无言的窃听者藏入大学的皮袄里面？

他们不能轻易地受骗。于是，盖斯纳先生的申请被拒绝了——同样是大学教授们的一致意见。理由是："他是市政委员会的密友。"

由此我们可以看出，这些莱比锡的"强大的启蒙派力量"是有自己深刻的思考的，而且他们多次成功地捍卫了它。

可惜的是，盖斯纳并不愿意放弃自己的研究和学术而甘做行政工作。所以，他也在其他地方提出了谋求岗位的申请。比如，普鲁士国王就聘请他担任所有普鲁士学校的督学，并允许他按照个人的设想进行改革。但是国王的名声特别不好，他的属下只要一见到他，就会立即逃跑。

据说，国王曾一直追到这个人的家里，问他："你为什么从我这里逃跑？"那个人回答说："陛下，因为我很怕您。"陛下立刻说："你们应该爱我！"随即举起手杖向那个人挥了过去。"没有一个普鲁士人是不受苦的。"老百姓中流行这样的说法。

最后，盖斯纳接受了汉诺威大选侯的召唤，去哥廷根担任了具有外交官头衔的教授。

盖斯纳离开莱比锡以后,接班人是约翰·奥古斯特·艾内斯蒂。这是一个非常有心计和活动能力的年轻人,他在维腾堡读了两年大学。1728 年来到莱比锡后,马上就在这个城市找到了正确的门路:在市长施蒂格里茨那里任家庭教师。

在大学里,他以同样的精明归于名师的门下:教授戈特谢德和教区牧师戴灵。尤其是戈特谢德,因为前一年他还在埋怨上课的学生不断减少。施蒂格里茨非常看好这个勤奋的年轻人,所以当 1730 年托马斯学校校长职位空缺、副校长也需新任时,他就极力推荐艾内斯蒂担任这个职务。

这并不只是出于他个人感情的考虑,也是深思熟虑的结果:首先,这样可以让这个满腹抱负的年轻人对他感恩戴德,其次他可以通过艾内斯蒂对学校的情况了如指掌。

在这样的情况下,把盖斯纳和艾内斯蒂两人的经历进行一下比较,是非常有必要的。

盖斯纳的父亲是一个贫苦牧师,父亲去世以后,盖斯纳就进入了安斯巴赫的寄宿中学学习。上中学和大学的那段时间,他的生活非常艰难。后来在魏玛任职和担任校长的期间,他也没有变得富裕起来。

虽然盖斯纳很快就有了非常大的声望,但是他却从来没有富裕过。即使后来到了哥廷根,他的年薪也不过才 700 塔勒尔,虽然可以维持基本的生活,但是他却没有办法积累更多的财富。

尽管这样,他还是选择留在汉诺威大选侯那里,担任校长和外交官,并在此岗位上做出了不少辉煌的成绩。值得一提的是,盖斯纳在哥廷根的时候还一直跟他原来的副校长保持着联系,并且帮助艾内斯蒂取得了学术上的进步。

艾内斯蒂是萨克森大选侯地区图林根腾施塔特教区牧师的第

五个儿子，他从小就在家里接受家庭教师的教育。父亲去世以后，他进入了著名的舒伯达拉丁学校学习。学习期间，他非常勤奋，很快就受到了老师的青睐。在这以后，他以优异的成绩进入了维腾堡大学，攻读语言学和神学，并且很快在莱比锡找到了正确的人际关系。

这一切都表明，艾内斯蒂不仅勤奋好学，而且也是一个非常有活动能力的青年。担任托马斯学校副校长期间，在市长施蒂格里茨的关怀下，艾内斯蒂有非常出色的表现。因而，在盖斯纳辞职后，由他填补校长的空缺，也就是一件必然的事情了。

艾内斯蒂的确是市政委员会的一名亲信，与此同时，他也没有断绝与大学的联系，这一点我们可以从戈特谢德和戴灵都为他说话看出来。

对于艾内斯蒂于1742年成为大学的正式教授这件事，市政委员会也没有反对过。即使当他1747年辞去学校职务的时候，市政当局也没有提出过任何异议。

艾内斯蒂不仅非常有才华，而且他也非常善于利用这种才华。在担任托马斯学校校长的期间，艾内斯蒂很快就当上了大学的讲师。升为神学教授以后，他就承担了在大学教堂里布道的工作。

艾内斯蒂的口才非常不错，到最后，通过用德语和拉丁文所做的贺词和庆典演说，他几乎成了莱比锡上层社会不可缺少的人物。当然，作为上层社会的一员，艾内斯蒂的收入是不会少的。

当时，他每次讲演的报酬一般是50塔勒尔，要知道，这可相当于校长一半的年薪。艾内斯蒂的妻子在生第一个孩子的时候因难产去世了，就这样他成了一名鳏夫。

艾内斯蒂非常高大魁梧，在学校任职期间发表了一系列学术论文。他非常富有，同时也享有很高的声望。艾内斯蒂去世以后，仅他的藏书就拍卖了7500塔勒尔，另外，除了在莱比锡的房产外，他还有两处骑士庄园。

艾内斯蒂是一个很懂规则的人，所以他在事业上总是青云直上。

# 3. 盖斯纳走后巴赫的生活和处境

约翰·马蒂亚斯·盖斯纳在莱比锡的时间还不到四年，而他所在的1731～1735年，正是巴赫在莱比锡任职27年当中最幸福的一段时间，同时，这也是巴赫的家庭生活发生重大变化的时期。

此时威尔海姆·弗雷德曼已经23岁了，在父亲的帮助下，他得到了德累斯顿索菲教堂管风琴师一职的应聘资格，最后他以出色的管风琴演奏技巧压倒了其他应聘者，轻松地获得了这个岗位，而且，他曾经在莱比锡攻读了三年法律。

卡尔·菲利普·艾曼努埃尔也前往法兰克福准备去学习法律，他当然也要成为音乐家，但上过大学的人往往能够享有更高的声望，这一点没有人比巴赫知道的更清楚。

巴赫的家务仍然非常繁重，作为一家之主，他其实有不少的心事。巴赫非常担心他的大女儿，因为她至今还没有找到婆家，她智商有些问题，所以一生都得靠别人的帮助生活。

那个时候伯恩哈德已经20岁了，他在音乐方面很有造诣，所以必须想办法尽快给他找到工作岗位。为了这个儿子，约翰·塞巴斯蒂安·巴赫想起了穆尔豪森，他知道那里的人也还记得他，所以他很快就给儿子安排了岗位——圣玛利亚教堂的管风琴师，那里是老路德正统派的教堂，不像虔信派那样反对教堂音乐。

那个时候，巴赫的音乐组织中的人员也发生了很大的变化。

1734 年，一名非常优秀的歌手谢梅里离开了学校；次年，巴赫的一个优秀的助理约翰·路德维希·迪特尔也毕业了；巴赫最喜欢的学生，约翰·路德维希·克雷布斯也于 1735 年离开了这里。在魏玛时，他的父亲曾经师从巴赫，后来他的父亲把儿子也送到了莱比锡，让他跟巴赫学习音乐。因为他的父亲认为，跟着巴赫可以学到比任何人都多的东西。克雷布斯确实学到了很多知识，这可以从他保留至今的作品上得到证明。

巴赫把一名乐监的儿子安置在第一助理的位子上，这个人名叫戈特弗里德·特奥多·克劳泽。艾内斯蒂已经在 1736 年 4 月的时候为他和另外五名学生，签发了毕业证书，说这"六个年轻人充满希望，因而批准他们，去为哲学研究献身"。

在校舍改建和教学计划改革以后，学校的条件大为改观。在新生入学的时候，巴赫对他们的音乐才能有了决定性的发言权，随着学校唱诗班的状况走入了正轨，巴赫的音乐事业也日益辉煌。

巴赫的音乐达到了何等辉煌的程度，可以从一位贵夫人在《马太受难曲》演出中的一段话中看出："在一个贵族的小教堂里，聚集了很多高官贵妇，他们都手拿歌书虔诚地唱着第一首受难曲。当那个戏剧性的音乐响起时，所有人都陷入了极大的惊叹之中，他们相互观望着说：'这太惊奇了！'一位贵族寡妇说：'上帝保佑，孩子们！这简直就像是在一所喜歌剧院里。'"

1732 年时，人们已经很少再提到 1731 年创作的《马太受难曲》了，但是对《马太受难曲》的回忆却仍然记忆犹新。由于

1732 年的演出条件大为改观，所以巴赫获得了更多教团众生的崇敬。

牧师克里斯蒂安·哥尔伯在他的《不知的罪孽》一书中，详细阐释了滥用教堂音乐的问题，其他人也根据上面给的那段话，理直气壮地来反对这种音乐产生的日益强大的影响。

在这些年里，还有一些事情发生。1732 年，巴赫曾经在德累斯顿申请宫廷作曲家的称号，为此他辛苦创作了两章拉丁弥撒曲，即后来的 b 小调弥撒曲。

由此我们可以看出，这件事对他来说是非常重要的。这一年，巴赫在盖斯纳的关心和保护之下工作，他恢复了原来的工资，并且从拉丁文教学中解脱了出来。另外，在教学大纲中他的音乐也获得了应有的地位。

盖斯纳的确是扫除了他的一切苦闷，帮他取得了他就任时所设想的地位，对这些，巴赫非常满意。

值得一提的是，巴赫在申请那个称号的报告时，写了一句很重要的话："请把我置于阁下的强大的保护之下。"从这句话我们可以看出，巴赫想获得这个称号并不是为了得到奖励，而是希望得到保护，紧接着他又写出了自己的理由："几年来，我在莱比锡两个主教堂担任音乐主管，在行使这个职务当中，不时感到，与此相关的职权受到很大的限制，甚至压缩。为使其得以维护，我恳请国王陛下施恩，授予宫廷乐队这一称号……"

实际上，这份申请书可以算是一封求援信。我们都知道，巴赫和盖斯纳之间存在着深厚的友谊，所以巴赫写这封信时，肯定和盖斯纳商量过。我们甚至可以设想，这有可能正是那位具有政治和外交头脑的盖斯纳，为他的朋友出的主意，他想让巴赫获取这个称号，从而得到国王的保护。

　　这个时候的盖斯纳，应该已经认清了莱比锡市政委员会的真实面目了。由于市政委员会和大学阻断了他继续发展的可能性，所以他第二年春天就离开了莱比锡。可以说，1733 年夏天，盖斯纳就已经预见到了巴赫以后的处境了，所以他才让巴赫在处境比较好的时候，正式向国王申请保护。

　　在学校的改革中，盖斯纳明确划分了副校长和乐监的职责范围：副校长负责教学，乐监则主管音乐事务。盖斯纳离开学校以后，他的副手艾内斯蒂也就理所当然地登上了校长的宝座。

　　我们上面提到了，他不仅是一个能干的年轻人，而且他还有市长施蒂格里茨这个保护神。对巴赫来说，开始时其实没有什么变化，只不过艾内斯蒂不再是他的同事，而是变成了上司。而且年长一点的巴赫也特别欣赏这个年轻人，后来巴赫和安娜·马格达莲娜·魏尔肯生的两个孩子，都请了这位校长做了教父。这也表明，他们之间不仅存在职业上的接触，而且巴赫一家对这位 37 岁还没有结婚的单身汉打开了家庭的大门。

　　但是后来的情况却变得有些不同了。

# 第九章　巴赫在莱比锡的音乐生活

## 1. 巴赫的"借鉴方式"

　　这个时期，巴赫创作了一首非常欢快也非常美的作品《圣诞清唱剧》。这并不是一个整体式的曲子，而是由六个单独的康塔塔组成的。

　　这次演出的时间是在 12 月 25 日～1 月 6 日。这首曲子的组成方式让一些音乐作家产生了误解，他们认为这些康塔塔彼此之间是没有什么关联的，称不上是一首清唱剧。这种观点其实有点尴尬，因为如果把这六段康塔塔放在一起演奏的话，没有人会发现它们各自的独立性，它们之间并没有任何人工雕琢的裂纹，而只有在分开演出的时候，才会影响曲子的完整性。这是因为，巴赫不仅是非常厉害的和声专家和对位专家，而且还是一位无人能比的"音乐建筑师"。

　　关于《圣诞清唱剧》这首曲子，总是有人一再地指出，说其中有很多非教堂的音乐，他们认为这是为了世俗目的而作的曲调，尤其是为新国王和大选侯奥古斯特三世所作的赞颂康塔塔。一位在原德意志民主共和国文化部说话举足轻重的女士，干脆把这首清唱剧说成是非宗教的，称它为"人的自悟的高度表白"，并断言，巴赫是想以此证明自己是一个"伟大的德意志启蒙主义者"。对这位女士来说，这可能是一个悲剧，因为她无法把巴赫说成是一个无神论者。持这种观点的，当然不仅仅她一个人。

说到这里，我们必须要看看巴赫经常提到的"借鉴方式"了。巴赫的曲调经常会在不同的地方重复出现，而且这并不是个别的现象。但是其他的作曲家并不会这样做，他们宁可创作新的曲调，即使这些曲调得不到长久的流传。这其中的原因之一就是他们投入的太少，这个投入既包括音乐素材，也包括音乐才能。

巴赫做事总是非常投入，只要他决定去做了，他就会做得特别扎实，从来不会草率行事或者投机取巧，作曲更是如此。这么说来，把取得的成绩随便丢掉，也确实很可惜。一个建筑师总是不如他的建筑作品活的时间长，一个画家的作品也是有目共睹的，但一部音乐作品却会消失，即使它并不缺少艺术性和成果。那么为什么不能让它反复响起来呢？

在巴赫的咏叹调中，他从来都不用音乐去配歌词，而是让歌词来配合他的音乐。毫无疑问，《圣诞清唱剧》中的音乐要比《赫丘利之选择》高一个境界。

巴赫在《圣诞清唱剧》中再次运用了这段音乐，是为了达到一个更加高尚的目的，而且巴赫没有辜负这一目的。在巴赫的音乐作品中，有很多把世俗音乐用于宗教中的例子，但是我们却找不到相反的情况：一旦巴赫把一首音乐献给了礼拜弥撒，他就不会再带到其他地方了。

除了从实际情况出发重复使用这些曲调之外，还有另外一个因素，那就是为了保存创造性的成就。巴赫和自己的作品有着非常特殊的关系，随着他的音乐的诞生，他的任务也就完成了。但是这其中包含了太多的东西：最初的灵感以及其他很多说不清的东西，这都是他很了不起的成就。

像海顿这样的大师，他的一生创作了很多作品，可是到了70岁高龄时，他还能单凭记忆列出一份作品清单来，而且还能记住每部作品的主题，这确实非常令人吃惊。

但其实这也是可以理解的，因为海顿曾经和这些作品共同奋斗过，他推敲过它们的每一个细节，曾和它们陷入过死胡同，也曾步入宽宏的坦途，最后终于攀登上了顶峰，达到了最初想要的结局。从这种意义上来说，这些作品已经成为海顿自身的一部分了。

我们都知道，灵感是非常重要的，但是只有灵感也是远远不够的，因为灵感自身是没有办法生存下去的。

在巴赫的音乐中，所有的声部都要同时表现出来，而所有这些高超的技巧只能表现20分钟。那这段音乐就再也不能出现在别的地方了吗？巴赫没有理由放弃使用过的音乐，但是他并不是随心所欲的使用，而是根据内在的需求而为的。

刚才我们说到了，巴赫的作品都是先作曲的。亨利奇要为已经存在的音乐填词，这并不是一件容易的事情。亨利奇在巴洛克形式下，加入了很多美好的思想。

在这里我们必须说明一下，即使在市政委员会、学校、大学，乃至教会都远离巴赫的那些年里，亨利奇仍然没有放弃巴赫，依旧和巴赫保持着友好的往来。

# 2. 萨克森的政治变动

　　巴赫身上那些所有对自己不利的性格，都在和艾内斯蒂展开的"助理大战"中暴露了出来。有人对此评论说，这是因为巴赫太冲动了，是他小题大做了。但是如果我们能够费点时间深入到当时这个事件中看一看，就会发现其实情况完全是另一个样子。

　　为了进一步了解当时的情况，我们必须首先知道，巴赫为维护自己和德累斯顿方面关系所做的努力，以及为使德累斯顿宫廷保持对他的关注所付出的代价。

　　当时那里发生了很多变化。1729 年，原来的执政大臣弗莱明伯爵去世了，巴赫曾在 1717 年马尔尚离开后的音乐会上，得到过他的恩宠。同样，奥古斯特大帝也于 1733 年 2 月离开了人世。弗莱明的继承人是帝国伯爵海因里希·封·布吕尔，他一开始是奥古斯特的贴身随从，后来一步步当上了宫廷侍从官，最后终于登上了执政大臣的宝座。后来他实际上成了萨克森和波兰真正掌权的人物。

　　奥古斯特大帝的继承人是和他同名的儿子，但是儿子却没有他父亲那样出色的统治才能。他的父亲给他娶了弗兰茨一世皇帝的女儿为妻。在帝国中，萨克森大选侯是皇帝的第一代表，所以他很自然地同哈布斯堡王朝有着密切的关系。在西里西亚战争中，弗里德里希二世把这看成是一种特权，可以不宣而战地入侵到萨克森，以便榨取这个国家的财富。

　　奥古斯特三世也和他的父亲一样，他们都非常愿意到莱比锡来，所以为他写赞美乐，就是巴赫的事情了，而且巴赫也一直在尽最大的努力做好此事。

巴赫并不单单满足于写赞美康塔塔，他还想让它们永远保留在德累斯顿人的记忆当中。巴赫熟悉德累斯顿宫廷乐队中的很多独奏乐师，另外，宫廷歌剧院的院长、著名的黑塞及同样著名的妻子女歌唱家福斯蒂娜·波尔多尼都是巴赫的好朋友。黑塞夫妇曾去莱比锡看望过他，巴赫也去过德累斯顿歌剧院，当时他是为了让他的儿子弗雷德曼去"听那些漂亮的小曲"。这些再一次表明，伟大的教堂音乐家巴赫其实并不讨厌娱乐性音乐。

1731 年，巴赫曾在德累斯顿索菲教堂用西伯曼管风琴举行了长达两个小时的音乐会。1733 年时，弗雷德曼能够到这里担任管风琴师，一方面是通过他自己的卓越的才能，另一方面同他的父亲巴赫的声望也有很大的关系。

巴赫申请宫廷作曲家的称号，是在奥古斯特三世登基后不久。奥古斯特三世虽然和他的父亲一样，通过布吕尔出色的斡旋才能，于 1734 年 1 月当选为波兰国王，但是在赛伊姆有一个反对派，他们推举一个波兰人为对立派的国王。我们并不能把这看成是一个民族主义的抉择，而要看成是一个政治举动，那个时代法国对波兰的影响是不容低估的，最后那个波兰人被驱逐到国外。

于是，从 1736 年起，波兰的正式合法的国王就是萨克森人奥古斯特三世了。而就在这一年，巴赫比任何时候都更急需那个宫廷称号，就这样，"助理大战"爆发了。

## 3. "助理大战"和传记作家

这次助理大战并不像是火山爆发那样突然开始的。它是艾内斯蒂从几个月之前就开始进行筹划的产物，而助理克劳泽的错误只不过是一个导火索而已。1776 年，牧师约翰·弗里德里希·科勒尔在他的《莱比锡学校史》中进行了一个简短的描述：

> "他（巴赫）和艾内斯蒂，完全决裂了。缘由是这样的：艾内斯蒂替换了巴赫的总助理克劳泽，因为他殴打了低年级的学生，并逃逸不见了，于是学校将其开除，同时任命另一名学生担任总助理——但这是乐监的职权范围，应由巴赫来确定总助理的人选。由于新任助理无法胜任演出教堂音乐，巴赫做了另外的选择。于是和艾内斯蒂之间出现争执，从此两人成为仇敌。"

这就是这件事情的全部经过。当时科学技术飞速发展，教学计划也在不断变化，音乐教育仍然存在，但在科学课程的需求日益扩大的情况下，托马斯学校却没有丝毫改变。

艾内斯蒂是当时托马斯学校的校长，他对这所学校的贡献是非常奇特的，因为他做出了不同寻常的举措——压缩了教学计划。首先，艾内斯蒂减少了希腊文课程，这是因为个人原因，他非常讨厌希腊文，所以他认为这些都是不重要的。其次，艾内斯蒂减少了数学课程，他取消了代数，只留下了几何和算术。除了神学之外，艾内斯蒂最大的优势和兴趣就是拉丁文，但是他仍然减少了拉丁文的课程，只留下了高年级的课程，也就是说对已经掌握拉丁文的年级保留了拉丁文课，至于初学者，他就放手不管了。除此之外，艾内斯蒂还在拉丁文教学大纲中取消了罗马诗人韦季尔和奥维德等人的作品。

至今我们仍然不懂，为什么有很多人把艾内斯蒂说成是"科学学校"的促进者？他们都认为，艾内斯蒂对助理克劳泽的处罚太过严厉了。但是在这些报道中，唯一缺少的一个问题就是：为什么？他为什么要这样做？在说其他事情时，几乎没有一个人说艾内斯蒂是暴君，而相反，他们都说他任校长以后，对纪律方面的事没有那么严格，学校的纪律变得越来越松弛了。

很多人只是单纯地研究巴赫，并没有仔细研究一下与此相关的艾内斯蒂校长先生。艾克斯坦对艾内斯蒂的一生有过十分生动的描述，其中有一段非常值得注意："在寄宿学校中，巴赫领导的生气勃勃的歌唱组织，他并不喜欢，因为他是教堂音乐的反对者，认为它会影响科学学科的学习。"这样看来，艾内斯蒂和科藤那个不懂音乐的女人是一样的，他们都是不懂音乐的人，所以他从根本上就是反对音乐教育的。

艾内斯蒂特别不喜欢当时现存的教学大纲，因为盖斯纳在大纲中把科学和音乐确定为两个平等的项目，这样一来，副校长和乐监的地位就相当于是平等的了。其实正因如此，巴赫才得到了很多发展的机会，得到了一支由非常有才华的歌手组成的唱诗班。

盖斯纳在位的时候，巴赫可以尽兴地培养他们，而且取得了很大的成就。大学的音乐社也是由巴赫进行指导的，正是这一点使他于1736年复活节再次演出他的《马太受难曲》，而且这一次的演出非常成功，并没有出现对此不好的评论。只要国王来访，巴赫就会陪在场中，而且每次都在公开场合演出超凡的音乐节目，并获得了很多好评。

当时，那里具备了一切对巴赫有利的条件，约翰·塞巴斯蒂安·巴赫的名声和威望也在那个时期与日俱增。

我们都知道，艾内斯蒂从小就非常虚荣，这可以从他的生平介绍中看出来。盖斯纳把他与乐监同等对待，他其实早就非常不高兴了。现如今他当上校长了，巴赫成了他的下属，可他却不得

不看到，巴赫在他不以为然的领域里取得了巨大的成就和很大的影响，所以艾内斯蒂被置于了阴影之下

要知道，他已经习惯了"独领风骚"，所以这让他很不舒服。有很多学生，之所以要到托马斯学校就学，就是因为想在约翰·塞巴斯蒂安·巴赫这里受到良好的音乐教育。另一方面，巴赫的性格非常坦诚，他始终对比他年轻 20 岁的上司表现出友善和配合的态度，就像他对所有的人所表现的友善和配合的态度一样。我们认为，巴赫肯定也很信任他的校长，否则他不会连续两次请他做孩子的教父了。

如果艾内斯蒂直接针对巴赫，实际上是陷入了一个后果非常严重的错误之中，因为这相当于告诉了所有人，他嫉妒巴赫的知名度。我们知道巴赫在大学音乐社的活动情况，那里的年轻人都非常喜爱他，但是艾内斯蒂却没有那么幸运，学生们对他的课程的评价是："它们确实简短并清晰，但却缺乏生动。"关于艾内斯蒂在大学教堂里的布道，学生们的评价则是："准备德语布道词，耗费了他很多精力，但却不受欢迎，因为布道词缺乏通俗性，他也没有热情。"

这一切都是极大的不和谐，因为乐监比校长更受人喜爱，所以艾内斯蒂产生了嫉妒心，也是可以理解的。他相信，如果他再不采取点措施，或许很快就会被取而代之了。

要想改变当时的状况，其实是非常困难的，何况自从盖斯纳担任校长以后，市政委员会就再也没有为巴赫伤过脑筋。巴赫在学校里不仅再也没有去找过他们的麻烦，而且巴赫同他的上司艾内斯蒂保持着友好的关系。

但是对付巴赫不能大意，必须要谨慎行事。要想在学校里把艺术实践挤出去，就必须破坏巴赫的音乐，只要让音乐课程无法

继续下去，那么音乐的影响自然而然会减弱，而且巴赫的影响和声望也会消失。

现在艾内斯蒂所要做的，就是用一种文明的方式去破坏巴赫音乐的声誉。从传记作家的描写中可以证实，艾内斯蒂破坏得很成功。艾内斯蒂破坏的途径就是通过助理，我们都知道，巴赫非常繁忙，而助理就是他教堂音乐的支柱，如果没有他们，巴赫肯定没有办法完成每周在四个教堂里演出一首康塔塔的任务。

巴赫本人是无懈可击的，因为他对音乐过于执着，但是如果有人能够攻击到巴赫的助理，也相当于带给了他致命的打击。早在1735年11月时，艾内斯蒂就下定决心要实施这个计划，但是他缺少一个合适的战争理由。终于，当助理克劳泽犯了错误以后，艾内斯蒂看到了他的机会。

巴赫的助理不仅要做音乐指挥，而且要负责管理纪律。纪律是非常重要的，因为如果没有纪律就不会有一支可用的唱诗班，而巴赫唱诗班的成员中有很多并不是优秀的歌手，也有很多并不是模范学生。

要知道，管理12～16岁的孩子对于教育者来说是非常困难的。克劳泽当时是巴赫的第一助理，也就是"总助理"，而在他的第一唱诗班里确实有那么两个特别调皮的孩子，给他的管理工作带来很多的麻烦。

对他们的演出，教民们也曾经提出过意见，在1736年春天的一次婚礼弥撒上，这几个调皮鬼又进行了捣乱行为，克劳泽没有别的办法，只好把最坏的拉出来狠打了一顿。但是万万没有想到，这次克劳泽打错了人，这个挨打的学生卡斯特纳是弗莱贝格矿山税务局长的儿子，有这样一个父亲存在，即是他犯了天大的错，也是不能容许别人打他的。

于是卡斯特纳去校长那里告了克劳泽的状，说他被打得很厉害，背后出现了瘀血。

校医和他的助手虽然没有办法确认这一点，但这已经不是什么重要的事情了，因为校长艾内斯蒂已经找到了机会。克劳泽的道歉和后悔已经于事无补了，校长判处他在全校学生面前受棍刑，这是校长可以做出的最严厉的刑罚。上一次这样的刑罚是在18年前发生的，受刑的人在这之后再也没有在这座城市中露过面。

至今还没有人指出的是：这个刑罚和所发生的事件的严重程度是非常不相适的。在那个年代，学校里的体罚是习以为常的事，甚至可以说是上课的组成部分。那个时候，教鞭就是教师手中的权力手段。甚至到了20世纪前30年，在人文中学的低年级班里，还能看到教鞭的踪迹。

还有另一种处罚方式，就是教师对不注意听课的学生弹脑壳。克劳泽出手可能确实过重了一些，但是他所做的这些，并没有超出当时的常规，所以对克劳泽的惩罚，最多只应该给予警告，而对于引起这件事的学生却应该给予适当的处罚才对，但是这个学生却没有受到任何处置。由此就能看出，艾内斯蒂此举明显是针对巴赫的总助理的。

这件事是在教堂发生的，也就是在巴赫的职权范围内，但是艾内斯蒂做出处罚决定的时候，却没有和巴赫讨论过，而且艾内斯蒂也不给巴赫任何机会和他谈论此事，因为他做出这个决定以后，便立即外出了，直到执行处罚那天早上才回来。并且，他明确指示过他的副手副校长德雷希西，插手此事。

克劳泽是一个特别可靠、非常聪明能干的年轻人。当巴赫从克劳泽那里，而不是从校长那里得到消息的时候，他已经无权过问此事了，因为校长在外出的同时已经彻底毁灭了他参与解决此事的可能性。

克劳泽向市政委员会写了申诉报告，再次对发生的事情表示了道歉和内疚，但这对他来说已经无济于事了。事态的发展让他只有一条出路，不论他是接受这一惩罚还是从学校逃跑，他的名誉最终都会被毁掉。最终他选择了逃跑，当校长在执刑那天回到学校的时候，克劳泽已经没有踪影了。就这样，艾内斯蒂成功地把巴赫教堂音乐的支柱赶出了学校。

艾内斯蒂达到他的目的以后，才去找巴赫谈论这件事，而且立即表示了歉意。他表明，事情发生的非常不巧，而且副校长德雷希西对这件事处理得非常不恰当。最终，克劳泽没有挨打，但是他的财物都被没收了，包括他的积蓄，总共是 30 塔勒尔，这对一个年轻人来说是不少的钱，艾内斯蒂并没有这个权力。

这件事必须和市政当局说清楚，于是克劳泽又写了第二份申诉。在这种情况下，艾内斯蒂只好让步。艾内斯蒂还利用这个机会向巴赫表示，他还是个有同情心、有包容心的人。

艾内斯蒂从一开始就很善于表现出一副友善的面孔，当他想陷害别人的时候，他总是会耐心地等待一个恰当的时机。能干的克劳泽助理被赶走了，现在该做的，就是找一个不称职的人取代他。这个新人也叫克劳泽，是当时的第三助理，负责彼德教堂的事务，那里安置的唱诗班本来就不优秀，由他来当指挥也不会再差到哪里去了。

早在半年前，艾内斯蒂就已经和巴赫谈论过这个问题了。

1735 年 11 月，艾内斯蒂和巴赫一起参加了一次婚宴，在乘车回家的路上，他们谈论起一些纯理论的问题，当时他顺便向巴赫建议，让克劳泽第二作为总助理克劳泽的接班人。当时巴赫有些犹豫，但是艾内斯蒂解释说，这个人资格比较老，很适合这个职位，当时巴赫觉得没有必要在深夜为此进行激烈的反驳，而且这也只是一次私下里的交谈，确定此事也为时过早。所以巴赫也只是表示了一个同事的一点顾虑而已，但是艾内斯蒂却从中得到了他所需要的东西。

克劳泽第二全名叫约翰·戈特罗布·克劳泽，他在学校里的口碑并不好。比如他在一个裁缝那里做了一件非常贵的外套，但是他却不想付钱。于是裁缝就到处传播此事，这样大家就都知道克劳泽的人品了。

后来我们也没有看到过有什么材料说约翰·戈特罗布·克劳泽和音乐有什么密切的关系。重要的是，巴赫在那次乘车夜行的过程中，曾经表示过可以让他在那个重要的岗位上试一试，但不久之后就发生了那场灾难，而这正是艾内斯蒂此举所要达到的目的，他的意图终于取得了效果。

克劳泽第一离开岗位以后，艾内斯蒂根据和巴赫在马车里面的谈话，正式任命了克劳泽第二为总助理。同时，他还针对巴赫的顾虑做出了保证，说他在处理克劳泽第一的时候，就已经显示出他对纪律问题是非常看重的，也就是说他在克劳泽第二的问题上是非常有把握的，而且他也没有给巴赫机会反驳他的观点。

现在一切都在艾内斯蒂的掌握中了，克劳泽第二完全不能和克劳泽第一相比，他根本没有兴趣用纪律去约束他的歌手，至于说唱诗的质量，他就更不感兴趣了。这个时候，那位标榜学校纪律维护者的校长，却把对教堂事务的全部责任都推给了巴赫，并拒绝采取任何措施处理此事。

同时他旧事重提，说自己在处理克劳泽第一事件的时候，巴赫非常不满意，所以这件事他不打算轻易管了。这时，巴赫对克劳泽第二的荒唐行为完全不明所以。克劳泽第二的荒唐无能不仅伤害了巴赫的声誉，而且也毁掉了巴赫精心建立起来的教堂音乐。

只有当一个人与音乐保持一定的距离，没有任何激情，没有任何感情，只是客观地去描述有关事物时，才会在多年工作的成果付诸东流时，采取冷漠无情的态度。巴赫绝对不是这样的人，他对音乐的深厚感情我们都非常清楚，他是绝对不可能装作视而不见的。

校长对这件事拒绝采取任何对巴赫有利的措施，并援引了学校的制度。如果向市政委员会提出申诉，对巴赫是不会有什么好处的，而且根据学校的制度，巴赫当时已经不隶属于市政委员会，而是隶属于校长了。再加上我们都知道，校长和市政委员会有着非比寻常的关系，迄今为止，市政当局对巴赫的任何申诉都从未给过答复。

对巴赫来说，教会监理会也不会有什么帮助。监理会虽然在高德里茨的问题上曾经违心地支持过巴赫，但是它却可以轻易从这个事件中解脱出来，它可以说，它无权对学校发号施令，也就是说，这并不在他们的管辖范围内。那些批评巴赫的先生们，却可以随心所欲地歪曲事实真相。

其实此时，艾内斯蒂已经把巴赫推入了绝望的深渊，巴赫现在无论采取什么行动，都会被看成是严重的错误。

巴赫最严重的错误就是：他不是一个阴谋家，而是一个音乐家。巴赫的能力不足够去对付艾内斯蒂狡猾的阴谋，而且他也没有能力去容忍糟糕的音乐。现在，巴赫被校长抛弃了，从监理会和市政当局也都得不到任何帮助，但是他却要对趋于破碎的音乐负责，这似乎有点太残忍了。

　　克劳泽第二完全没有理会巴赫的警告，因为他的后盾是学校的校长，所以他肆无忌惮，还是和原来一样，破坏着巴赫的音乐。

　　在一个星期日的早上，巴赫实在忍无可忍了，于是他当时就解除了这个人总助理的职务，任命了第二助理吉特勒继任。按照制度，巴赫同时也通报给了校长。克劳泽第二也马上到校长那里告了巴赫的状，到此时，校长艾内斯蒂一直让事态按他安排的进程发展，现在他又把事情推给了巴赫。

　　巴赫告诉克劳泽第二，作为学校的乐监，他是有权力任免助理的，克劳泽又立即报告给了校长，这正是艾内斯蒂想看到的局面，因为在这种情况下，他就有权批评巴赫了。最后，他说巴赫在言行上违背了校长的指示。

　　直到这个时候，巴赫仍然没有弄清楚，校长艾内斯蒂到底在想些什么。约翰·塞巴斯蒂安·巴赫重新正式向校长道了歉，并许诺会再次任用克劳泽第二。但这个克劳泽第二在下一次的演唱时，仍然指挥得完全不像样子，忍无可忍的巴赫又撤掉了他。

　　现在艾内斯蒂终于占了上风，当巴赫再次书面要求不能任用克劳泽第二时，艾内斯蒂却偏偏让他当了总助理。其实根据学校制度，校长艾内斯蒂根本就没有这个权力，但是即使巴赫遭受如此公开的侮辱，却仍然没有失去镇静。对教堂礼拜的监督权力属于教区牧师，艾内斯蒂自作主张地又任命了无能的克劳泽第二，这显然干扰了礼拜活动，所以巴赫又向教区牧师提出了申诉，说明了事实真相。

　　虽然戴灵牧师不是巴赫的朋友，但是巴赫的说明言之有据，所以牧师不得不承认他是对的，并答应他会去解决此事。教区牧师的支持看来是得到了，于是巴赫又把克劳泽第二赶走，任命吉特勒为总助理。

巴赫对自己观点的正确性和戴灵的支持是没有丝毫怀疑的。但是巴赫走后，校长艾内斯蒂也拜访了戴灵。我们在上面提到过，艾内斯蒂在大学时是戴灵的学生，而且是高才生。我们想想，有哪个老师会出卖自己的模范学生呢？于是戴灵又倒向了校长艾内斯蒂。有了主心骨的校长艾内斯蒂出现在晚祷弥撒上，他走向唱诗班，赶走了吉特勒，再次安排了克劳泽第二，另外他还严厉地警告了学生，不得服从巴赫安置的助理的指挥，否则一定会严厉处置。

现在的问题就是，巴赫下面要做的事情，是否超越了他的权限，但是这个问题现在已经不重要了，因为校长艾内斯蒂已经远远超出了他的权限。作为巴赫的上司，他所做的这一切绝对是毫无道理的。当校长艾内斯蒂谋划已久的阴谋仍然没有让巴赫屈服的时候，他立即采取了粗暴的手段。任命助理不属于校长的职权范围，但巴赫却要对教堂音乐正常演出负责，由于克劳泽第二做不到这一点，所以巴赫就必须制止他的指挥行动。

这时校长艾内斯蒂再次出现了，而且发出了威胁，在这种情况下，再没有一个学生敢出来指挥。

已经考入大学的克雷布斯是巴赫教出的优等学生，当时他正好在场，于是他接受了指挥权。

7月初发生了克劳泽第一的事件，从那以后两个人的战争就开始了。7月过去后，8月出现了公开的丑闻，市政委员会看到乐监变成了助理，但是他们保持了沉默。整个8月、9月……一直到了11月还是沉默和观望。安排教堂音乐和安排神职人员一样，都是市政委员会的义务。但"无所不知和强大无比的"市政委员会在这里却没有丝毫的责任感。我们不得不得出这样的结论，市政委员会似乎对出现的状况感到很开心。

这时又发生了一件事，让巴赫看到了一丝希望。9 月 29 日，国王来莱比锡进行访问，巴赫借此机会再次提出了获取宫廷作曲家称号的申请报告，但是国王没有满足他的要求，就离开了莱比锡。

到了 11 月，巴赫又向教会监理会提出了一个申诉，要知道它毕竟是教会等级中执法的机构，而且位列教区牧师之上。长时间的等待让巴赫几近失望，正在巴赫已经放弃了得到答复的希望的时候，却出现了巨大的意想不到的好消息。

11 月 21 日，巴赫收到了来自王家总督所在地普莱森堡的渴望已久的任命书，约翰·塞巴斯蒂安·巴赫终于获得了"宫廷乐队作曲家"的称号。

这就是巴赫的救星，因为这不仅仅是一个简单的称号，"宫廷乐队作曲家"这几个字意味着从此巴赫就成为宫廷的人了，他已经置于"国王和大选侯"陛下的个人保护中了。

市政委员会必须尊重这一点，它必须承认这样的一个荣誉。巴赫就是这样想的，于是他立即撤回了向监理会提出的申诉，急忙赶到德累斯顿，准备在那里的圣母教堂用西伯曼管风琴为宫廷成员和各界名士举行一场盛大的音乐会，以示感激之情。无所不能的布吕尔伯爵签署了巴赫的任命文件，紧急为他送递过来的不是别人，正是俄国沙皇的公使凯赛林格所安排的。是啊，巴赫在德累斯顿宫廷是有重要的朋友和崇拜者的。

然而，巴赫想错了，这在巴赫同市政委员会的关系上，一点用处都没有。即使他是"国王和大选侯宫廷作曲家"，市政委员会也不买他的账，11 月没有消息，12 月没有消息，次年 1 月仍然没有消息。

巴赫是多么想看到，他的教堂音乐能走上正轨，因而他决定有必要在这一年的 2 月 12 日，即 4 个月以后，再次递上申诉报告。市政当局做出相应的决议以后，却把它放在那里长达两月之久，4 月 6 日，他们送给了艾内斯蒂，10 日送给了巴赫，20 日送给了戴灵。可在这份决议里，市政委员会并没有涉及争论的核心问题，这些先生们采取了最方便的手段，对双方都进行了批评，但是克劳泽第二仍然是总助理。

市政委员会用这种精心安排的拖延战术，最大可能地保护了他们的校长艾内斯蒂，这也表明，他们对保护教堂音乐根本就不感兴趣。

从法律角度观察这次助理大战是没有什么好处的，而且这脱离了事情的本质。这个事件根本就不需要法律知识，而只需要简单的理智。

我们应该明白，一个负责音乐的人，是应该有权力把音乐搞好的，因而只有乐监才能够决定，谁有能力可以做他的代理。但是这样一个简单的道理竟然没有被那些主管的先生们所理解，这进一步证明，他们对艺术是非常无知的，或者说他们根本就不想了解。

有人说，至少 1734 年的《圣诞清唱剧》能在这些先生们的耳朵里留下一点微弱的印象，莱比锡应该能够判断出巴赫是一个非凡的天才。但是人们想错了，在莱比锡的统治者们的眼里，约翰·塞巴斯蒂安·巴赫只是一个捣乱分子，他们所做的，对于巴赫来说，是件善事。

# 4. "助理大战"的后果

"助理大战"的结果非常明显,艾内斯蒂是这场战争的全胜者。通过这次战争,他证明了自己的活动能力,也巩固了自己的地位,而且他终于看到了他想得到的结果:巴赫没有得到任何上级机构的支持,他受到了冷落。

艾内斯蒂的地位得到稳固以后,他取消了自己夜间巡视的任务,他终于可以从一个他讨厌的义务中解脱出来了,现在艾内斯蒂让四年级的学生代理此事。艾内斯蒂是个学者,他其实最想去大学任职,托马斯学校的命运,只有在涉及他的个人利益时他才会关心。

有些人认为,在托马斯学校发生的事情,是一个很典型的事。那是一个学校教育正在改组的时代,人们开始为了学习而学习。给音乐以足够的重视和时间,已经不再是时尚的事情,它被排挤了出去,只有寄宿学校的唱诗班和老教堂的唱诗班把对音乐的热爱保留了下来。

从这个事件看,这种说法应该是不正确的,特别是艾内斯蒂的行为,更是与此毫无关系。艾内斯蒂只是压缩了教学计划,除此之外,他没有改变任何东西,而且连在梦中也没有想过要把音乐课程排挤出去。如果艾内斯蒂真的这样做的话,那么他就不会只是和巴赫,而必然是和市政委员会发生冲突了。

作为一个野心家,艾内斯蒂懂得要尽量避免和上司产生矛盾,所以他是不会这么做的。假如托马斯唱诗班不再去唱诗,教区牧师戴灵肯定不会同意的,所以艾内斯蒂是不敢碰学校的教堂音乐的,他只是想让巴赫无法正常做这项工作。艾内斯蒂并不是排斥音乐，而只是排斥巴赫，他的企图是迫使巴赫走上外出避难这条道路。

艾内斯蒂在很大程度上取得了成功，巴赫终于不想再和这个忘恩负义的小人有任何关系了。要知道，艾内斯蒂在最近的 10 个月里有计划地摧毁了巴赫的教堂音乐，这是他无法忍受的。

1737 年学校招募新生的时候，艾内斯蒂校长没有征求乐监的意见，而且这个学校里再也没有一个教师站在巴赫这边，因为教师们也都在明哲保身。

首先，盖斯纳担任校长以后，音乐课程已经和其他课程分开了；其次，新任校长艾内斯蒂已经清楚地表明，和他作对是何等的危险。

约翰·塞巴斯蒂安·巴赫在和艾内斯蒂斗争时完全低估了这一点，后来，他甚至同意了副校长德雷希西提出为他调解的建议。当时，巴赫的处境非常难，如果他拒绝这个建议，就会给艾内斯蒂一个口实，说巴赫不愿意妥协，而且巴赫也不能用回避的态度拒绝德雷希西的调解，因为在全莱比锡，他再也找不到一个其他的调解人了。

可以想象，副校长最后当然是完全赞成校长的观点。巴赫接受了这个建议，从这可以看出，巴赫还心存很多幼稚的信任，或者说他已经是相当的孤独了。

"助理大战"以后，不论在学校，还是在教会或者是在市政当局，巴赫再也找不到一个愿意为他说话的人了。巴赫的音乐环境被摧毁了，他自己也变成一个什么都不是的人。

实际上，各位上司都非常清楚，巴赫对他们而言就是空气，甚至还不如空气。他们对巴赫没有好感，总是一直贬低他，巴赫所获得的使他成为宫廷人员的"宫廷作曲家"的称号，对那些人来说，正是极力要贬低他的缘由。

1737 年 4 月 10 日发生了一个小插曲。一般情况下，当一名学生在坚信礼上唱错歌曲的时候，在礼拜过后找他谈一谈便可以了。但是，教会方面却不愿意和这个人谈话，教区牧师立即把此事越过巴赫上告给了市政委员会。

而那个对巴赫的申诉从来不进行答复的委员会，却立即召见了巴赫，并对他发出了严重的警告，要他立即开除那个领唱员，派出更能干的人来担任。然而，这些先生们却忘了，之前正是他们一再阻止巴赫做这件事的。

1737 年是另一个低谷之年，甚至是巴赫一生众多低谷当中最具决定性的一个。第二个盖斯纳不会再来了，从此，巴赫的所有上司都站到了他的对立面，再也没有人真正支持他、理解他，直到他生命的终点都没有发生过变化。

当时的情况比这还要糟糕，约翰·塞巴斯蒂安·巴赫不仅受到了孤立，而且他的"为崇敬上帝而做的均衡的教堂音乐"也遭到了毁灭性的打击。工作中的事已经很让巴赫心烦了，可是此时他的生活中又有了新的烦恼。

巴赫利用个人威望把儿子伯恩哈德安置到了穆尔豪森的圣玛利亚教堂。当时那里的人怀着兴奋和崇敬的心情怀念着老巴赫，但是这个小巴赫却似乎并不给他的父亲争气，他的演奏总是过于疯狂，以至于事后不得不找来专家检查，看管风琴是否受到了损坏。

最后，伯恩哈德不得不离开这里，后来巴赫又利用自己的关系，在桑格豪森给儿子找到一个职务，但在这里他同样又给父亲制造了新的麻烦，最终他也离开了这个岗位。更过分的是，他欠了一屁股债，逃之夭夭了。巴赫两次帮助伯恩哈德，但是他给巴赫带来的却只是屈辱。

# 5. 巴赫再次进入人生中的低谷

在这一年中，学校还来了一个沙伊伯先生。这位先生的父亲曾经是莱比锡的管风琴制造师，巴赫在科藤工作的时候曾经验收过他为莱比锡大学制造的管风琴，并且给予了很高的评价。那么这个儿子又是谁呢？1858 年《全德意志人物志》中介绍了他的生平。

"……1708 年生于莱比锡，父亲是大学教堂的管风琴制造师约翰·沙伊伯。1725 年在尼古拉学校毕业，准备到大学攻读法律，但由于家庭状况不佳，不得不放弃了这个打算，开始从事音乐活动。他学会了演奏管风琴和钢琴，并开始作曲，靠当教师和乐队乐师谋生。1735 年，他曾在布拉格、哥达，1736 年在松德豪森，后来到汉堡，寻求固定的职位。他为汉堡剧院写的歌剧，由于剧院破产未能演出，使他大失所望，于是又投入到音乐写作领域，于 1737 年创建不定期出版的'创作'刊物，1740 年更名为'音乐评论'。"

在 1737 年 5 月出版的一期中，这位沙伊伯先生用溢美之词夸奖了技艺高超的巴赫以后，写下了对巴赫的一番评价："这个人本可成为全民族的骄傲，如果他能够表现得更加平和，如果他的作品中不通过华而不实或令人困惑的手段远离自然，如果不把其美丽用过度的艺术掩盖的话。由于他根据手指进行评价，所以他的作品是十分难以演奏的，歌手和器乐家都要用自己的嗓音和乐器，来表达他在钢琴上可以弹奏出来的东西。但这是不可能的。一切姿态，一切微小的装饰，一切可演奏的方法，他都用特殊的乐谱表现出来，不仅把作品中和谐的美妙除掉了，而且也使大家无法聆听。所有声部都交织在一起，以同样的难度发出，人们从中竟听不出主调来。简而言之：他在音乐领域，就像在诗歌领域中的罗恩斯坦一样。他们两人的华而不实都使自然变成人工，使高雅变成阴郁，人们对他们艰难的工作和非凡的努力惊叹不已，但它们却是枉费心机的，因为它们违背了大自然的规律。"

第二年，沙伊伯先生在给他的同事马特松的一封信中，又进一步补充了这种观点："巴赫的教堂音乐作品均为人工雕琢的，并且费时费力；它们决不像特勒曼和格劳普纳的作品那样具有魅力、信念和理性的思考。"

说到这里，我们不由得想起了一个柏林的评论家对贝多芬弦乐四重奏的评价。他说，贝多芬先生永远也达不到科策卢弦乐四重奏的那种柔畅。他说的有道理，但是现在还有谁在演奏科策卢的作品呢？

如果我们仔细分析一下这位沙伊伯先生的观点，就会发现其中有两个问题。第一，他是不配评论巴赫的；第二，他其实根本就称不上一个真正的音乐家。"所有声部都交织在一起，以同样的难度发出，人们从中竟听不出主调来。"这个"人们"其实就是指的谴责巴赫的沙伊伯先生自己，因为他对赋格一点都不了解。沙伊伯先生的论调恰恰是他无知的铁证。

同样，在那本人物志里也描绘了这位沙伊伯先生在音乐方面的情况："他生前在音乐创作上并不像他在写作上那样有影响；他的合唱曲变音过多，难度过大，而独唱曲又缺乏华彩，他的宣叙调掺杂过多感情成分，他的最大和最普遍的缺陷就是思想贫乏。"

如果这个评价切中了沙伊伯先生的音乐作品，那就再次说明，巴赫的作曲方式确实已经超出了沙伊伯所能理解的范围。在另外的一个场合，沙伊伯还批评过巴赫，说巴赫之所以没能成为伟大的音乐家，是因为他没有在戈特谢德教授那里学习过哲学、演说技巧和诗歌艺术，这种说法使沙伊伯变得非常滑稽可笑。

还有一些理论家和沙伊伯一样，发表过这样伪理性主义的观点，但是《圣经》教导我们："我们应从他们的果实上认识他们。"上面所说的这些人都是没有取得过什么重要的成就的人，尽管某些理论家也把他们称赞为理论家，但是要知道，理论是产生不出音乐的。

其实，我们完全没有必要对那位沙伊伯先生给予过高的重视。如果不是因为他这样攻击过巴赫的话，他或许早已经被人们遗忘了。

这个时候，日子是非常不好过的，一切厄运都向巴赫袭来：校长、上司、儿子，还有沙伊伯向他泼出的这盆脏水。

到这个时候，巴赫在莱比锡已经居住了 14 年了。他在第二个 7 年中的处境，比第一个 7 年更为恶劣。巴赫已经 54 岁了，但是他仍然看不到任何机会，可以让他迁到别处去的机会。巴赫明白，他不是哥尔多尼，在 54 岁时还能迁往巴黎。

他们是不同的，卡罗·哥尔多尼是一个阅历丰富的律师，他只要养活自己和他的夫人就够了，而巴赫是个音乐家，他命里注定要搞音乐，不像哥尔多尼那样可以随时离开。

当然了，在 1737 年这种形势下，巴赫也是有理由可以放弃一切的。实际上在那个时候，校长艾内斯蒂已经成了巴赫的死敌了，巴赫的教师同事也都在排斥他，所以巴赫没有再踏入学校一步，他也不让孩子们到学校去上课，而是请了他的表弟艾里亚斯担任家庭教师。这是很明智的做法，因为巴赫明白，在这个学校里，他的孩子是不会有好结果的，从一个粗暴不讲理的校长艾内斯蒂那里，只有笨蛋才会期望得到公正的待遇。

即使在这种情况下，巴赫也没有主动离开学校。我们都知道，在当时那种情况下，一个人是很容易完全消沉下去的，但是巴赫还在继续工作，还在以其沉着的韧性继续奋斗着。

假如巴赫在这一时刻，抛开一切的烦恼，归隐养老，谁又会对他有不逊之言呢？但是他仍然在继续工作，孜孜不倦，甚至废寝忘食，尽管这个莱比锡乐监的职位让他不堪忍受，尽管他连在大学的音乐社也找不到一丝欢乐，他也一直在坚持工作。

虽然巴赫已经不在学校里了，但是他仍然在坚持完成自己大部分的义务。在这种情况下，他仍然承担着所应负的责任，他仍然要为洗礼、婚礼和葬礼进行音乐服务，这位"伟大的托马斯乐监"也仍然要和唱诗班的学生一起走在丧礼棺材的前面。巴赫只是一名市政府的小职员，他可以从每次的葬礼中得到 1 塔勒尔，对于当时年薪只有 100 塔勒尔的巴赫来说，只有通过参加这些额外的活动，他才能够养活全家。

但是巴赫的一生是非常勤奋的，烦恼和苦闷并不会迫使他放下工作。当然，巴赫也不是完全孤立的，因为他还有朋友。在大学有学士约翰·阿布拉哈姆·卡鲍姆，他曾在巴赫和艾内斯蒂的争执中为巴赫辩护过，他的辩护不仅非常有力，而且还显示出他具有非常渊博的知识；还有他在魏玛的表弟约翰·戈特弗里德·瓦尔特，也一直在支持他。

虽然仍然有一些音乐理论家认为，沙伊伯的观点是"时代的标志"，但是从客观方面来说，他的标准确实是错误的，而且从他后来的生平经历可以看出，他具备一切中庸之辈的特点。虽然沙伊伯曾经在哥本哈根宫廷乐队中担任指挥，但是 5 年以后，也就是在他 41 岁的时候，他就告老退休了，可以想象，这肯定不是因为成绩卓越。

后来，沙伊伯把主要精力投入到作曲上，除了一些教堂音乐以外，他还留下了 150 首长笛协奏曲、30 首小提琴协奏曲和 7 首单乐章的交响曲。"他最大的弱点就是思想贫乏。"《全德意志人物志》中是这样评价的，而这本书中所提及的其他人物，几乎通通是完美无缺的。

巴赫在这种被孤立的处境下，写下了四首小弥撒曲，即没有信经、圣哉经和羔羊经的弥撒曲。很多人对此都有过长篇且全面的描写，这种小弥撒曲在路德正统教会中也曾经被采用过，因此，有人把它称为"新教"弥撒曲。

但是这些小弥撒曲是否在巴赫那个时代，在巴赫的教堂里演奏过，却因缺少证据而没有办法得到答案。说它们是为莱比锡所写，也是不太可能的。如果说莱比锡当时就需要这种拉丁小弥撒曲，那么巴赫为什么不在 1730 年创作康塔塔、圣母颂歌和受难曲时期就写呢？他为什么偏偏要在和教会上司关系处于低谷，既没有演出手段也没有演出机会的时刻写这些东西呢？

这是些要求高、篇幅长的作品，它们甚至比贝多芬的某些交响曲还要长，在正常的新教礼拜场合演出，显然是不适合的，尤其是在一个一贯强调音乐"不要太长"的城市，这就更加不合时宜了。巴赫刚刚受到学校、委员会和监理会最残酷的迫害，他的音乐教育环境已经被上司摧毁了，难道巴赫就没有什么其他事情可做，非要一口气写下四首非凡而内涵丰富的曲子不可吗？这样分析下来，这确实是不可信的。

比较可信的解释可能是这样的：这些小弥撒曲，即使不加任何改变，也可以在天主教礼拜仪式上使用。必要的条件是，领导这个天主教机构的是一位有世俗思想的人。根据"教会合一"的观点，当时的天主教也好，基督新教也好，距离还是比较远的，它们之间的关系更像是交战的双方。至于巴赫是向圣父祈祷，还是向圣母玛利亚祈祷，是无足轻重的，但在自己的教堂，由自己的唱诗班和乐队演奏巴赫这些音乐作品，必然是一种无与伦比的欢乐享受。

有些人认为，这些作品可能是在克维斯腾贝格和施坡尔克两位伯爵的授意下写的，这样说的话，可能更接近事实。毕竟说巴赫是为新教所写，是缺少可靠的根据的。但幸运的是，巴赫在这样一个困难的时期，还是找到了他的雇主，这些雇主需要巴赫的音乐。雇主们同时表明，在其他地方还是有人愿意聆听他的音乐的。

助理大战对巴赫来说并没有结束，由于教会监理会一直没有对此表明态度，于是，巴赫在1737年10月终于以宫廷作曲家的身份向他的主人国王求助了。11月17日，国王要求监理会立即研究巴赫的申诉，然后就是漫长的公事公办的长途跋涉了。

1738年2月5日，即整整4个月以后，这个机构终于正式要求委员会和教区牧师，打个报告交上来。而且语气十分严厉，要在14天之内把报告送来。

1738年的复活节，国王又来莱比锡参加弥撒，不可缺少的当然是对他的赞美乐。这次市政委员会是绝对不会让巴赫作曲的，一个这么会惹麻烦的人，是不能代表莱比锡的。即使巴赫是"宫廷作曲家"，那又怎么样呢？演出时，除了市政当局的音乐家外，还有大学生和大学音乐主管格尔纳，音乐应该由他来创作，而不应该由那个宫廷作曲家来创作。

委员会是这样策划的，可是大学生们却是另外一种意见，虽然巴赫已经把大学音乐社的领导权交给了卡尔·戈特赫尔夫，但是学生们都佩服巴赫，他们只愿意在巴赫的领导下演奏赞美乐，由谁来指挥，只有他们有发言权。委员会也不敢和他们闹翻，只好屈服于他们，更何况国王的信件至今还没有回复，如果在国王在场的情况下再制止宫廷作曲家指挥，那就会出现很大的麻烦了。

就这样，大学生们获胜了，所以巴赫也获胜了。他利用这个机会在市政委员会那里把他的事情做了一个了断，看来当时肯定有一个宫廷中的重要人物在市政委员会里为巴赫说了话。

1738年复活节一开始，一切争执就告一段落了，当然这只是暂时的。市政委员会的先生们耐心地等待时机，对巴赫的胜利进行报复。事实证明，他们确实也找到了机会，就是在第二年，即1739年的复活节。

关于1738年复活节的受难曲演出，我们知道的很少，同样，对于1737年由助理克劳泽第二演奏的受难曲的情况，我们也知之甚少。但是1739年，巴赫终于要再次演出他的《约翰受难曲》了，可他却没有成功，因为市政委员会对他的演出下了禁令，理由是"乐监先生没有及时把歌词报予委员会批准"。

这当然是一个异乎寻常的借口，因为这首曲子已经在莱比锡演出过很多次了。但是他们要报复巴赫，所以只要有机会，他们就会限制他，而且委员会必须通过这种途径再次显示它的权威，他们甚至找到了一个特殊的人给巴赫递送这个决定，他就是下等殡仪书记官毕能格雷伯。

在莱比锡的"强大无比和无所不知"的市政委员会的眼中，巴赫的社会地位到底有多高，从这件事情中就显示的再清楚不过了。

## 6. 巴赫受到年轻人的青睐

对 1738 年复活节的事件，人们似乎并不是很重视。这个事件表明，大学里的年轻人不顾市政委员会的反对，坚持要求上司同意彻底被冷落的巴赫指挥他们演奏。要知道，格尔纳不是一个坏人，哥拉赫也不是一个坏人，而且又是现任的音乐社的指挥。但在这次活动中，他们却只要巴赫。

由此可见，巴赫在莱比锡热爱音乐的年轻人中，显然受到钟爱，享有不同寻常的威信和声誉。艾内斯蒂终于把巴赫赶出学校以后，他却发现了更值得注意的问题，他固然摆脱了巴赫，但却未能摆脱巴赫的音乐爱好者。每一个为了音乐才进入托马斯学校的人，都会受到艾内斯蒂的嫉恨，尽管如此，还是有很多年轻人来托马斯学校上学，因为他们想在这里接受巴赫的音乐教育。

谁在巴赫那里上课，就不能上艾内斯蒂的课程，他甚至不许那些学生在旁边的房间里偷听他的高论。我们知道，艾内斯蒂把喜爱音乐的人称为"啤酒琴师"，所以我们可以想象一下，谁要是在巴赫那里听音乐课，在这所学校里的处境就不会好，就得准备接受强大的压力。但艾内斯蒂这样做，却毫无效果。

因为人们认定，谁要想在音乐上有所收获，就要进入托马斯学校，就要找伟大的巴赫。有人说巴赫很想建立自己的学校，但这根本是没有必要的。谁有一定天赋并愿意在巴赫这里学习，巴赫就教导他们，根本不需要在任何报纸上做什么广告。

这还表明了另外一个事实。有的传记作者认为，巴赫被赶出学校以后一切就都完了，后来发生的一切都是些无关紧要的小插曲。有些人认为巴赫来到莱比锡，就是为了依靠他的音乐，成为"托马斯乐监"。

但事实是，他来到莱比锡是为了利用乐监的条件发展他的音乐。而当他为这个乐监地位遭到如此多的磨难以后，却仍然坚持不懈地做着他的音乐。作为学校乐监，他要承担一定的义务，这时的巴赫，除了例外，其他的事就只是顺便做做而已了。

但艾内斯蒂把他赶出学校以后，也就不再和他谈论助理人选的问题了。艾内斯蒂已经达到他的目的了，所以以后谁当助理，对他已经无关紧要了。

在这个问题上，巴赫有了自由，阵线已经划清。1739年市政委员会正式禁止他演出受难曲，可到了1740年他还是演出了，他再次演出了他的《约翰受难曲》，为了这次演出，他甚至还做了修改。

在这里我们又看到了巴赫创作的另外一个特点，这个特点和他的"借鉴方式"一样都非常重要。他确实写了很多的音乐作品，但这些创作对他来说却没有"完成和结束"，因为他总是不断地进行加工。

它们不是应景的作品，而永远是他不断投入、不断创造的东西，这也是他在《平均律钢琴曲集》第二部分中所走的道路。

此外，他还写了一些根本无人需要的东西，比如《管风琴弥撒曲》《b小调弥撒曲》或者《赋格的艺术》。如果说他的协奏曲和室内乐的手迹显示出是18世纪30年代后期的作品，那么这些作品决不是他在这个时期创作的证据。因为他完全可能是在这个时期进行过修改，或许怀着对美好时日的怀念，因为这时，他已经不需要它们了。

有一种理论完全是无稽之谈，有人说那时他已经完全退隐、开始养老了，也就是说，他躲进了无奈的角落。在这方面，很多人都提到 1741 年由商人戈特利布·本内迪克特·策米施建立的"大音乐协会"，巴赫没有参加。

这里人们忽视了一个问题，那就是，他为什么要参加呢？他并不需要依仗商人策米施，因为他这时又重新接管了音乐社的领导职务。不论策米施还是巴赫都没有垄断地位，除了巴赫的音乐社之外，当时还有一个格尔纳的音乐社团，所以巴赫在莱比锡并不是唯一的音乐家。他也并不把自己掩埋在孤僻的过时的音乐问题之中，他不像施洛伊宁、沃尔夫或者其他人那样，硬是要我们相信他在那样的"古风"中不能自拔。

更重要的是，他没有"过时"——他也从不是一个时髦作曲家。直到他生命的最后，向他请教学习音乐的学生和年轻人也非常多。

他的儿子卡尔·菲利普·艾曼努埃尔·巴赫作为当时的见证人说，他的家一直有很多人，热闹非凡。施维林的公爵在巴赫的晚年，还出资派他的宫廷管风琴师约翰·戈特弗里德·米特尔到老巴赫那里去学习，这一点也足以说明巴赫并不是过时的。

如果巴赫真的已经过时，那么这个年轻的米特尔真的如此僵化，不能寻找一个更时髦的人选吗？

说到这个问题时，我们往往要提到"华丽风格"这个词。至于它具体是什么内容，那些有名望的音乐理论家们总是把它当作一种秘密。"华丽风格"这个概念，在巴赫的前任库瑙时期就曾经使用过，它在当时还没有什么特别的意思。

施威策称巴赫是"巴洛克音乐的顶峰和终结者"。

1740 年，当巴赫排练修改过的《约翰受难曲》时，他已经坚强了很多，并克服了校长、市政委员会及教会上司对他的恶意迫害的影响。虽然校长艾内斯蒂的阴谋得逞了，但是他却没有办法把音乐排挤出学校。这个时候，市政委员会突然发现，如果不让宫廷作曲家巴赫演奏，就相当于和国王过不去，所以他们只好做出让步。教会监理会则明确地表示，他们对于巴赫和他的音乐事业根本毫不关心。

就在这样的情况下，巴赫成了一个自由的人。巴赫总是在家中组织排练教堂音乐，他的助理都是些对音乐十分投入、十分热爱的年轻人，他们在接受任务的时候总是明确地和巴赫站在一起，同校长对立，巴赫是非常信任他们的。

至于那些大学生们，他们已经多次表明，他们会态度鲜明地支持巴赫。所以我们可以想见，1740 年的受难曲演出应该会是不错的。

当时，莱比锡并不单单是由学校、委员会和监理会组成的，它还有很多其他的组成部分，他们希望这个全年每个星期都在奇莫曼咖啡馆和咖啡园中奉献精彩音乐会的人，能够有他忠实的追随者。

那里的人们也不像沙伊伯那样，那么快就否定了巴赫的大学生音乐会，只是因为它没有给人们带来欢乐，只是因为他的音乐已经过时，"令人捉摸不定"和"华而不实"。

当时的人们认为，如果能够听到巴赫的作品，那么一定要深入进去仔细听，比如他的羽管键琴和小提琴协奏曲，这些曲子不仅是最精美的艺术作品，而且也是一种远离枯燥无味的音乐激情的表露。

很多人把巴赫的音乐当成是高贵和深邃象征而顶礼膜拜，但是他们往往忽视了其中的真正的悦耳音符，往往没有注意到那些听后能够绕梁三日的主题，那些深入人心骨髓的旋律和那些令人情不自禁的节拍。

虽然巴赫失去了上司的青睐，但是他却获得了听众的喜爱。这种情况让行政掌权者非常恼火，因为他们不喜欢的人，听众却很喜爱，而这种喜爱也正是他们所需要却得不到的。

巴赫是宫廷作曲家这个事实，虽然在他的上司部门没有起到过什么作用，但是在莱比锡的市民当中还是有影响的。

1737 年 9 月，有一位先生迁居到莱比锡附近居住，他就是德累斯顿宫廷的一位名叫封·亨尼克的先生，他是一位非常有影响力的人。从侍从起家开始奋斗，一直到获得了贵族的头衔，并且成了有地位的人。

封·亨尼克在佩高区获得了一块领地，名为维德劳庄园，并且于 1737 年 9 月 27 日搬迁到了这里，名义是"约翰·克里斯蒂安·封·亨尼克，世袭，隶属波兰国王和大选侯陛下……正职枢密官、国务大臣和内宫副主持，瑙姆堡和采茨修道院内宫主任，等等，等等"。

这样一位高贵的先生来到了这里，人们理应表达适当的问候，特别是根据对此非常感兴趣的人的愿望，献上一首赞颂康塔塔，这肯定是一个特别好的主意。而在当时的情况下，作曲的最佳人选，当然只能是宫廷作曲家巴赫了。

这时，巴赫用高超的技艺完成了这一任务，可想而知，歌词又是亨利奇写的，而且他本来就是为亨尼克先生接风的发起人之一。

从这里我们可以看出，亨利奇并不是等闲之辈。在莱比锡的社交生活中，他显然是一个声名显赫的人物。另外，行政官贝歇和行政首席官希灵几位显贵也参与了此事。

亨利奇这次所写的赞颂词，完全是按照宫廷赞颂的形式写的，这次的样式有点像戈特谢德 1738 年为国王写的赞颂词。那是戈特谢德出于对巴赫先生的尊敬，为巴赫写的第二首，也是最后一首的歌词。

在这里我们必须说明，这个时候的戈特谢德早已经知道莱比锡的人都是怎么评价巴赫先生的了。可就在这个时候，他指出，莱比锡应该为有这样一位伟大的音乐家而感到自豪，而且他还把巴赫的组曲作为礼物送给了他的新婚妻子。这位妻子比他的夫君素质高很多，后来她向她的丈夫说，巴赫的这些作品实在是很难演奏啊。其实她说的很正确，不像那个万事通沙伊伯，说巴赫的东西都是错误的。

当巴赫准备为亨尼克演出赞颂曲的时候，哥拉赫已经接管音乐社了，但是那些大学生们却仍然愿意参加巴赫的演出，就像半年以后，他们坚持让巴赫和他们一起为国王演奏赞美乐一样，巴赫也没有办法。

到了 1741 年，巴赫不得不再次接管音乐社的领导职务，一直持续到 1744 年，甚至有可能是 1746 年。

我们都知道，年轻人一向易于接受新鲜的事物。这也表明，巴赫的作品对他们来说不是什么过时的东西。

# 第十章　巴赫遭到排挤以后的音乐生活

## 1. 帝国伯爵凯赛林克和《戈尔德堡变奏曲》

我们不能说巴赫的音乐思想发展的过早或过快，虽然他从小就是在音乐当中成长的，但是在 20 岁之前，他真正写的东西并不多，所以根本谈不上早或快。我们也不能说巴赫进入了静止状态。巴赫所作的实用性的作曲数量确实渐渐变少了，但是其实这是一件很自然的事情。

教会不再要求巴赫每周写一首康塔塔了，要知道这种徒劳无益的工作已经成为过去式了，学校中需要巴赫做的事情也已经结束了。

所以这不代表巴赫进入了静止状态，因为就在这个时候，巴赫做了 4 首非凡的小弥撒曲。1739 年，他的《键盘练习曲集第三部》也出版了，这部作品也被称为《管风琴弥撒曲》。

就在这一年的夏天，约翰·塞巴斯蒂安·巴赫的儿子弗雷德曼和另外两个乐师从德累斯顿来到这里，共同举办了一个月的家

庭式音乐会。9 月，巴赫到阿腾堡举行了音乐会；从 10 月份开始，他又接管了大学音乐社的领导工作；1 月又前往魏森费尔斯。

从巴赫的这些轨迹可以看出，巴赫绝对不是处于静止状态的。这个时候，巴赫又有了自己的学生，所以他非常开心地创作了 24 首前奏曲和赋格，这些曲子是各种调式的集大成之作。

另外，他还出版了很多其他音乐家的作品，比如他的同事胡勒布石，他的学生克雷布斯和他的儿子弗雷德曼等人的创作。

卡尔·菲利普·艾曼努埃尔·巴赫曾经这样描述过："一个音乐家来到此地，很难不去结识我的父亲，或者不让他听听自己的音乐。"巴赫的表弟不仅是孩子们的家庭教师，而且也担任了他 5 年的秘书，这可以充分说明，巴赫在离开学校以后，音乐活动也是非常频繁的。

艾内斯蒂把巴赫赶走以后，他不得不再招聘一名音乐教员，市政委员会无异议地批准了校长的请求。

1737 年以后，巴赫离开学校直到去世所写的作品，是无论如何都称不上衰老之作的，而且就像上面所说的，我们也绝对不能说巴赫已经进入了静止状态。

巴赫后来创作的 24 首前奏曲和赋格，也被称为《平均律钢琴曲集第二部》，这部作品的字里行间都迸发着对无限欢快时光的享受，趣味横生，变化多端。如此具有娱乐性的大型对位音乐，自此之后就再也没有出现过了。

还有 1742 年出版的《键盘练习曲集》，这部曲集是戈尔德堡变奏曲，实际上，这个标题是错误的，它应该叫作《凯赛林克伯爵变奏曲》，因为这是巴赫为凯赛林克伯爵而创作的，凯赛林克伯爵很开心，为此他付给了巴赫非常丰厚的报酬，那就是一只银杯和装的满满的 100 块路易金币。

凯赛林克伯爵是一个非常有趣的人，他来自古老的库尔兰贵族家庭，是一位非常重要的外交家。他的家族非常强大，所以在圣彼德堡、德累斯顿、维也纳、华沙和柏林的宫廷中，都有凯赛林克伯爵的后台和支撑。而且，他的堂兄迪特里希·封·凯赛林克是腓特烈大帝的密友和至交。

凯赛林克伯爵是俄国公使，曾经效力于沙皇安娜和后来的彼德三世，最后在卡塔琳娜女皇的麾下。凯赛林克伯爵的文化素养非常高，能够"把卓越的治国之道和罕见的坦诚结合在一起"。同时，他也非常喜欢音乐，是一个音乐狂。

凯赛林克到达德累斯顿的时候，弗雷德曼正在当时的宫廷教堂索菲教堂任管风琴师，于是他邀请弗雷德曼到他家里去做客，就像德累斯顿宫廷邀请过很多其他著名音乐家那样。

1740 年，凯赛林克的儿子开始在莱比锡上大学，其实这也是凯赛林克他多次访问莱比锡的原因。利用这样的机会，他拜访了巴赫。另外，他还邀请了巴赫和他的秘书艾里亚斯去德累斯顿访问。艾里亚斯曾经说过，巴赫在"这位伟大公使的家中，享受了不少恩泽"。

在一次旅行的过程中，凯赛林克伯爵遇到了具有非凡才华的少年约翰·戈特利布·戈尔德堡，凯赛林克非常喜欢他，并送他去接受了教育。

戈尔德堡后来为布吕尔伯爵工作，成了伯爵的家庭钢琴师。鉴于他的天赋和努力，他最终成为一名钢琴家。据说，约翰·戈特利布·戈尔德堡可以按照曲谱演奏巴赫最难的曲子，即使曲谱倒过来放，他一样可以非常出色的完成。

由于伯爵患有失眠症，所以他在巴赫那里订购了一首小夜曲。因为创作目标是促进睡眠，所以思想比较简单的作曲家肯定会创作一首有利于睡眠的曲子，这首小夜曲当然不能过于平淡，但是肯定也要尽可能起到镇静、催人入眠的作用。

然而，巴赫却没有按照这种顺理成章的方法去做，而是恰恰相反。虽然他在曲子的开头采用了一首民歌调的独唱曲，起到了催眠的作用，但他随后却转变了 30 种变奏，这个时候，它们已经不再起镇静作用了，因为几乎每一首变奏曲都是非常振奋人心的。

凯赛林克伯爵是一个非常有音乐修养的行家，所以他陷入了无比的欢欣之中。

这样的一首小夜曲，巴赫理所当然应该按照惯例，用一个赋格作为曲子的结尾，但是他却没有这样做，而是用了一段集腋曲。这充分表明，巴赫和凯赛林克伯爵的关系是非常好的，他们的友情是建立在相互信任的基础之上的。

"我已很久没有在你的身旁"，这句话显然是在影射巴赫和艾里亚斯对凯赛林克伯爵的拜访；"蔬菜和萝卜又把我驱向远方"，这句话是在幽默地影射他们所享用的美食。但是其实巴赫走的更远，在曲子结尾的地方，巴赫几乎是亲自把凯赛林克送入了卧房，那首歌的开头是："和你，和你一起进入软床；和你，和你一起进入梦乡。"这个时候，帝国伯爵除了进入梦乡以外还能做什么呢？

《戈尔德堡变奏曲》，正像我们所听到的那样，不仅是巴赫的杰作，也是他幽默风格的显示。

这首小夜曲和同一个时期产生的《农夫康塔塔》有着异曲同工之妙。很多严肃的人们一般认为这是有失尊严的，他们固守陈规，不肯承认在现实生活中玩耍和乐趣也是十分重要的事情，而只承认那些严肃的东西。

对此，斯皮塔说："巴赫接受了这个作曲任务，我们是毫不奇怪的。他把此事的道德标准完全置于脑后。"维尔纳·诺依曼认为："对本曲的社会批判性，显然是估计过高了。"另外他还说，这是一首"背离个人风格的实用之作"。

能够容忍这样的一种评价，是非常困难的。《太阳神和牧神的争吵》康塔塔中的长段独唱曲，被用借鉴方法植入到了《农夫康塔塔》这首曲子中，但是这并没有使原曲戴上"背离个人风格的实用之作"的恶名。

如果我们仔细观察一下，就能够发现，其实巴赫的很多其他作品都可以挂上这个称号。

## 2. 封·迪斯考先生和《农夫康塔塔》

如果我们看到，为侍从官封·迪斯考写的赞颂康塔塔与其他一些赞颂康塔塔音调有些不同的话，那这就是值得我们思考的一个问题了。因为侍从官是一个很有地位的人，也是一个在正常情况下，我们应该躬身接近的人物。

首先让我们感到奇怪的是，赞颂者竟然敢于采用如此不恭的音律。翻遍那么多康塔塔，再没第二首赞颂康塔塔，能够包含如此亲昵的音调。其次，我们必须要弄明白，这首赞颂康塔塔为什么会出现这样的音调。因为它所表达的不仅仅是一种完全的信任，而且也是一种很亲密的关系。这在一个非常重视等级观念、平民和贵族间存在巨大鸿沟的社会里，确实是一种非常奇特的现象。

但是迪斯考确实是一个非同寻常的庄园主。1742 年是战乱之年，当时普鲁士的军队就在莱比锡的城外，从体制上来看，他们是莱比锡的同盟者。但是同盟者也要吃饭，所以对他们加以防范也是非常有必要的，因此当时到处都开始了战时动员。单在其中一个领地，就有60名青年要去当兵，当地的农民只好在没有强壮劳动力的情况下勉强耕种自己的土地。

在迪斯考的领地小丑赫尔，是由他本人挑选新兵的。但是奇怪的是，他只选中了两名，而这两名在后来正式招募时，一个也没有去。最后，迪斯考仅仅为征兵资助了一桶啤酒。

对没有人耕种的土地，即荒地，自古就是收税的。当时土地税征收官是亨利奇，而收税执政官是办事十分认真的法官米勒，如果有人不缴纳或者是不愿意缴纳荒地税，他就会以没收田里的收成来威胁这些人。当迪斯考知道这件事情以后，他立即指示他的土地收税官，取消全部荒地税。

我们还可以列举很多这样的例子。总之，小丑赫尔的农民很幸福，他们在迪斯考统治的5年中所得到的好处，比过去的50年还要多。我们不需要去读地方志，因为这类事件都一一记载在亨利奇的康塔塔歌词当中，其中还包括关于迪斯考的管家路德维希的事迹，关于迪斯考夫人的节俭和他们夫妻生有5个女儿但始终没有传宗接代的儿子的事实。

那里的青年农民可以留在家园不去当兵。另外，那里还发生过一件非常有趣的事情，那就是小丑赫尔的牧师不守清规，所以他因为生活不检点而被停职了3个月。

诺伊曼觉得非常遗憾，因为亨利奇在这首赞颂曲中，只在第一行使用了萨克森的方言。但是他可以放心的是，在演出时，萨克森方言是非常强大的，亨利奇根本就不必为此操心。

总的来说，这首《农夫康塔塔》以其内容丰富的歌词和非常特殊的赞颂形式而闻名，说它是时代的文献，是绝对不过分的。

要知道在当时那个时代，没有哪一个侍从官的性格和行为是可以与此相比而树碑立传的。而巴赫对他的这首"实用之作"也没有等闲视之，这可以从其中包含的不少于 24 段的音乐中看出，而且这其中很少有借鉴而来的东西，后来也没有再用到其他作品之中。

曲子的最后，巴赫写下"我们走了，要去酒店里演奏风笛的地方"，这是一段真正的街头小调。

## 3. 《键盘练习曲第三部》：三重赋格和众赞歌前奏曲

《农夫康塔塔》是巴赫为那位失眠的老先生写小夜曲的同一年作出的，那首小夜曲也收集在了《键盘练习曲第四部分》里，即《戈尔德堡变奏曲》之中。既然已经有了第四部分练习曲，那就说明这之前的第三部分已经出版了，也就是被称为《管风琴弥撒》的谱集。

这个谱集收集了很多非凡的众赞歌和四首前奏曲框架内二重唱。谱集中的三个主题会先分别进行演奏，然后再相互交织起来演奏。

施威策认为，这三重主题环环相扣，又独立成曲。卢艾格在他的《巴赫传记》中，进一步阐述了这个观点。卢艾格也指出，不仅是赋格，就连前奏曲也是三重的。

每个时代的音乐，我们都可以给它安上一些可能的和不可能的含义，但却不能因此增强其重要性。这也包括很多作曲家明确加以标题的音乐。比如里夏德·施特劳斯的《梯尔·艾伦斯皮格尔的恶作剧》，我们不需要了解各段的故事内容，甚至根本就不必知道艾伦斯皮格尔是谁，就可以清楚地了解到，这首曲子是一首非常光辉的回旋协奏曲。

贝多芬的爆炸性标题音乐《威灵顿的胜利》，由于意图过于明显，所以理所当然地没落了，只有第三主题中的三重赋格，还存留在人们的记忆当中。

音乐是一种比哲学更高一层的启示，因为它已经超出了语言文法思维的范畴。

同样的，我们不应该把巴赫的大型众赞歌序曲部分，即管风琴众赞歌简单地看作是教堂音乐，因为它们已经突破了教堂弥撒的框架。施威策认为，有一些已经超出了音乐的界限，但是他却没有告诉我们，这个界限是处于什么位置的。

无论如何，我们都不能把《管风琴弥撒曲》看成是巴赫为了满足歌词的需要而创作的，因为他发自内心的愿望同时也是内在的音乐愿望。

《管风琴小书》既是为"初学管风琴者"创作的，也是为了教堂演奏的实践所作的，这可以从整体的多样化中看出来，尽管这里只包含原计划的众赞歌序曲的一部分。

《键盘练习曲集第三部》是非常优秀的，因为它从很多方面都超越了这种与实践相关联的作品。对于管风琴音乐来说，礼拜仪式并不是它最终的目的。因此，巴赫的大型管风琴众赞歌是非常自由的管风琴音乐，当时这并不意味着它放弃了宗教的内容，因为这些灵感的根源不存在于歌词中，而是蕴藏在曲调中。

对这种古老的众赞歌曲调的音乐力量，我们应该给予高度的评价：它们几百年以来始终保持着旺盛的生命力，而且值得注意的是，其中的不少杰作，一直在激励着众多作曲家去创作新的众赞歌序曲、管风琴众赞歌和众赞歌幻想曲。

它们蕴藏着很多突破宗教束缚的力量，没有哪一个真正懂得音乐的人，会忽略《马太受难曲》或《圣诞清唱剧》中众赞歌的力量，这种力量也存在于里格的管风琴众赞歌或门德尔松的《宗教改革交响乐》中。

我们都知道，《平安夜》这首歌并不是唯一的一首圣诞歌曲，路德的《高高的上天》已经有很久远的历史了，更古老的还有众赞歌《让我乞求吧》。

在巴赫的手下，从这些歌曲的源泉中，产生了管风琴的新作，这已经远远地超出了教会礼拜仪式的需要了。

谈到"需要"，巴赫是有他自己的标准的：不管自己开始写什么，这些标准总是能给他的音乐在较高水平上施展的余地。跟随他创作的组曲，人们没有办法跳舞；跟随他的大型管风琴众赞歌，教民也没有办法放声歌唱。

所以他的《管风琴弥撒曲集》并不是为了教堂的教民写的，而是为了"激发它的爱好者特别是本行专家的情感"所作的。巴赫为教会效力的方式，确实是有其独特之处的。

约翰·塞巴斯蒂安·巴赫为什么要写这么多的康塔塔呢？他的前任库瑙不是还有很多放置在那里吗？

其实巴赫创作这些康塔塔的原因非常简单，那就是这些都不能够满足他的需要。谢莱和库瑙的康塔塔现在又在什么地方呢？甚至布克斯特胡德的康塔塔也很少有人演唱了，只有巴赫的康塔塔完好无损地保留了下来。

可以说，这些康塔塔不是这一音乐品种的代表，因为它们就是这个品种的全部。

巴赫在 60 岁以后，仍然写出了很多教堂康塔塔，除了《许布勒众赞歌》《十八众赞歌》和三首划时代的大型作品：《音乐的奉献》《b 小调弥撒曲》和《赋格的艺术》。

当然，巴赫被逐出学校以后的生活，比过去的 50 年要平稳多了。就像莱茵河一样，离开宏伟的莱茵瀑布，穿过山间的九曲回环，越来越接近大海。虽然失去了风光的妩媚，但是却没有失去生命的活力。

## 4. 巴赫后期作品的"风格转变"，以及几种奇怪的分析

有些人说，自从约翰·塞巴斯蒂安·巴赫离开学校以后，他创作作品的风格就出现了变化。可以看出，这样说的人肯定都是些情感细腻的人，因为写《法兰西组曲》的巴赫，和写《戈尔德堡变奏曲》或《b 小调弥撒曲》的巴赫确实是有些不同的，如果感觉不细腻，他们是不会轻易发现这些区别的。

但如果说这是两种风格，那其实是不对的，更何况巴赫和以往一样，仍然常常把过去作品中的片段植入新的作品之中。如果巴赫真的是完全"改变"了从前的风格，那么他就不会再这样做了。

但是施洛伊宁却说，他知道巴赫"转变风格"的原因，那就是米茨勒。罗伦茨·克里斯托夫·米茨勒曾经是巴赫的学生，当时他组织了"音乐科学协会"，巴赫很长时间都没有与他交往。

这位传记作家持有这种观点，那就是，通过米茨勒，巴赫产生了一种全新的思想。

那么米茨勒又是谁呢？他的一生可以说是多种形态大杂烩的一生。

米茨勒在安斯巴赫出生，随后进入了盖斯纳校长领导下的人

文中学进行学习。盖斯纳到莱比锡一年以后，我们看到米茨勒也来到了这个城市。他在大学学习神学，后来又回到安斯巴赫做了传教士，然后作为一名大学生，他又返回了莱比锡，成为了学士。后来又改攻法律，再转入医学院，同时听数学、哲学和音乐课程。

然后米茨勒和另外两位先生于1738年建立了"音乐科学通讯协会"，并且于1740年开始作曲，但是并没有很大的成果。然后米茨勒成了波兰伯爵的宫廷数学家，四年以后又在埃尔福特获得医学博士学位，随后他又去了波兰，成了贵族，身份为宫廷参事、宫廷御医和史官。

米茨勒去世的时候，是一家印刷厂和书店的老板。

由米茨勒的这种种经历，我们可以看出，这是一个动荡不定的人，而且音乐在其中似乎也并没有起到过什么重要的作用。

尽管如此，米茨勒的协会中却聚集了一批知名的会员：特勒曼于1735年加入，亨德尔1745年加入，两位格劳恩1746年成了协会的会员。

毫无疑问，约翰·塞巴斯蒂安·巴赫可能是第一个被邀请的人，因为米茨勒是他的学生。但是巴赫可能相当顽固地说了"不"字，并且这种回答长达9年之久。

在音乐方面，米茨勒只想研究其哲学、历史、数学、声学和辩术诗学方面的问题，也就是与音乐相关的一些领域。

那么巴赫为什么长期和这个协会保持距离呢？他的儿子卡尔·菲利普·艾曼努埃尔·巴赫有一个说法，他在悼词中写道，"死者，不是枯燥理论的朋友"，在另一处又写道，"已经升天的巴赫显然不想深陷于理论观察中，他十分重视实践"。

由此我们可以设想，约翰·塞巴斯蒂安·巴赫是不会对米茨勒的文章《通奏低音的起始根源，试按数学方法论述》感兴趣的。而且巴赫也会完全抵制米茨勒成立协会的宗旨："把音乐完全置入科学之中。"

和那些辩士相反，巴赫对此理解得很正确（沃尔夫说，《键盘练习曲集第三部》包含"很强的理论性和历史性内容"，而施洛伊宁则把它归功于米茨勒）。

说米茨勒是个音乐痴或者重要的音乐家都是站不住脚的，而他要"把音乐完全置入科学之中"的目标，也使他和音乐之间的关系成为疑案。尽管音乐需要很多知识和才能，但我们很难想象，在科学帮助下形成的音乐是什么样的。

知识是可以学习的，但是与此相反，艺术中的核心东西，是不可学的；对音乐的理解可以培养，但对音乐的感觉却是无法通过学习获得的。巴赫对这个学生的努力，很可能是一笑了之。如果说巴赫最终还是加入了这个协会，那肯定不是因为米茨勒的宗旨打动了他，而是因为协会中集结了众多的知名成员所致。

对米茨勒所追求的目的，巴赫保持冷漠态度达 10 年之久。

还有些所谓的科学研究成果，这些只是在苦读其他同行的评论之后，突发新的想法，他们竟然认为，巴赫的《键盘练习曲第三部分》，只不过是对古老榜样的借鉴，这一部分只是为了证明他的博学多才而创作的，确实它也只不过是对别人成果的集成之作。

这个结论是很特殊的，因为这个结论没有涉及勃拉姆斯或者贝多芬，而只涉及了巴赫。按照这种逻辑，他们也完全可以说贝多芬是为了证明他可以作曲才写了《迪阿贝利变奏曲》，或者说勃拉姆斯是因为没有自我思考的能力才写了《学院节庆序曲》。

有些人说巴赫在他的作品中剽窃了其他人，但是这种说法没有事实依据。施威策甚至说巴赫的"四个二重奏"是没有疏忽才被保留下来的。但是问题在于，他们是否真的懂什么是"四个二重奏"呢？其实只要他们认真分析，就能明白，巴赫在很多地方都取消了调性插部，在"四个二重奏"中，他只是单纯介绍了无调性音乐，但是并没有运用到调性。

那些提出"风格转变""理论性和历史性内容""数字象征""宏观结构"等理论的人，都认为自己是非常正确的，而且世人也很少去怀疑他们。其实这也是可以理解的，因为无论在哪个领域，都有头顶光环、自称专业权威的人。但是这些艺术家忘了，艺术只是他们研究的对象，而不是他们经历的事情和生存的领域。正因如此，他们进行研究的方法是推论式的。

施威策就是一个典型的例子，他在一开始就描述了巴赫之前的教堂音乐，之后，又大篇幅地介绍了美学、作品和自己的分析，注解也达到了全部篇幅的四分之一，而传记部分仅仅占了很小的一部分。但是他的分析也有一些独特的地方，那就是他对巴赫音乐语言的分析，从这方面来说，施威策确实做出了不小的贡献。

但是可能是因为施威策对《平均律钢琴曲集》没有多少兴趣，所以他对巴赫非歌曲的器乐作品基本没有进行分析。在分析巴赫的众赞歌序曲时，施威策思考了很多，比如巴赫在众赞歌《只有上天的上帝才是荣耀的》曲子中用了9个经过不同处理的序曲，这让施威策怀疑原来对巴赫的认识，即巴赫是用程式性的表达方式作曲的。所以，如果单纯说施威策发现了"巴赫的音乐语言"，也是值得怀疑的。这种发现的用途就像是目录一样，没有什么实际作用，只是用来增深理解的。

在施威策进行研究的同时，或者是在其他的地方，也有其他人在进行类似的研究。有些人经过数巴赫创作的音符，发现了算学的神奇，他们认为这就是音乐的逻辑性，甚至他们把巴赫的作品和犹太密教联系在一起，认为巴赫的作品就是为了犹太密教创作的，他们对巴赫的作品进行解读，阐述出了各种理解。当然了，他们没有能力做到更深入，所以他们所做的工作都是比较肤浅的。

除了这些研究之外，还有一些研究结果是比较滑稽幽默的，比如一个坚信音乐和神学有联系的音乐理论家，在研究巴赫的作品时，会突然问道是不是"在巴赫音乐的个人风格后面……隐藏有个人身临其境参与歌词内容的背景"。

这样类似的提问还有很多，其他学科的专家对此也很重视，这样一来，我们有必要仔细思考一下这个问题了。在这以后，我们还看到过这样的观点："巴赫的独特的成就，就在于他令人信服地联结了音乐表现和宗教实质。"

但是其实我们都明白，宗教的实质和宗教的信仰，音乐作品的表达和创新是没有相通之处的，但是在当时却没有人注意这点，也没有人提出来。更大的问题是，当时的四个音乐理论家都坚持这个观点，并且没有任何人提出疑议。但是持有这些观点的人却有一个共同点，那就是根据他们自己的理论，他们没有人能够创作出音乐作品来。但是这些观点已经足够使他们自己相信，他们已经在一个进入不了的领域里做出了一些贡献，也了解了很多东西。

他们提出的这些观点其实都没有真正进入巴赫的世界，也没有理解真正的艺术家工作的方式。很多人说巴赫的这个作品抄袭了这位作曲家，在那个作品中又抄袭了另外一位作曲家，甚至还有人说，他参照了帕莱斯特里纳，或者他根据戈特谢德的美学观点创作了很多曲子。但是我们都明白，没有一位音乐家希望和别人创作出一样的乐曲，更不用说去抄袭别人了。一个指挥家会根据自己的理解去决定自己的速度和风格，而不是模仿别人，一个导演也是如此，如果一个导演是看另一个导演拍戏，我相信绝对不是因为他想抄袭某一点，而是他想通过观看更多东西来探索出属于自己的东西，找到自己的风格。所有这些都说明，真正的艺术家是不会选择抄袭的，而是会选择创新，创作出自己的风格和特色，而这些需要他们在艺术中找到自我，实现价值。托马斯·曼说过"如果我写作，就只能写我自己！"我相信这也是其他艺术家对自己的要求。

其实每个人都会受到周围环境的影响，艺术家也是如此，他们都会跟随属于自己时代的潮流。对于作家来说，即使是身处现代的人，他们的语言也是过去创造的。电影、音乐等都是如此，有时候人们能从一部音乐作品中看到其他音乐作品的影子，于是就说这部作品模仿了这个人或者那部作品，但是其实这些都是没有根据的，那些说巴赫抄袭的音乐理论家也是一样。莫扎特非常崇拜巴赫，但是莫扎特的创作方式和巴赫毫不相同，舒伯特崇拜贝多芬，勃拉姆斯崇拜舒曼，布鲁克纳崇拜瓦格纳，但是他们进行创作的时候从来没有抄袭自己的偶像，他们就是他们自己，并且做出了自己的成绩，取得了很大的成就。但是巴赫的研究者们却总是热衷于把巴赫说成是模仿者，而不是创作者。

如果巴赫真的和其他的音乐家有相同的创作思想，那我们只能说，这是一个巧合，他们的创作思路是一样的，但是巴赫往往能创造出更加出色和更加完美的音乐作品。

我们可以确认，巴赫确实首先写出了前奏曲、降 C 大调、降 F 大调、降 e 小调和 b 小调的赋格，并且根据它们独特的调式，把这些元素加入到了其他的作品中。这些事情，却从来没有得到过那些研究者们的肯定，因为他们认定了巴赫的作品就是抄袭的。如果这样说来，爱迪生发明电灯时，似乎也只是想模仿煤油灯了。

## 5. 巴赫的工作方式和特色

有些人说巴赫的《键盘练习曲集第三部》大部分都是抄袭其他音乐家的，这一点是我不能认同的，因为音乐作品一旦经过巴赫的手，就会变成他自己的东西，这在巴赫创作独一无二的和声时就已经被证明了。《法兰西组曲》和《英格兰组曲》这两部作品在巴赫的眼中或许是有区别的，但是对于我们而言，《英格兰组曲》中并没有什么英格兰的味道，在我们眼中，它只是属于巴赫的音乐作品，可以说，如果我们不知道曲名，也能在听到的时候知道这是巴赫创作的音乐作品。在听《键盘练习曲集第三部》的时候，我们可以从中找到前奏曲、四首二重奏和赋格之间独特的联系，因为这些音乐作品都是非常伟大、非常优秀的艺术品。更值得称道的是，当这些优秀的作品联结在一起的时候，就会形成一个完整的音乐整体。然而出乎我们意料的是，巴赫并没有把它们联系起来，而是在前奏曲中把它们排列了出来。在接下来的音乐历史中，过了很多很多年，我们才遇到了另一位这么做的音乐家，他就是布鲁克纳。

在众赞歌的问题上，我们还有一些问题需要说明，巴赫在没有受人委托的情况下，会主动地去创造符合路德教义的众赞歌曲调，这样的人怎么可能会用其他的风格和手法进行乐曲创作呢？他只会选择用多样的方式去创作自己的作品，毕竟这些作品的贡献是"同一个领域的专家"的。因此对《管风琴小书》乐曲中出现的曲段的长短问题进行分析是没有什么意义的。如果巴赫是为了占有音乐市场才进行创作的话，从商业角度来说，当然是一件好事，但是如果真的是这样，这就不会被大家称为"指导管风琴初学者的教科书"了。这不是对理论进行的艺术性的演示，否则的话他就会像在其他场合一样，说明每个细节具体代表什么了。但是这里表现出来的激情却像后来贝多芬创作乐曲时一样，他们不是为了向世界显示什么，不是为了说明自己的音乐是如何成为交响乐的，而是强迫自己，为这个音乐找到一个完美的搭配，为自己的音乐命题找到完美的解决方案。

让我们看看伯恩斯坦是怎么说的呢，他说"音乐的意义就只在于音乐，而不是别的什么东西"。然而对于我们这些对音乐没有深入研究的普通人来说，这样的观点似乎是无法接受的。如果不把自己放置在音乐中，我们怎么能把它完美的演绎出来呢？如果抛弃音乐去谈论音乐，我们仍然能找到音乐的意义，那么没有了音乐，理论又从何而来呢？

沃尔夫曾经说过"……因此我们并没有感到奇怪，在巴赫的创作中第一次出现了一个作品集……这个作品集包含了浓厚的理论性和历史性的成分……它把过去的和现代的音乐类型进行了对比"。这对于不是音乐家的人来说，也许非常重要，但是真正的音乐家是没有办法用这样的方式进行音乐创作的，除非他不在乎自己的风格，就像《记者》刊物中古斯塔夫·弗莱塔格写墙头草记者时所写的那样："我向左写，又向右写，我也可以向着任意一个方向继续写下去。"在这里，我们可以认定，巴赫绝不是墙头草记者那样的人，因为他从一开始就专注于创造自己的风格。

虽然很多音乐学者都说，他们发现了很多作品，都和巴赫创作的音乐很像，但是如果他们因此认为巴赫在创作音乐时经常抄袭模仿，那就真的错了。如果一个音乐学者按照文献的目录能够证明自己研究了另一个人的观点，他会感到非常自豪，但是对于一个真正的音乐家来说，这不仅不会让他们感到骄傲，反而会感到愧疚，因为如果他们引用了别人的风格或曲调，他的同行就会耻笑他是剽窃者。因为在艺术中，只有原创的才值得被尊重。巴赫是绝对不会做剽窃这样的事情的。

可是有些人却硬要把这顶帽子给巴赫扣上，并且说这是属于巴赫的成就。他们甚至说，巴赫是到了 30 年代末才知道很多名人的音乐作品的，但是实际上，早在巴赫在伦伯格时，他就已经见过这些作品，并且学习过了。还有人说，巴赫是学了富克斯的《艺术津梁》后才写出古老的教堂音乐的，但是事实是，巴赫早就已经能够熟练地运用教堂调式了，因为巴赫的很多众赞歌就是用这种熟悉的教堂调式完成的。对于一个 18 世纪的管风琴师来说，这是非常自然的事情。

施洛伊宁说，在巴赫的《键盘练习曲集第三部》中，有"对古老教堂调式的历史式的运用"，但是这是错的，因为对古老教堂调式的运用从很早开始就已经存在了，而且一直都处于流行趋势，这种流行持续到 19 世纪，甚至更久，到了 20 世纪，举些例子，在李斯特的《第二匈牙利狂想曲》、勃拉姆斯的第四交响乐和德彪西的音乐作品中，都能看出来对古老教堂调式的运用。这种教堂调式其实并不神秘，它就是一种可以创造独特和声的方式。其实我们只要在音乐的历史中多观察一段时间，就可以发现这种规律了。

还有一些论断是更加荒谬和不可理解的，那就是他们说巴赫想要显示自己，可以创作出"现代主义的作品"。但是如果真的是这样，最让人关注的问题应该是首先要存在这种作品，才可以根据此种形式进行创作。有些人说"八首小前奏曲和赋格管风琴曲"根本就不是巴赫的音乐作品，如果这是真的话，那倒完全是一件好事，因为终于有另外一位大师可以继续创作充满想象力的作品了。在德意志的一个电视台节目中，安斯塔特的教堂音乐主管戈特弗·甲德·普雷勒向公众宣布，巴赫的"d小调托卡塔"并不是他自己创作的乐曲，而是抄袭他人的。这让人非常不能理解，这些音乐专家们并没有告诉我们，他们在哪位大师那里见到过这种独特的创作方式，而巴赫抄袭的又究竟是哪位大师。从另一个角度说，如果这种观点是正确的，那么倒也是一件好事，因为终于出现了一位大师，可以和巴赫进行较量了。

甚至还存在另外更加让人不能理解的理论，有些学者就是这样自以为是、自命不凡，他们认为一个音乐天才必定是在各种大师的影响和熏陶中形成的，并且他们都能为这些观点找到看似正确的证据。但是我们都知道，一个伟大的天才肯定不是完全凭借环境影响出来的，他们肯定有自身的天赋，巴赫就是这样的。巴赫非常有音乐天赋，再加上他的勤奋努力，他才成为一代音乐大家。从巴赫的青年时代开始，直到生命终结，他在音乐方面的求知欲和见多识广是为人称道的，这一点从他童年时期半夜偷偷抄哥哥橱柜中的曲谱时，我们就已经知道了。巴赫年轻的时候，就到处学习音乐知识，从在安斯塔特的时候开始，他就已经慢慢形成自己的音乐风格了。在1706年，巴赫创作众赞歌《只有上天的上帝是荣耀的》时，曲子中所表现出来的风格和强势劲头，即使在伯姆的作品中也找不到。巴赫从伟大的音乐家那里学到了很多东西，但是他并没有刻意的模仿和抄袭，而是在学习的过程中渐渐摸索出了自己的道路，形成了自己音乐的风格和特色。

巴赫是一个聪明的人，在当时那个年代，他是不会轻视身边有显著音乐成就的人的，他的头脑中装着一个完整的世界。但是，在音乐的创作上来说，他就只是约翰·塞巴斯蒂安·巴赫，他创作的乐曲《送别亲爱的兄弟随想曲》和库瑙的《圣经故事》根本就没有任何相似的地方。

很多人说约翰·塞巴斯蒂安·巴赫的作品中有理论意向，如果真的是这样的话，他也没有办法把它们完整的表现出来，原因就在于巴赫具有独特的音乐风格。54 岁的巴赫在艺术的道路上已经走了 40 年，在这个过程中，他已经实现了自己的价值，已经成为一个与众不同的音乐家了。巴赫有一个显著的性格特点就是坚持到底、毫不松懈。在巴赫的一生中，他都没有创作过和别的音乐家一样的东西。在这样的情况下，如果有人说他在 54 岁的时候，突然想要这样做了，显而易见是不可能的。

在音乐专家们的世界中，他们是不会如此明确的对此进行说明的。因此人们一般是不会有不同意见，互相进行反驳的，他们所做的就是互相赞成、互相补充。在谈到音乐问题的时候，人们一般都会持有这种观点，"关于《键盘练习曲集第三部》，他们两位的观点，在以后我们也许会进行很多补充。"

在音乐专家们的眼中，做事是不能有始无终的，他们中的很多人都致力于把巴赫音乐风格的转变与医科大学的学生米茨勒联系在一起，其中盖克也在努力地向大家证明这种观点是正确的。盖克说巴赫的音乐作品是按照戈特谢德和沙伊伯的美学要求进行创作的，他甚至能详细地说出巴赫的作品是怎么样按照美学的要求一步步创作出来的。按照他的观点来说，似乎巴赫要首先学习这些美学知识，才能进行音乐的创作，因为没有这些美学要求的支撑，他就会找不到方向。还有一种观点，说巴赫的音乐作品中还包含着古代的演讲艺术，其实他们把因果颠倒了，因为不是音乐结构复制了古代的演讲艺术结构，而是古代的演讲艺术复制了音乐结构。

卡尔·菲利普·艾曼努埃尔·巴赫在他的父亲去世的时候，曾经这样说过："死者并不是枯燥理论的朋友。"然而上面所提到的那位先生，却在公开场合说巴赫儿子的话是不正确的。在他的意识中，没有人比他更了解巴赫，包括巴赫的儿子在内。

还有一种理论也非常奇怪，有人说，巴赫的作品和戈特谢德与卞鲍姆的美学原则有很大的关联，他们认为如果没有这些美学原则，巴赫就不能创作出音乐作品来。提出这种理论的人认为他们比别人知道的多是因为他们系统学习了相关知识。一个戏剧理论家应该了解莎士比亚，了解他的背景、他的时代和他的创作想法，但是这些对于参加莎士比亚戏剧演出的演员来说却并没有那么重要，因为这对于他们的表演来说并没有什么用处，他们所要做的就是把剧中的人物演好。

艺术是艺术，理论是理论，即使是研究艺术的理论，也不能就此称之为艺术，这是我们都明白的道理。关于艺术的理论可以解释艺术、分析艺术，但是并不能产生艺术。很多动物学家了解很多动物，他们分析海豚和大象的行为，然而除此之外，他们并不能了解海豚在海中、大象在广阔的陆地上是以怎样的心态生存的。绘画大师阿尔布雷希特·丢勒曾经说过"真正的艺术是有敌人的，它的敌人就是不懂艺术的人。"在对巴赫的评价这里，也是一样，只有不懂得音乐、不懂得艺术的人，才会认为巴赫的音乐创作是遵循戈特谢德和沙伊伯的美学理论而产生的。除了这些之外，其实还有另外的一些言论，有人说，巴赫用他的《键盘练习曲》占领了音乐领域，但是他并不知道在这之前，巴赫就已经创作过很多键盘音乐了；还有人说，最能和贝多芬的《小品曲》相提并论的就是巴赫的《管风琴小书》；另外有一些人说，正是因为巴赫晚年创作的很多作品的主题在原来没有出现过，所以才能归进《赋格的艺术》。

施洛伊宁也有一种类似的理论，他认为"单主题变奏曲的结构原则"证明了《戈尔德堡变奏曲》是《赋格的艺术》的前奏。如果这种理论成立的话，那我们可以说汽车是依据自行车发明出来的，因为汽车有 4 个轮子，而自行车在很早就有了 4 个轮子中的 2 个了。真正研究巴赫的人应该知道，巴赫在很小的时候就已经开始创作"单主题"了，例如他 18 岁给他的哥哥创作音乐时就已经运用这些了，而且这正是巴赫创作的特点。从"勃兰登堡"到"意大利"，基本上巴赫的每一首乐曲都是"单主题"，我们甚至可以说巴赫就是一位"单主题作曲家"。一个音乐理论家在研究巴赫的时候，如果没有发现这一点，那么他就没有真正的研究过巴赫，他的话就是缺少可信度的。就像马夏维所说，："世界上有三种人，第一种人会自己探索出看待事物的观点，第二种人会依据别人所说的获得自己的观点和认识，而第三种人既没有第一种人的洞察力，也没有第二种人的总结能力。"

根据马夏维所说的话，我们推断他应该是第一种人，所以他的观点其实对我们了解巴赫的音乐特色是有一定帮助的。

其实我们不必把过多的精力放在研究他和谁有过交集，因为对于我们而言有更重要的问题，那就是巴赫是怎样取得如此大的成就的。通过上面的文章，我们可以知道，巴赫取得这样的成就完全是靠自己的，那么他是怎样进行自学的呢？巴赫和他的哥哥学习的时候，曾经学到了音乐的基础知识，学习钢琴的时候也肯定已经学过和声学了。这对于一个正在学习的学生来说，就相当于学会了读书和写字，但是这只是最基本的知识，如果想在某一个领域取得独特的成就，他还应该向谁学习呢？

很多人见过修道院的教材，但是我想应该没有人见过对位学教科书。这样一来，又有很多理论家要发表他们的言论了，有人说，巴赫早期的作品受到了伯姆的影响，但是他们几乎没有一个人敢说，巴赫的对位法是从其他人那里学来的。但是伯姆也有自己独特的地方，他在管风琴的音响效果中有短暂停留的手法，但是在巴赫创作的音乐中，这种手法我们却从来没有见过。

从这里我们可以看出，巴赫的音乐才能并不是通过学习课本或者向他人学习得来的，他的知识和才能都是通过自己的刻苦学习和实践摸索出来的。能够从简单的声音中找到其中的规律和法则，这对于一位音乐家来说是非常不容易的。巴赫顿悟了这些以后，就开始用独特的对位法进行音乐创作。沙伊伯曾经这样评价巴赫的对位法，"发出的所有的声音都混合交织在一起，所有的声音都非常有难度，以至于我们根本听不出哪个才是主调。"但是这句话也是在巴赫创作 30 年以后，他才发现并说出来的。对于巴赫来说，这是他创作音乐的基础，在这方面，没有任何一位音乐家可以和他进行比较，因为其他音乐家都不能运用这些进行创作。卡农曲让巴赫心情大好，所以他又创作出了谜语卡农。

巴赫的另一个显著特色是，他非常喜欢音乐结构，在《戈尔德堡变奏曲》中，它运用了同度卡农，二度卡农，最后甚至运用了全度卡农，如果不是真正乐在其中，他是不会这样做的。这些也说明，巴赫在自己的一生中都没有懈怠，直到生命快要终结，巴赫也一直都在探索音乐中的秘密，在音乐这条道路上，他是靠对音乐的热爱支撑自己走下去。

有人说，其实在巴赫发现"平均律"音准问题之前，就已经有人发现了，这个人就是韦克迈斯特尔，他是一位管风琴师。但是我们仔细的分析一下，就会发现这是多么荒谬。因为韦克迈斯特尔只是在理论中提到过，但是他自己并没有能够在音乐中运用这些。发现"平均律"音准这件事，即使在巴赫去世后，也依然令世人感到惊奇。在这之后，巴赫的一个学生曾经发明了另一种音准法，与韦克迈斯特尔相比，他所研究的东西是非常高深的，但是与巴赫相比，他所研究的内容仍然是非常平常的东西。福克尔曾经这样说巴赫的"平均律"音准："它的特点既很符合钢琴，也非常符合楔槌键琴，并且他运用的非常熟练，仅仅用了一刻钟就把这件事做得非常好。自由弹奏的时候，我们听到了 24 个调式，由此我们可以看出，巴赫是可以熟练、灵活的运用它们的。"金贝格在后来的各种尝试中，几乎从来没有达到过这样的高度，所以，在巴赫同时期的人为此做出这么多努力的时候，巴赫已经超越他们很多了。可以说，巴赫确实不是"枯燥理论的朋友"，巴赫在安斯塔特，就已经开始尝试在实践中运用和声，十几年以后，巴赫能够熟练地在大调和小调之间进行转换，这是非常伟大的，甚至连当时赫赫有名的大师亨德尔都做不到这一点。

巴赫在理论方面的成就非常大，更加重要的是，他能够在实践中更好地运用所发现的理论，而不是拘泥于理论。在音乐理论方面发现了很多之后，他仍然坚持创作，演奏不同的乐曲。值得一说的是，巴赫的音乐都有很强的可唱性，就像威廉·福特温格勒说的那样，巴赫是音乐史中最伟大的旋律家之一。

## 6. 卡尔·菲利普·艾曼努埃尔·巴赫
## 和腓特烈二世

巴赫的第二个儿子卡尔·菲利普·艾曼努埃尔·巴赫，一开始在莱比锡上大学，但是不知道因为什么，后来转学去了法兰克福大学。根据当时的情况来说，这所学校并不是很好，但是可能有什么我们不知道的原因，卡尔·菲利普·艾曼努埃尔·巴赫最终还是留在了这里。1738 年卡尔·菲利普·艾曼努埃尔·巴赫作为一位音乐家搬到了柏林。当时驻德累斯顿的公使是帝国伯爵凯赛林克，后来伯爵把自己的儿子送到了莱比锡大学去学习，如果不是因此的话，卡尔·菲利普·艾曼努埃尔·巴赫是有机会陪同伯爵的儿子出国访问学习的。帝国伯爵的兄弟迪特里希和柏林王储腓特烈的关系非同寻常，所以在柏林王储腓特烈登基的时候，第一年就做了两件事，首先是开始攻击西里西亚，然后就是聘请卡尔·菲利普·艾曼努埃尔·巴赫，让他当自己的室内乐羽管键琴师。

腓特烈二世非常看重卡尔·菲利普·艾曼努埃尔·巴赫，因此他聘用了卡尔·菲利普·艾曼努埃尔·巴赫 28 年。正因如此，卡尔·菲利普·艾曼努埃尔·巴赫对普鲁士宫廷非常了解，但是他从来没有盲目夸奖过宫廷，每次说到这个话题，他总是有所保留的。作为宫廷的羽管键琴师，卡尔·菲利普·艾曼努埃尔·巴赫拿的工资其实并不少，300 塔勒尔的工资比他的父亲多很多，但是即使这样，他也没有办法和腓特烈大帝的横笛教师约翰·约阿西姆·匡茨相比，因为约翰·约阿西姆·匡茨的工资高达 2000 塔勒尔，而且这还没把他给国王制作横笛的费用算进去。

说了这么多关于卡尔·菲利普·艾曼努埃尔·巴赫的事情，看似和巴赫的经历没有什么关系，但是巴赫在1741年前往了柏林，这样就有很多联系了。我们都知道，28年前巴赫曾经去过柏林，当时他的使命是帮科藤侯爵取回钢琴。很多人说，这次巴赫回到柏林是因为他想找到一份新的工作，但是我们推测这是不正确的，因为如果真的是这样的，他的儿子一定会提前告诉他的，毕竟他的儿子对这里非常熟悉。但是如果我们从腓特烈方面进行分析的话，他并不是非常看重教堂音乐，所以他应该不会为此付出很多。另外，普鲁士非常看重军备，甚至把80%的预算都用于军备，因此可以用于音乐的钱肯定不多。重要的是，普鲁士已经有两个非常优秀的乐师，所以无论从哪方面来说，巴赫都不应该是为了找工作才去那里的。

其实腓特烈非常明白巴赫的处境，施洛伊宁说巴赫的横笛奏鸣曲和腓特烈的横笛奏鸣曲非常相像，但是他得出的结论却是非常有趣，也令人非常意外，我们都认为是腓特烈根据巴赫的风格才进行这样的创作的，但是他却说，是巴赫依据腓特烈的风格进行创作的。如果非要这样说的，实在让人不能理解。

巴赫去过柏林以后，还发生了很多比较重要的事，米茨勒在早些年创建了"音乐科学协会"，而巴赫一直没有加入，但是在他去过柏林之后，他却加入了这个"音乐科学协会"。有些人说巴赫在数学方面是个天才，同时他们也说巴赫是非常迷信的，他们认为巴赫的命数是14，或者说是41。由于当时对于协会的要求来说，成员人数不能超过20个人，所以巴赫不能作为第41位成员加入，于是他就只能选择作为第14位成员加入。他们认为这个时候巴赫加入协会是因为前面已经有13个人参加了。但是到底是巴赫迷信还是这些理论家们迷信呢，这也是一个问题。

　　除了这个理由以外，我们找到了一个更有希望的理由。那就是这个"协会"要求它的每位成员每年都要上交一份作品，然后成员之间会互相欣赏这些作品。这些上交的作品会和成员的画像一起被收集起来，这样一来，巴赫的作品就可以通过这种方式完好地保留下来。在我们看来，这才是巴赫加入这个"协会"的真正理由。在柏林的时候，国王腓特烈正处于其事业的高峰期，在这种情况下，他给了巴赫两天的时间，让他为自己进行演奏，巴赫受宠若惊，也更加认识到了自己的价值，因为他所能做的正是别人所不能做到的。

　　巴赫在复调音乐方面的天赋确实是独一无二的，对于很多人来说这是可遇而不可求的天赋，但是对于巴赫来说这就只是他自己独特的特色。其实在40年代的时候，巴赫就已经认识到了这一点，也就是他在艺术上确实是有属于自己的天赋的。

　　后来也出现了另外一些很滑稽的观点，他们说巴赫晚期的创作风格已经跟不上潮流了，从他晚期开始，他的作品就没有什么能够跟上时代的发展了，真正做出贡献的其实是他的儿子们。这种说法其实也是不正确的，我们知道，经典的东西远远都比昙花一现的东西更宝贵。音乐这种艺术并不是只能存在一种风格的，很多时候，音乐会同时存在很多风格，这与当时的潮流并没有多大的关系。所以提出这种说法的人确实没有真正地研究艺术。

　　音乐有很多的风格，这是音乐家们都认同的事情，但是对他们而言确没有什么实际用处。很多人说音乐是反映时代精神的，这种说法并没有错，但是一提到这个话题，很多人就会衍生出无限的可能性，然后尽情地发表自己未经验证的观点。他们是没有什么损失的，如果不被认可，他们的生活并没有什么改变，但是一旦他们成功，就能得到更多东西。

可以说，约翰·塞巴斯蒂安·巴赫的作品都不是顺应所谓的时代潮流产生的。《平均律钢琴曲集》的创作手法在那个年代还不是很常见，《键盘练习曲集第三部》也不是按照常规方法创作的，《键盘练习曲集第四部》也是如此，即使当这本书被付印出版了，也不是完全为了销售，也不是一本通俗的音乐读物，而是为了真正热爱音乐的人写的。和这本书一样的，还有《音乐的奉献》和《赋格的艺术》。音乐家在创作音乐的时候，肯定不会丝毫不考虑商业因素，巴赫也不例外，但是他所考虑的商业因素是非常少的，他把大部分的精力还是放在了怎样把音乐演绎得更加完美。

巴赫的四部作品的标题都是《键盘练习曲集》，这让我们想到了肖邦，因为肖邦也曾经用"练习曲"作为自己的曲子的标题，我想这其中肯定有很多的考虑，剧作家布莱希特用"试验"来称呼他的作品，而作家施提福特则把自己的作品称为"习作"，这些都反映出了一个共同点，那就是他们并不是过分谦虚的人，所以出现这种现象，只能说明他们在艺术的道路上走的太深了，他们非常谨慎地面对自己的艺术。

# 7. 巴赫在莱比锡创作的一系列作品

巴赫在莱比锡的时候所经历的事情很难用一两句话来说清楚。我们推测如果他没有那样怀才不遇，如果没有遇到那么多让他抑郁的事，或许他的寿命能够更长，生活的也能更幸福一些。

但是我们都知道，"如果"这个词语不论在哪个领域都是满含遗憾却没有用处的，因为它只是一种假设，是不可能真正实现的，"如果"之后是好是坏，对于现实世界中的人来说都是没有意义的。

　　作为一名真正的艺术家，约翰·塞巴斯蒂安·巴赫能够从苦闷的生活中找到支撑自己的东西，那就是自己创作的作品。

　　巴赫的作品中最有名的就是受难曲，从名字就可以听出来，它所描写的内容就是耶稣受难记。其实受难曲和康塔塔一样，是从中世纪的神秘剧中衍生出来的。在知识匮乏的年代，神秘剧的出现是一种必然，这是可以理解的，因为人们总要找到一种东西来解释自己不能理解的事物。这部书只有拉丁文版本的，因为即使把它进行翻译，大部分人也是看不懂的。

　　在文艺复兴时期，有些人对这种戏剧性的形式特别喜爱，他们就是意大利人，于是他们把这种戏剧元素融入到了音乐和很多艺术种类当中，北欧人则不同，他们更希望能够把宗教成分融入到音乐中，让音乐富有宗教成分。巴赫对于音乐的重塑，就像一个伟大的建筑师对建筑物的精彩翻修一样。在创作音乐的时候，巴赫会选择很古老的受难曲，然后用自己独特的方式进行重新编排，就像一个建筑师在一个规模的很小的建筑物的基础上创造出了更多美轮美奂的建筑物一样。但是这两者之间也不是完全相同，唯一细微的差别就是，建筑师可能要花费一生的精力来完成自己的作品，而巴赫仅仅花了两年的时间就完成了自己的创作。亨德尔与巴赫处于相同的时代，他在音乐创作中使用了《圣经》的全部词句，但是巴赫做到了更多，因为巴赫不仅向我们展示了《诗经》的优美，而且还把很多戏剧元素展现在我们面前，除此之外，我们还可以听到很多抒情咏叹调。而且巴赫不只拘泥于管风琴演奏，还致力于进行完整乐队的演奏，这样一来，受难曲就变得完全不同了。巴赫的三部受难曲至今流传于世，其中有两部是完整保存的，还有一部是不完整的。完整的两部是 1723 年的

《约翰受难曲》和 1729 年的《马太受难曲》，而只剩下五个乐章的《马克受难曲》则是不完整的。在 1727 年，巴赫为萨克森克里斯蒂娜王后作纪念颂歌的时候，弹奏的正是《马克受难曲》。

除了这些非常有名的受难曲以外，巴赫还有很多别的作品，其中不得不说的是他的三部清唱剧和五首弥撒曲，他们分别是《圣诞清唱剧》《复活节清唱剧》《耶稣升天日清唱剧》和《b 小调弥撒》《F 大调弥撒》《A 大调弥撒》《G 小调弥撒》《G 大调弥撒》《圣母颂歌》。

除了这些非常经典的音乐作品之外，巴赫还给我们留下了很多宝贵的财富，比如《意大利协奏曲》《戈德堡协奏曲》、6 首经文歌和 200 多首康塔塔。如果人们认真研究的话，会发现巴赫的作品远远不止这些，他还给我们留下了很多宝贵的财富，只是他们可能藏在比较隐秘的地方，等待人们去发现。

巴赫所写的基督教康塔塔可能有 260 多首，但是目前被发现的只有 200 首，其他的那些作品就等着后人去发掘了。巴赫对于工作非常认真，对于音乐也非常严肃，在他所做的这么多首曲子当中，每一首都是非常认真地创作出来的。在后期抄谱的过程中，巴赫的作品也没有因为誊写而被写错，贝多芬的曲谱曾经被马虎的抄写员写的很潦草，但是巴赫的曲谱不存在这种问题，因为巴赫都是自己抄谱或者是让他的妻子帮助他抄谱。巴赫的妻子在家庭中承担着照顾家和照顾孩子的重任，还要平衡家庭的收入和开支。虽然巴赫挣得不算特别多，但是维持普通的生活也足够了

雇佣约翰·塞巴斯蒂安·巴赫那些绅士认为他们只是雇佣了一个普通的教堂乐师，巴赫也没有让他们失望，他曾经宣誓，会尊重权威人士，也会服从他们的命令，但是在后期的相处过程

中，那些人总觉得好像他们自己是仆人，巴赫才是主人一样。他们认为在弹奏曲子的时候就应该规规矩矩，按照章程来，但是巴赫在演奏的时候，总是即兴选择曲目，并且任意进行改编，这让他们觉得音乐好像没有了章法，让他们很不舒服。他们有小巴黎的时髦称呼，所以他们非常希望巴赫能用当时流行的方式来创作并演奏音乐，但是巴赫就是不肯做出改变，这也让他们非常头疼。当时的人都说，巴赫已经跟不上时代的潮流了，他马上就要淡出人们的视野了，但是巴赫丝毫不为所动。巴赫的很多同行都劝说他，让他在风格方面有所转变，但是巴赫并没有听他们的，巴赫认为他的思想是正确的，是不应该改变的。

那么当时的时髦音乐到底是什么样的呢？在我们今天看来，就像是过时的音乐一样单调乏味，但是今天我们再来看巴赫，却觉得他越来越伟大。巴赫非常有才华，这是我们都知道的事实，欣赏他的人其实有很多，非常著名的就是一位名叫弗雷德里克的普鲁士国王。现在看来，相比爱护自己的国家来说，他更尊重艺术，所以人们都说他不爱国。因为他不喜欢德语文化，所以他总是更喜欢使用法语。对于艺术也是如此，他没有花费大的金钱和精力用来发扬自己国家的艺术和文化，而是经常引进法国音乐家。

后来，这个普鲁士国王向巴赫发出了邀请，希望巴赫能够前去进行演奏，因为这件事，莱比锡人都对普鲁士国王非常不满。但是对于普鲁士国王来说，这些言论都是无所谓的，因为尽管他领导的民族坚决信仰新教，但是他们对于自己的敌人耶稣会士也十分热情。

这时候，巴赫的儿子就发挥了非常重要的作用，为了他父亲的到来，他做了很多准备，但是后来他发现了一个问题，那就是他的父亲好像并不急着上路。最后，到了 1747 年时，巴赫终于踏上了来这里的旅途，当时他已经 60 岁高龄了。这么大的年纪在当时来说已经是一只脚都踏进坟墓了，所以他更喜欢平静的生活，尽管当时他获得了宫廷作曲家的头衔，但是这对他来说已经没有很大的意义了。我们都知道，巴赫在年轻的时候是非常好学的，经常长途跋涉去一个地方进行学习，但是晚年他甚至对自己原先钟爱的练习也丧失了兴趣。我们都知道巴赫的儿子是普鲁士国王的乐师，因为他的存在，给巴赫的前去创造了很多有利条件，但是巴赫仍然在犹豫。难道有什么不得已的原因吗？是的，当时的巴赫身体状况出了一些问题。在巴赫年轻的时候，他是一个非常强壮的人，但是多年以来辛苦的工作，让他的身体越来越差，再加上他年少的时候曾经在昏暗的环境下抄过哥哥的谱子，导致他的眼睛出现了一些问题。非常不幸的是，巴赫在晚年得了白内障。

在巴赫刚刚得白内障的时候，他就知道唯一的解决办法就是进行治疗。在这种情况下，巴赫其实是非常不想离开熟悉的环境，不想离开家去遥远的地方的，所以最终是什么原因让巴赫选择前去，我们确实不得而知。但是无论如何，巴赫在 1747 年的 5 月，确实去普鲁士了。

当时的弗雷德里克还是住在原来的旧城堡里面，因为逍遥宫在当时还没有建成。弗雷德里克是一个很奇怪的人，他不喜欢女人，但是非常喜欢狗，他经常说，狗是最忠实的动物了，所以在当时的宫殿里，狗取代了女人的地位。当然了，他对于音乐也是非常热爱的，几乎每天晚上都会让乐师进入宫廷和他一起演奏，这样的娱乐会一直持续到晚上九点，然后他再去吃饭。

在这样的时刻，国王也会进行演奏，他会吹长笛，但是我们猜测他的技术应该不是很好，因为他的门牙几乎都掉了，而我们大家都知道，如果没有门牙，长笛应该是吹不好的。关键问题在于，国王在吹长笛的时候，其他人都会在旁边听着，不过当时人们的心里是充满敬畏还是充满恼怒，这就只能问他们自己了。

国王有一个习惯，每次开音乐会的时候，都会事先了解每天都有谁来到了这里，入住了哪个旅馆，以此来了解都有谁来参加音乐会了。在这次音乐会上，弗雷德里克拿着长笛，看着来访人员的名单，最后，把长笛放在了桌子上，然后大声说道："巴赫已经来到这座城市了，快去把他带到这里来。"

这件事情非比寻常，因为弗雷德里克的脾气很暴躁，是一个独裁者，但是在此之前还没有人能让他停下手里的一切工作，只是因为有一个人来到了这座城市。

收到命令以后，一位来自皇家的仆人前往约翰·塞巴斯蒂安·巴赫家去邀请他，希望他能放下手中的一切事务，跟随他去宫廷。当时巴赫很吃惊，因为他认为在去宫廷之前至少应该洗洗手，换身庄重的衣服，但是仆人可不管这些，他听从国王的命令，要求巴赫立即随他前去，于是巴赫就这样不加修饰的来到了宫廷。毫无疑问，巴赫到达宫廷以后，大家都很真诚、友善，这对于长期受到误解的巴赫来说非常宝贵。

虽然我们猜测弗雷德里克吹长笛并不好，但是这并不能影响他对音乐的喜爱。当时他刚刚购买了由萨克森著名的管风琴制造公司西尔伯曼制造的几台钢琴。

钢琴是由测弦器逐步发展而来的。圭多·达雷佐把单琴马测弦器改进成为四重测弦器，要知道，这花费了他很多时间和精力。从这之后，测弦器就一直在不断的改进，到了十四世纪晚期，古钢琴出现了。200年以后，经过改进，古钢琴变成了大键琴，原来只有两个的八度也增加到了三个。在十七和十八世纪，大键琴是非常流行的，它们有很多不同的类型和名称，就好像今天的乐器一样。维吉那琴是英国对它的称呼，斯皮耐琴是意大利人对它的称呼，之所以这么叫，是因为意大利人坚信这种乐器是由他们国家的斯皮耐发明的。在法国，这个名字也流行了一段时间，但是过了没多久，他们就用羽管键琴代替了这个名字。

不管它们的名字是什么，它们都有一个共同的特点，那就是它们是由羽毛或者拨子拨动而发出声音的。由此我们可以知道，这样的乐器发出的声音肯定是不大的。但是当时的房间很小，所以它能够满足人们的需求，当时进行歌剧演出的时候，羽管键琴是由指挥演奏的，歌手演唱的时候，他们就为歌手伴奏，其他时候，他会用左手继续弹，然后用右手来指挥。

慢慢的，人们开始越来越重视建筑物的风格和大小，人们的家变得越来越大，音乐室也不例外，甚至可能有上百人一同欣赏音乐，这个时候，羽管键琴便不能满足人们的需求了，人们迫切地需要一种声音更大的乐器。这个时候，人们对羽管键琴的热情程度已经降低很多了，他们希望能够有另一种声音更大的乐器代替它的位置，让音乐更适应当时的环境。

为了适应人们对于音乐的需求，人们发明了另一种乐器，这种乐器不再是用拨子拨动弦而发出声音，而是用锤子敲响乐器而发出声音，这样的设置能够让声音变得更响。另外一个创新的地方就是踏板，通过踏板，演奏者可以让声音变得更大或者更小。

这个发明是非常了不起的，发明者的名字是巴托罗米奥·克里斯托佛利，他是一位意大利人，是一位专业的大键琴制造师。巴托罗米奥·克里斯托佛利是费蒂南德·美第奇亲王手下的一位音乐家，他主要负责保管费蒂南德·美第奇亲王收藏的乐器，这样的一份工作从时间上来说是很自由的，所有他有很多时间进行自我发明和创造。就这样，在 1711 年的时候，他终于有了突破性的进步，他发明了第一架能够发出强弱声音的羽管键琴，因为它能够发出忽强忽弱的声音，所以当时的人们把它称为 piano-forte，因为这个单词的原意就是强弱。后来人们把这个单词简称为 piano。

很不幸的是，在 1733 年，克里斯托佛利去世了，但是在他离开之前，他没能将这门技术传承下去，但是当时有个叫玛切斯·西皮翁·狄·玛菲的人，他写了一篇关于这个发明的文章，并且刊登在了《文学报》上，后来这篇文章传到了德国，并且引起了一位当地管风琴制造师的注意，这位制造师就是歌特弗雷德·西尔伯曼，后来，他在德累斯顿真正见到了这种乐器，从那以后，他就开始着手准备这项工作，他希望能够将这项工作简单化，让它变得更容易学，好让更多人学会，让这种乐器大范围地流传。但是他的前两次尝试都以失败告终，后来他邀请了巴赫来听他演奏，在这期间，巴赫为他提出了一些建设性的意见和建议，西尔伯曼没有被问题打倒。经过不断的努力和尝试，几年以后，他终于制造出了好几架"钢琴"，这几架"钢琴"无论是音色还是性能都非常好，这也让非常吝惜钱财的普鲁士国王不惜花重金把这些乐器买了回去。所以在现在，弗雷德里克既有西尔伯曼的钢琴，也拥有了著名的音乐家巴赫，在这之后，巴赫在国王的演奏室里用这些乐器给了国王很大的惊喜。

在进行演奏的时候，约翰·塞巴斯蒂安·巴赫请求国王给他一个主题，他来根据这个主题奏乐。国王很开心地给了巴赫一个命题，于是巴赫开始演奏了。现在我们几乎不能想象到，到底是有多大的热情，才能让他们花费了整整一个晚上一起研究音乐。

在那一刻，他们是两个陶醉于艺术的人，而这种让人不能自拔的艺术就是巴赫所创作的音乐。

在国王这里，巴赫是非常尊贵的客人，所以他在回家之前又在这里停留了几天。回到家里以后，巴赫回想起来，总是觉得那个晚上可以演奏的更好，所以就有了《音乐的奉献》。这部作品其实完全是为《赋格的艺术》做准备。

在《音乐的奉献》这首曲子中，巴赫使用了国王给他的命题，并且在这首曲子中融入了很多精彩的元素，使这首曲子变成了一个经典。

作为普通人，《音乐的奉献》这首曲子对我们来说或许有点难懂，就像我们不能深刻理解他之后的音乐创作《赋格的艺术》一样。其实这首曲子非常精彩，对技术的要求也很高，所以在巴赫之后，很少有作曲家能够到达他的高度，更不用说超越了。后来，巴赫给那位国王写了一封感谢信，这封信在当时来说是很符合潮流的，在信中，巴赫一直不停的谦虚、不停的贬低自己，但是即使是这样，巴赫有着属于自己的骄傲和自己的尊严。其实约翰·塞巴斯蒂安·巴赫和路德维西·范·贝多芬是有不一样的地方的，贝多芬的出身并不好，他的父亲经常酗酒，而他的母亲只是一个仆人，所以在之后的岁月中，他一直对这种身世不能释怀。但是巴赫不同，他有自己的骄傲，是不肯轻易屈服的。但是只要保留住自己内心对于艺术的坚持，他也并不会特别反感形式上的东西。

下面我们来看一部分巴赫的致谢信：

"我谨以最谦卑的心情把一首《音乐的奉献》题献给您，其中最高贵的部分是陛下的非凡手笔。我怀着敬意和满足回忆起阁下的恩宠，想起不久前，当我在波茨坦逗留时，陛下您如何不顾高贵的地位，在羽管键琴上为我的赋格弹奏主题，优雅地命我当时在王宫将它谱出。服从陛下的命令是敝人的职责，但我立刻意识到，由于缺乏必要的准备，演奏如此优秀的主题没有取得应有的成功。于是我下定决心，立刻开始工作，试图将这个高贵无比的主题处理得更加完美。现在我竭尽全力，完成了这个任务。"

巴赫去世以后，他的墓志铭或者是这样："我所做的任何事情都是竭尽全力的。"巴赫是莱比锡托马斯教堂的乐师，同时他也是合唱指挥，有着这些头衔，是没有什么人真正在意他的才能的，现在是时候带着这些才能回到上帝那里了。可以说，这项最后的任务，他也做得非常完美。

# 第十一章　巴赫晚年的音乐发展

## 1. 音乐理论界眼中的巴赫和音乐理论的误区

其实，"键盘练习曲"这个名字并不是巴赫创造出来的，就像"练习曲"这个名字也不是肖邦创造出来的一样。但是关键问题不在于名字的创造，而是在于技巧的运用。一般在一种特定的音乐作品中，肖邦会运用他的"练习曲"，而车尼尔则不同，当他希望他的学生能够在技术方面有所提高的时候，他才会运用这些。

但是如果真的像某些音乐学者的话所说的，那么巴赫也就没有什么发明和创造了，在他们眼中，巴赫只是对原来的谱曲进行了实际的演奏。他们认为，他是在"自己安排的退休状态"中，受到年轻的后辈的启发，才创作出那些赋格作品的，如果没有这些年轻的思想，他是不可能办到的。他们之所以这么说，是因为在当时，巴赫的学生米茨勒把富克斯的《艺术津梁》翻译了过来，他们认为，如果没有这位年轻学生的翻译，巴赫根本就什么都不知道。但是在米茨勒翻译这本书的时候，这本书的拉丁文版已经出版十多年了，而且我们都知道，巴赫的拉丁文已经到达教师水平了，如果他想要了解这本书的内容，还用等到十几年后他的学生进行翻译的时候吗？要知道，他在教课的时候，还推荐过富克斯的作品，所以他是不可能不了解这本书的。尽管有这么多证据，但是还是有些人坚持说巴赫是在翻译之后才知道这本书的。坚持这样说的人不止一个，很多无知的人都这么想。现在我们继续看看他们奇怪的思想，他们说巴赫在科拉克夫举办过音乐会，并且认为巴赫的《b小调弥撒曲》是专门为宫廷音乐会的演出所准备的曲子。据说，在凯塞林克跟巴赫说这件事之前，巴赫就已经写出了《戈尔德堡变奏曲》，所以这首曲子基本不符合凯塞林克的期望，而只符合巴赫作为乐队指挥的期待。这些音乐学者并不清楚，在当时，巴赫已经没有指挥这个职务了，或者他们只是装作不知道这回事。但是《音乐的奉献》这首曲子确实是腓特烈国王委托巴赫写的，尽管没有明确的证据，但是在这些音乐学者的眼里，这都不能影响他们进行自己的研究。

在研究巴赫的历史资料中，我们还能看到很多这样的观点。有人说，巴赫主要是想告诉大家他对安捷罗·贝纳迪和约翰·戈特弗里德·瓦尔特的音乐理论进行过研究，所以他才创作了《赋格的艺术》。按照这些音乐学者的话来说，那么巴赫在50岁之前都没有接受任何音乐教育，直到在51岁的时候，他接触了他的学生翻译的《艺术津梁》，才恍然大悟、茅塞顿开，突然写出了《键盘练习曲第三部》。

巴赫对《赋格的艺术》进行研究，据说确实是应该要感谢马特松的，因为在1739年，巴赫发表了《完美无缺的乐队指挥》，就是这篇文章让音乐事业运转起来，赋予了很多东西新的意义。

有人说，巴赫的第六首《勃兰登堡协奏曲》实际上才是他创作的第一首，因为他其他的音乐作品都是模仿别人创作出来的。他们还得出了另一个结论，那就是巴赫的"衰老之作"也是模仿别人的，因为马特松在1735年的时候，发表了一篇文章《指语》，正是因为这篇文章的发表，巴赫才想要模仿。根据他们的观点来说，巴赫的《羽管键琴协奏曲》也不是他自己原创的，而是在听了亨德尔协奏曲以后模仿产生的。经过研究，施洛伊宁则说巴赫的《赋格的艺术》是因为受到了一位建筑学家的影响才创作出来的。那么下面，我们不得不说一个事实，那就是，巴赫的音乐和建筑并没有关系，他对建筑没有什么兴趣，而那位建筑师也完全不懂音乐，并且那位建筑师的处女作是在巴赫去世多年以后才出版的。

类似这样的观点还有很多很多，如果一个人真的研究过巴赫的作品，那么他完全可以不去阅读那些巴赫研究者的论著，因为如果按照这些人笔下的文字来理解巴赫的话，就会出现一个完全不一样的巴赫，一个平凡的、不再受人敬仰的巴赫。

我们早就已经知道，约翰·塞巴斯蒂安·巴赫性格比较暴躁，在激动的时候总是不能够控制住自己，他的组织能力是他的弱项，这一点我们也应该清楚，但是无论如何，那些巴赫研究家们最错误的一个观点就是，巴赫的作品是模仿别人创作出来的。他们总是说，巴赫其实非常不了解当时的音乐名家，即使有所了解，也是在他晚年的时候，并且在音乐这条道路上，巴赫并没有受到过什么专业的教育，所以他的创作大部分都是通过模仿得来的。可是要知道，如果想要模仿别人，就一定要对别人的作品有所了解，可是他们前面刚刚说过，巴赫对这些人了解的很晚，所以他们的观点本身就是自相矛盾的。另外，他们还说巴赫作曲的时候会把曲子的符号写成十字架，也会把一些数字游戏纳入创作的范围……说了这么多，这样类似的观点还是有很多没有提及到。总的来说，如果真的按照这些巴赫研究者的观点来看巴赫的话，巴赫就会变成一个全新的人。

可以肯定的是，这些观点都是不正确的，那么问题就是，为什么人们会对巴赫有这么多的误解呢？首先是这些研究者们对音乐本身是不懂的，所以他们并不懂巴赫的音乐理论和音乐思想；第二是人们都有自身知识结构的缺陷，但是很多人不愿意承认，于是他们就会用现有的知识总结出一个简单的结论，并且希望人们能够认可这种结论；第三是很多所谓的巴赫专家在进行研究的时候，真正的目的并不是为了把巴赫的音乐世界还原给大家，而是为了让自己有名气，让大家觉得自己很有学问。

其实，研究音乐这种艺术本身就是一种艺术，而这些人是不懂艺术的，所以他们的结论必然不会是正确的。如果一位教授想要让我们相信巴赫的《意大利协奏曲》只是一个机械的创作，那对于真正喜欢巴赫的人来说，简直太可悲了。他们可能根本就没有真正研究过《意大利协奏曲》，也没有认识到这部伟大作品的价值，而只是在用他们有限的知识进行简单概括。

除此之外，还有一个人认为巴赫的和声是错误的，于是他说巴赫的音乐是平行五度音。之所以得出这种结论，是因为他自己本身就没有学过这方面的知识。巴赫曾经说过："没有人说过两个五度音和两个八度音是必须紧紧跟在一起的，如果真的这样的话，它不仅支离破碎，而且听起来也没有美感。"

第三种观点认为巴赫曾经反复地用一个相同的赋格主题，但是他却没有研究透彻，他不知道的是，在第一次用的时候，巴赫用的是它的主音，而第二次用的时候，巴赫用的是它的属音。运用不同的音会得出不同的和声，所以产生的作品也是没有共同点的。

除去这些荒唐的言论之外，其实我们倒真是应该发自内心地、真诚地感谢这些研究者，因为如果没有他们，这些伟大的音乐作品可能真的会不见天日。可以说，他们就像是海中的潜水员，从大海的深处为我们取得珍珠，然后交给手艺人，把它们雕琢成珍贵的首饰。其实他们是真正的英雄，但是我们也应该正视这个问题，那就是他们只是潜水者，只能负责找到珍珠，而不是海洋专家，连海洋的鱼类都了如指掌。

之所以会这样说，是因为他们不认为乐谱和音响的记录是有什么联系的，当然了，这种想法是不对的，但是这种说法是从哪里来的呢？其实第六首《勃兰登堡协奏曲》到底是第一首还是最后一首，这个问题是没有什么价值的，因为问题的关键不在于创作过程，而在于它的运用和它最终产生的效果。举个例子，一首知名的音乐中的一段牧羊曲，究竟是来自印度还是来自法国，这对于音乐的效果有什么意义呢？这首乐曲所表现出来的意境才是真正的意义所在。也许有人会骄傲的说，他发现了柴可夫斯基的"悲怆"交响曲中有车尔尼的指法练习中的音符，但是这又有什么意义呢？我们真正需要做的就是理解这首曲子的意境，而不是研究它和哪首曲子更加类似。

一个研究学者，一会说他想起了沙伊伯的一个人，一会又说好像是弗雷斯科巴尔迪，我们不禁要问，这样的人对于巴赫的作品真的了解吗？再举一个通俗的例子，我们看到一个雕塑的时候，首先应该了解的是这个雕塑是什么，表达的又是什么，可是总有一些人会绞尽脑汁思考这些陶土是从哪里运过来的，而一旦他们发现了蛛丝马迹，就会骄傲地宣布他们已经读懂了这个雕塑。

保尔曾经写过一篇精彩的论述，主题就是《卡农变奏曲》是"眼睛音乐"，伦纳德·伯恩斯坦也深刻的分析过《马太受难曲》，但是这些分析我们却没有在《巴赫年鉴》中找到，因为他们两位都是音乐家，在进行分析的时候，他们站在另外一个高度进行思考的，所以他们所描述出的内容是来自他们那个思想高度的认知。

1737 年到 1750 年之间，被称为约翰·塞巴斯蒂安·巴赫在莱比锡的第二个阶段，这个阶段对于巴赫来说，是比较黯淡无光、没有希望的，因为前 7 年巴赫的工资少了很多，中间的 7 年，巴赫的教堂音乐也被破坏了，最后的 13 年，巴赫慢慢进入了"退休状态"，并且走向了"终点"。我认为，对于巴赫最后这些年的分析是有所偏颇的，有人说巴赫在这些年里的贡献是发现了"古式"风格，但是这对于巴赫真正的成就来说太少了。其实巴赫创作了很多音乐，不像有些人说的那样是模仿别人或者是被迫的，其实这些音乐就是来自于他自身的灵感，他希望能将这些作品创作出来，让他们流传于世。在创作这些音乐的过程中，巴赫非常享受探索音乐奥秘的乐趣。不得不说，巴赫真的应该感谢上帝，因为上帝给了他卓越的才华和不可多得的天赋，正因如此，他才能够在音乐的道路上走这么远。据说，有一次约翰·塞巴斯蒂安·巴赫访问柏林歌剧院，在参观食堂的时候，他发现有一个角落可以听到对面的所有声音，而其他人都没有注意到这一点，从这可以看出，巴赫对于声音、对于音乐是非常敏感的。同样，在他进入一个音乐厅准备演奏的时候，他只要看看音乐厅的大小和演奏设备的质量，就可以知道他应该用什么样的速度和方式来进行演奏，才能达到最好的效果。

## 2. 复调音乐中的巴赫现象

提到巴赫，不得不说的就是他的复调音乐。其实其他的音乐家也不是只给曲调加了伴奏，但是他们确实都做不到巴赫这样，因为巴赫能够让一首众赞歌的四个声部独立地唱出来。从巴赫的赋格中，我们可以很容易地看出来，巴赫是一位名副其实的复调大师。在演奏卡农的时候，巴赫给它赋予了非常欢快的曲调。从这可以看出，巴赫在思考音乐问题的时候，认为用复调来进行考虑是非常正常，也是非常自然的事，但是这对于我们来说却是非常与众不同的。更加令人惊奇的是，在当时，巴赫创作出了从来没有人听过的新的和声。

在创作一首音乐作品的时候，所有的东西都是包含着音乐命题和答案的，一开始，曲谱纸是空白的，这个时候，人们对这首音乐充满了幻想，但是当音乐家开始谱曲的时候，音乐就会变得非常有趣，但是往往最合适的只有一个音符，而这个音符是深深地印在音乐家的脑海中的。

其实不同的音乐家在进行创作的时候，习惯也是不同的。莫扎特在进行创作的时候，面对空白的纸，他的音乐其实早就已经形成了，需要做的只是把它写出来。我们都知道，贝多芬是个音乐天才，他在进行创作的时候，你会发现，他总是在寻找更多的可能性，你甚至会觉得在这个探索过程中简直就是在折磨自己，但是好的音乐就是这样形成的。巴赫则不同，在巴赫的手稿中，很少有涂抹的地方，但是在过去了很久之后，一旦巴赫有更好的想法，他会立刻进行补充和改善，所以对于巴赫而言，音乐是需要不断补充新思想的。就像前面所说的，总是有人说巴赫模仿了这位，抄袭了那位，但是巴赫真的这样做了吗？其实巴赫所做的不过是把别人优秀的东西理解透彻，然后转变为了自己独特的音乐思想，然后运用到了自己的作品中。用这种方法，巴赫创造了很多音乐奇迹。

## 3. 巴赫的教学活动和晚年的发展

另一个巴赫做的很好的地方就是传承，他一直致力于把自己的音乐思想传播出去。从在穆尔豪森开始，一直到离开这个世界，一直有学生在跟巴赫学习音乐。在教授音乐的过程中，巴赫总是毫无保留地传授技巧和知识，从来不把自己独特的技巧当成秘密。巴赫有很多优秀的授课作品，这些作品非常适合学习，甚至用来自学都是没有问题的。

巴赫的一生都在探索音乐，他希望能够找到最适合自己的音乐语言，对于其他音乐家来说，这些是他们所没有做到的。巴赫的很多举动都是在音乐上的新的开辟，他希望能够发现更多的东西，让音乐变得更加丰富多彩。在《键盘练习曲第三部》的前奏中，巴赫一共运用了三个主题，在赋格中运用了二重奏，这些都不是什么"反射"，而是他的探索。

巴赫教授课程的时候，做得最多的就是进行示范演奏，他的教学思想是，只有学音乐与听音乐结合起来，才能真正地理解音乐。巴赫创作的很多作品都是为了示范教学，他通过音乐来进行示范，而不是通过音响诠释音乐理论，

巴赫的音乐作品都有很多联系，尤其是 18 世纪 40 年代的作品，比如《管风琴弥撒曲》《戈尔德堡变奏曲》《音乐的奉献》《b 小调弥撒曲》等，如果按照时间的先后顺序来看的话，这就是约

翰·塞巴斯蒂安·巴赫的《艺术津梁》，其实在这个时候，他已经到达音乐的顶峰了。但是巴赫希望自己还能够有新的思想，所以他想要重新学习过去的理论和知识。在见到腓特烈大帝以后，他有了很多新的认识，这让我们不禁又想起了巴赫加入米茨勒的"协会"这件事，最可能的理由应该是：加入这个协会以后，巴赫可以通过这个平台完好地保存自己的作品，向人们介绍他在复调方面的新发现，同时也可以欣赏其他人的作品。其实这样的想法，在他写《键盘练习曲第三部》的时候，就已经产生了。

## 4.《b 小调弥撒曲》和《赋格的艺术》

有人说，当时的"华丽风格"才是潮流，巴赫的音乐风格已经跟不上当时的潮流了。这种观点我们也是不能认可的。当时卡尔·菲利普·艾曼努埃尔·巴赫称《b 小调弥撒曲》是天主教弥撒曲，不管这是不是正确，这首曲子确实很神奇，因为既没有人委托巴赫作这首曲子，也没有什么创作目的。这是因为巴赫不是天主教徒，所以在进行创作的时候，他当然不可能运用路德式的音乐。正是因为它过于庞大的规模，才导致在很多方面这部作品都没有用武之地。通常在教堂做弥撒的时候，都用不了 1 个小时，但是演奏完整的《b 小调弥撒曲》却要用 3 个小时，这足以说明问题。

申请宫廷作曲家这个称号的时候，巴赫曾经把这首曲子各个声部的曲谱都寄到了德累斯顿，但是在完整的音乐作品中，我们却看不到声部描写的影子。由此看来，巴赫其实并没有想把这些运用到实践中去。有人说在 1740 年的时候，巴赫曾经演奏过这首曲子的一部分，但是这种说法是没有事实依据的。根据巴赫的借鉴方式来说，在这首曲子中几乎包含他在所有场合中创作的乐曲片段，但是仔细观察这部作品，我们却没有发现所谓的"风格转变"，作品中很多部分联结成了一个完整的整体。这部作品是1733年的时候开始进行创作的，然后中间有14年的时间被搁置了起来，直到14年之后，巴赫才重新拾起这部作品，并且把它完成了。虽然这部作品非常恢宏，但是巴赫好像并没有想把它演奏出来。而且巴赫完全没有必要显示出关于天主教弥撒的才能，因为其实这并不关他的事。在这部作品中，巴赫没有说明这部作品要贡献给谁，但是这首曲子以祈求和赞颂表达出了对于基督教的信仰，这正是巴赫个人的信仰。这样说来，我们便可以深刻地理解这部作品了。巴赫在进行创作的时候，其实他并没有想到教会，而是想到了他自己的信仰。在生活和工作中，巴赫遇到了很多问题，他的路途是有些坎坷的，但是无论如何，他都没有忘记他的信仰。

巴赫创作了《马太受难曲》和《圣诞清唱剧》以后，时代便发生了变化。实际上，《约翰受难曲》只是他们的开篇，巴赫创作《马太受难曲》只是为了向莱比锡人证明，他是有能力进行这样的创作的。《圣诞清唱剧》的创作让巴赫的事业攀上了艺术高峰，但是从那之后就停滞不前了，这也是有一定原因的。当时校长把巴赫赶了出来，所以巴赫的事业必然会受到很大的影响。巴赫在创作这部弥撒曲的时候就知道他是无法在演奏中听到这首曲子的，所以他只能在创作的过程中听。尽管如此，巴赫还是坚持了下来，他把这首曲子完成了，因为这是他内心一直想要做的，他希望能够把以前所有的作品和他的一生都容纳进去。所以巴赫所做的并不是简单的"借鉴方式"。巴赫创作这首曲子以后，可以说他的事业到达了一个新的高度。很多坚持"借鉴方式"理论的人都说，他这样做只是为了提高效率、节省时间，但是他们并没有意识到这是巴赫音乐事业的一个新高度的诞生。巴赫收录了很多过去的作品，这说明他认为过去的作品很好，没有必要非要和过去划清界限，虽然过去了很久，他也许觉得另一种写法更好，但是他也认为没有必要对过去的写法进行改动。另有一种说法认为，这部作品说明巴赫陷入了"怪癖的音乐问题之中"，但是这只是巴赫对自己信仰的坚持，有什么奇怪的呢？在音乐的路途中，巴赫遭受了很多打击，但是上帝活在他的心里，是他内心的支撑。如果非要说这其中表现了什么的话，我认为不是怪癖，反而是活力，是巴赫对信仰和音乐的活力。从《赋格的艺术》来看，我们也可以证明巴赫并不是有"怪癖"的，因为他其实一直都在考虑现实中的问题。这本书并不是抽象的、不可理解的，而是类似于一本教科书。《b小调弥撒曲》中并没有完整的声部，因为对于巴赫来说，他最希望能够将这部作品用铜版纸印刷出来。毫无疑问，这部作品并不是给初学者准备的，而是给专家准备的，因为它并不是一本通俗读物。这部作品只发表了曲谱，但是却没有说明演奏的人数，这正是巴赫所想要表现的意图。很多理论家认为如果不依托于一种乐器，人们是不会听到旋律的，但是其实这是不对的。因为我们都知道，在不依托于乐器声音的情况下，我们都能够想象出一段旋律。想要想象出一个合唱的曲子，我们并不非得需要找到这个合唱团，想要想象一个儿童歌曲的旋律，我们也不非得要找到儿童进行演唱。乐器（包括人的声音）使声音和旋律变的物化，但是我们并不能说没有乐器就没有音乐。人们在进行演唱的时候，旋律并不是在他发出声音以后才产生的，而是早就已经存在的。客观来说，即使一首曲子是为钢琴创作的，它也不能仅仅被称为是一首钢琴曲。如果有人认为

《赋格的艺术》主要是为钢琴所写的，那么这肯定是不正确的，因为钢琴这种乐器是不适合表现声部的。巴赫去世后，卡尔·菲利普·艾曼努埃尔·巴赫把这首曲子当作是父亲的遗著，他说音乐是可以读出来的，但是这并不是指"眼睛音乐"。在朗读歌德的诗歌时，不需特别大声，我们就能感受到音乐的节奏和旋律。所以，音乐不是非得通过乐器才能产生旋律的。

有些专家说，这部作品就是为了钢琴而创作产生的，他们的证据是一份钢琴版的曲谱，但是我们只能说这些专家不懂音乐，也没有受过艺术的教育，因为他们完全不懂什么叫作"总谱"，他们不懂得为什么人们听到器乐的演奏会感到很震撼。在约翰·塞巴斯蒂安·巴赫的一生中，他只是写出了生机勃勃的音乐作品，而且每部作品中都带着巴赫独一无二的特点。《赋格的艺术》是一部非常伟大的作品，但是它确实不是一份理论教材。通过这部作品，巴赫告诉我们，他可以轻松自如地把一个主题倒过来向前或者向后加以处理。正是因为如此，没有人能够模仿巴赫，也没有人可以和他的成就相媲美。巴赫的《赋格的艺术》在世界上是独一无二的，是别人模仿不了的。

如果人们还是把很多数字象征融入这部作品中，那么他们真的是颠倒了因果。在巴赫进行创作的时候，他并不是为了表现三位一体而去发明三个主题，也不是因为 14 或者 41 来选择是否要加入一个协会。巴赫的音乐确实是有这些现象的存在的，但是这只是因为音乐结构需要，是因为音乐结构需要，才出现了这些，而不是这些的出现决定了音乐结构。

那些相信数字和音乐有联系的人的观点是不正确的，因为他们犯了一个错误，他们认为曲谱和音乐是一样的，但是音乐只是依附于一个非常简单的公式，也就是如果你听不到，它就是不存在的，但是曲谱却不是这样，即使你听不到，它也是存在的。《赋格的艺术》这首曲子中的对位结构是非常有艺术性的，但是巴赫所做到的是，他让我们听到了以前从来没听过的奇妙的音乐。1965 年，赫尔曼·谢尔欣在指挥瑞士意大利语区的广播时，曾经演奏过这部作品，在这之前很多理论家认为这首曲子太难，所以传播度不会很高，但是赫尔曼的举动却证明了，普通的群众也非常喜欢它，也为它深深地着迷。在高难度的曲风下还能得到如此广泛的普及率，这在当时是除了巴赫之外没有人能够做到的。

如果现在有人说《赋格的艺术》在 1740 年时就已经存在了，那么只能说明，当时这首曲子还没有得到充分的重视，而是被暂时放了起来。要知道巴赫有这个习惯，他经常在创作作品的时候，中途先搁置起来，以后有了新的思想再进行完善。在 1740 年的时候，巴赫准备写一些曲子，但是这部作品直到 1749 年才被完成，这说明在一开始，巴赫是没有写这部作品的长远计划的。但是在 1749 年，《音乐的奉献》问世以后，巴赫就非常着急了，他不能等到全部完成再公之于众，所以他一边写，一边付印，准备出版。从这可以看出，当时巴赫是多么想让人们看到这部作品。

# 第十二章　巴赫晚年的生活状况

## 1. 老年巴赫的健康和财产状况

当时约翰·塞巴斯蒂安·巴赫的健康情况和经济情况都不太好。

当时巴赫心里非常清楚，发表《赋格的艺术》这部作品肯定会遭到彻底的失败，因为《音乐的奉献》才卖出去了不到100本。放在今天，在这样微小的发行量面前，是不会有哪一个出版商肯为他用铜版印刷珍藏本的。这部作品的读者范围不是很大，所以它注定只能是一个非常小的工程。

当时巴赫还是有很多工作的，他既要教学生，又有一大堆重要的事情要做。从1747年中到1750年初，巴赫还创作了很多基础性的作品，这令人难以置信。

这时的巴赫已经不必亲自参加每一个洗礼、婚礼或葬礼活动了，至于所承担的合同义务，他也不需要特别认真对待了，从那个时候起，巴赫就经常让别人替他做这些事情。

巴赫的悼词上说，"他始终情绪活跃并精力充沛"，但是德特列夫·克拉内曼找到了一些材料，说后来巴赫患了糖尿病。很多人也认为，在巴赫的手稿中就可以看出，巴赫的健康状况可能并不是很好，他的收入也是如此。

我们可以看到，1746 年，巴赫曾经于图林根策拉的约翰·乔治·许布勒那里出版过六首管风琴众赞歌，这个曲子的主要内容是过去的康塔塔。而且分析起来，出版这些作品似乎完全是为了卖钱。

1749～1750 年，巴赫除了加工《赋格的艺术》这首曲子之外，还写了各种众赞歌 18 首，这无疑也是为了获得尽可能多的收入。

可想而知，当时巴赫是不可能把全部精力都用于今天被我们称为"音乐遗著"的伟大作品中的，因为他必须得设法赚得更多的钱。

巴赫的生活并不是十分富裕，糖尿病在当时也是没有办法确诊和治疗的，但是这种病症可能会对视力有损害。

1747 年，豪斯曼为他绘制了肖像，从肖像上我们可以明显感觉出他视力的下降。当时巴赫患的很有可能不仅仅是青光眼，他的视网膜也受到了疼痛性的损伤。1750 年为他做过两次眼科手术的医生约翰·泰勒认为，这正是手术不成功的最大原因。

大家把巴赫和亨德尔的失明与贝多芬的失聪进行对比。其实我们不应该把这两者进行比较，因为贝多芬可以继续作曲。虽然他听不到外面的声音，也没有办法听到自己最后创作的几首曲子，但是他可以在自己的脑海中听到这些音乐，并且把它写下来。

巴赫虽然能够听见外面的声音，但是却因为视力的问题没有办法把它写下来。根据资料来看，巴赫最后的众赞歌《我来到你的宝座前》，是由他口述，由他的女婿约翰·克里斯托夫·阿尔特尼科用笔代写下来的。

大家可以按照巴赫晚年作曲的方式尝试一下，就会痛苦地发现，把同时发声的音符按照前后顺序写出来，最后会是个什么样子。

巴赫不仅要为了生计挣扎，而且还要不懈地揭示对位技巧的奥秘，他眼睛的疼痛不断加剧，视力也不断下降——巴赫处于极度恐惧之中——就在这个时候，一支利箭又刺中了他灵魂的最深处，那就是他的音乐。

一次严重的昏厥，使巴赫没有办法再继续工作了。

## 2. 和校长毕德曼的斗争，以及巴赫接班人的确定

1749 年 5 月，巴赫的学生约翰·弗里德利希·多勒斯在弗莱堡遇到了一次非常严重的不公正对待，对手是他的校长约翰·戈特利布·毕德曼。这位校长同样是个仇视音乐的学者，和巴赫的校长艾内斯蒂是一类人。

和巴赫一样，多勒斯的音乐也受到了普遍的欢迎和承认；但就像艾内斯蒂在莱比锡的时候一样，弗莱堡的毕德曼也是火冒三丈，因为多勒斯的才华，使音乐的地位超过了他的科学。

1749 年 5 月，制定教学大纲的时候，校长约翰·戈特利布·毕德曼原形暴露，竭尽全力地贬低音乐。他借助特伦修斯和霍拉修斯，以及教会史进行发难，不仅反对多勒斯的音乐，而且反对整个音乐界。

于是，一场针对毕德曼的讨伐运动开始了。光是马特松自己

就写了五篇文章声讨毕德曼的学究气。可想而知，巴赫也卷了进去，但是写文章不是他的长处。

沙伊伯攻击巴赫时，他曾经请学士卞鲍姆为他代笔进行反驳，现在巴赫又请到了他的同事，来自诺德豪森的克里斯托夫·戈特利布·施罗特，他们都是音乐协会的成员。施罗特接受了巴赫的请求，巴赫甚至都不用为发表的问题操心，但是出版者大概给这篇文章又加了很多的佐料。为此，巴赫和施罗特发生了争吵，但这并不那么重要，重要的是，学生遇到了和老师相同的命运。

毕德曼在弗莱堡所做的阻挠，与艾内斯蒂在莱比锡所做的那些，不相上下。毕德曼的这种失礼行为一直到两年以后，才逐渐被人遗忘。

约翰·塞巴斯蒂安·巴赫没有能活到那个时候，但是他在这之前在音乐上进行了一些干预，并再次演出了他18年前写的康塔塔《太阳神和牧神的争吵》。此外，他还连着三次演出了《噢，灿烂的日子，期待的时间》，这首曲子的歌词正是颂扬音乐和反驳其批评者的。

这个时候，巴赫最著名的一句话就是，他希望这位权威（毕德曼）能够洗干净他"肮脏的耳朵"。对于巴赫的这种表示方法，马特松感到非常不满意，因为他认为这种表达过于"粗俗"。

其实事情确实如此，因为巴赫受到了很大的伤害，在这样的情况下，如果不用"粗俗"的话，那就应该是莱辛在他作品中的奥茜娜伯爵夫人的那一句："谁要是在某些问题上不丧失理智，那他就不会丧失任何东西。"

但这还不是巴赫在1749年所经历的唯一的磨难。巴赫经常找人帮他做事，另外，他的身体也开始日益虚弱，这种种情况已经在德累斯顿广为流传了。

布吕尔伯爵从巴赫可能快要去世的猜测中，看到了一个很好的机会，想以此来摆脱他的乐队指挥约翰·戈特利布·哈勒尔。于是布吕尔伯爵为约翰·戈特利布·哈勒尔写了一封推荐信，更准确的说其实是一个要求，那就是在巴赫去世的时候，由约翰·戈特利布·哈勒尔来接替巴赫的职务。

过了不久，哈勒尔前往莱比锡，亲自递交了那封推荐信，当时巴赫还在任。莱比锡市政委员会当时并没有接受布吕尔伯爵的请求，但是他们立刻安排了一次对哈勒尔的音乐考核，这次考核是在"三只天鹅"酒店举行的。

我们可以想象得到，这完全是一种表面形式的做法。这位先生是由有权势的大臣推荐来的，所以谁也不敢怀疑他的水平，于是这件事就这样决定了，何况大臣还请求颁发书面的"命令"呢。

于是，当时就出现了一种令人震惊的失礼现象，那就是一个职务还有人在任的时候，他们就决定了他的接班人。显然，莱比锡市政委员会并不懂得这个道理。

尽管这次考核是在内部进行的，但是如果说巴赫不知道哈勒尔在"三只天鹅"酒店接受委员会的考核这件事，那是不可能的。

盖克甚至断言，巴赫作为一名无言的观众参加了这次表演。至于他是如何得知的，至今是一个秘密。这次的活动都是秘密进行的，对市政委员会来说，是没有任何理由让巴赫也去参加的。

这对巴赫来说肯定是一个非常大的刺激。但对于曾派下等验尸书记员给巴赫送通知的各位先生们来说，这都不是他们关心的事情。

## 3. 泰勒医生和眼部手术

　　1749 年 1 月份，巴赫第一次在自己的家里为他的孩子举办了婚礼。巴赫的学生阿尔特尼科娶了他的爱女伊丽莎白，为了让这对新婚夫妇能够体面生活，巴赫帮助女婿在瑙姆堡谋到了一个管风琴师的职位。

　　紧接着，巴赫的生活就变得越来越坏了，尽管开始时还来了一条好消息：巴赫把他倒数第二个孩子约翰·克里斯托夫·弗里德里希成功安置到了毕克堡的宫廷乐队之中，当时这个儿子才刚刚 18 岁。

　　巴赫和科藤的老关系在这里起了很大的作用：虽然巴赫过去的主人侯爵利奥波德已经入土 20 多年了，但是巴赫的名望在毕克堡中得到了长久的保留。

　　这样一来，65 岁的巴赫家里就只剩下五个孩子需要他来照顾了。

　　但是巴赫的疼痛加剧，而且视力也越来越差，他被城市医生纳格尔确诊为眼晶体混浊。对此，纳格尔无能为力。当时人们已经知道，治疗的方法只有一个，那就是手术除障。

　　首先必须切开混浊的晶体，然后推到虹膜下面，最后用一副深度眼镜——内障眼镜——勉强代替晶体。这些听起来似乎是很简单的，但是要想做这样的一个手术，不仅要求医者有高超的技术，而且还要有足够的经验，可是莱比锡谁能够具备这样的条件呢？

　　在这个关键时刻，一次偶然事件帮了巴赫的忙。当时一位周游全欧洲的来自英国的眼科医生切瓦利·约翰·泰勒正好巡游德意志，并且于 1750 年 3 月下半月来到了莱比锡。他自称可以治疗眼病，而且说自己已经治疗好许多患者。

看来这是一次难得的机会。可其实，哪里还有其他的选择呢？

手术室就安排在巴赫接班人接受考核的那家"三只天鹅"酒店里。手术开始的时候，要先把一只煮得滚热的苹果放到眼睛上，以便软化角膜。由于当时是没有麻醉药的，所以患者需要被捆绑在一把椅子上。切瓦利·泰勒有一个身强力壮的助手，用他的两只大手牢牢夹住患者的头部。

当时并不讲究手术器械的消毒，甚至人们根本就不知道什么叫消毒。直到 100 年之后，塞莫维斯医生还遭到了他的同行的嘲笑，因为他认为助产前应该洗手。

手术中刀口虽然很小，但是与当时同样不进行麻醉的拔牙手术相比，这个手术是更加痛苦的。手术结束以后，痛苦也仍然存在，因为为了手术效果，还要进行很多其他的医疗处理，包括多次为巴赫放血，服用泻药，以及某些毒品，如颠茄和乌头，以便"抵抗有害的眼液"。

手术结束以后，泰勒就去了德累斯顿，但是当他 4 月初返回莱比锡的时候，还是看到了他很不愿意看到的场景——巴赫的晶体又回到了瞳孔处，所以他们只好又做了第二次手术，当然还是像上次一样进行了非常痛苦的术后处理。

从第一次进行手术的那一天起，巴赫就完全看不见了，眼睛缠上了厚厚的绷带，并且带上了黑眼罩，只能用手摸着周围的东西或者是被人搀扶着行动。他吃饭时需要别人喂食，因为盘子在哪里，调羹在哪里，甚至连嘴在哪里，他都必须重新适应。

同时，手术以及术后的处理，都使得巴赫的病情越来越严重，身体越来越虚弱，感觉也越来越难受。至于巴赫是否患了糖尿病，在这个时候已经不那么重要了。前后两次遭受的像对待牲畜一样的治疗过程，即使是一个正当年的人，也会因经受不起而虚弱下来，更何况巴赫已经不年轻了。

巴赫做完两次手术时，已经到了冬末。转眼春天过去了，他还是看不见东西。夏天来了，情况仍然没有丝毫变化。

巴赫却越来越虚弱了。

# 第十三章　巴赫的去世

## 1. 安娜·马格达莲娜·魏尔肯的命运

约翰·塞巴斯蒂安·巴赫终于没有办法再忍受黑暗了。

7 月 18 日，他撕下了缠在眼睛上的绷带，终于，他又可以看见了！第二次手术是成功的。可惜的是，病人已经没有多少时间享受这个奇迹了，几个月的折磨和重见光明的欣喜，对巴赫的刺激实在是太大了，几个小时以后，一次中风再次击倒了巴赫。他带着高烧卧床 10 天以后，于 7 月 28 日，约 8 时一刻，永远地闭上了眼睛。

在巴赫的墓碑上，应该写上《提摩太书》第三章第 7 段的词句：

　　那美好的仗我已经打过了，
　　应当跑的路我已经跑尽了，
　　所信仰的我也已经守住了。

　　然而，巴赫却没有一座墓碑，因为他没有这笔钱。卢艾格说，巴赫在莱比锡的生活是相当富裕的，但是那是他把巴赫的收入和莱比锡的啤酒价格相比来说的（市政委员会决定：啤酒必须清淡，价格必须便宜）。

　　假如他把德意志民主共和国一名退休的老人的微薄收入和电车的票价相比，那么这位退休者的收入简直就和一位部长一样了。

　　当时巴赫没有留下遗嘱，所以他的遗孀安娜·马格达莲娜·魏尔肯就只能从遗产中分得三分之一的份额了。当时家中还有三个孩子，即已经 42 岁的大女儿卡塔琳娜·多萝泰娅，以及她的两个的女儿——13 岁的约翰娜·卡罗琳娜和 8 岁的蕾姬娜·苏姗娜。

　　安娜·马格达莲娜·魏尔肯在巴赫去世的时候，还不到 50 岁，但是市政委员会允许她作为孩子的监护人，条件是她不可以再婚。这也就是说，如果她再婚的话，孩子就会被领走。这样一来，市政委员会就决定了她日后的生活之路，必定是苦难伴随的。

　　在其他方面，委员会也算计得很"周到"。巴赫的遗孀按照规定还应该得到半年的工资，也就是 50 塔勒尔。但是在这个问题上，他们发现，巴赫在 27 年前上任的时候，晚到了一些日子，所以必须扣除，最后余下的就只有 21 个塔勒尔 10 个格罗申了。

　　一个称职的委员会必须懂得节约才是，而节约的出处，就在那些孤立无助的人身上。

　　巴赫并没有多少积蓄，在莱比锡的 27 年间，他仅留下了 1100 塔勒尔，也就是他一年半的收入。

　　安娜·马格达莲娜·魏尔肯和她的四口之家，最后得到了其中的三分之一。智商有些问题的戈特弗里德·海因里希由阿尔特尼科带到了瑙姆堡，15 岁的约翰·克里斯蒂安，由卡尔·菲利普·艾曼努埃尔带往柏林。

尽管安娜·马格达莲娜得到的遗产非常少，她还是为她心爱的丈夫买了一口橡木棺下葬。其实这本来已经超出了她的经济能力，但她还是义无反顾地这样做了，只是她实在没有钱再购制墓地十字架了。这是她为巴赫献出的最后的爱。

安娜·马格达莲娜在海因大街上找到了一所住宅，并且得到了一份特殊的补偿，作为她迅速离开乐监住房的奖励。委员会还特别大方地给了她几个舍费尔的谷物，来解决她一家人近期的口粮问题。

但这些并没有使安娜·玛格达莲娜摆脱很快就陷入的困境。尽管她的继子威廉·弗雷德曼与卡尔·菲利普·艾曼努埃尔和她的关系不错，但是他们在关键时刻却不肯接济她一分钱，因为他们的父亲对这个女人深沉的爱，给家庭带来了很大的裂痕，至今未能愈合。对于这两个儿子来说，安娜·玛格达莲娜始终是一个外人。

出于同情，市政委员会"鉴于她的贫困，接受了巴赫的几份乐谱"，支付了 40 塔勒尔给玛格达莲娜。

在市政档案中是否能够找到这些材料的文字记载，我们不清楚。我们也不清楚玛格达莲娜是怎样把女儿养大的，女儿们也没嫁出去，因为当时她们的家境实在是太差了。安娜·玛格达莲娜生命的最后阶段，完全是靠别人的施舍度日的，她去世的时候是"接受救济者"。

有些理论家研究很久之后，说她最后从市政委员会那里得到了养老金。但是他们却没有足够的证据说明，其他那些和她处境相似的遗孀们也得到了养老金。

假如确实有根据证实他们这个论点的话，斯皮塔肯定会有所发现，他肯定会说在当时确实存在着这样的养老金制度，而且门德尔松也不必在 100 年之后，还要为他的布业大厅乐队的乐师的遗孀们争取养老金了。

理论家们的这种说法是站不住脚的，唯一有证据的委员会支付款项，就是付给玛格达莲娜的一次性购买巴赫曲谱的费用。

## 2. 巴赫的音乐图书为何不见了

有一个问题比养老金更引人注意，那就是约翰·塞巴斯蒂安·巴赫音乐方面的图书都到哪里去了？

斯皮塔估计，可能是巴赫的儿子们在他生前就已经拿走了，因为在巴赫家里找不到一本书。虽然卡尔·菲利普·艾曼努埃尔在撰写悼词时曾经写信给米茨勒说："我死去的父亲和我，以及其他真正的音乐家一样，不是枯燥理论的朋友。"

但是这种表述，却被人们普遍认为是不能轻易相信的，因为它妨碍了音乐理论的发展。人们的理由是，巴赫的对位艺术总得有个出处啊。比如说，巴赫的《赋格的艺术》是按照哪本书炮制的呢？

所有这些当然需要长期的寻找，直到他们找到其他"巴洛克"音乐家，找到和巴赫一样写过一首"转位赋格"或一首"增值转位卡农"的音乐家。因为他们这些人都陷入了一个误解之中，那就是他们把巴赫对他的对位艺术产生的兴趣，当成了一种单纯的理论来进行探讨了。

其实巴赫本身是不需要学习这种或者那种和声体系的，因为他在不到 20 岁的时候就能够创作完全具备自己风格的作品了。巴赫也不需要从这里或者那里去查阅一首"增值转位卡农"是什么，因为他已经在自己的实践中把它写出来了。

巴赫不仅拥有这个能力，而且还可以用这种方式创作出更加生动的音乐来。

出于这个原因，我们可以毫无疑问地说，米茨勒要"把音乐彻底提升到数学科学的层次"的努力，对于巴赫来说是完全没有意义的，因为巴赫早就知道应该如何处理那些永恒的东西了。

巴赫的学生很多，而且每个人都有自己的个性，他从这些学生们身上看到，艺术中的真谛恰恰是那些不可学的东西，是那些任何科学都没有办法渗入的东西。

巴赫很长时间没有加入米茨勒的协会，是有其道理的。因为米茨勒对音乐的观点和巴赫的观点是肯定会发生尖锐冲突的。

巴赫的伟大学识不在于写一篇论述"增值转位卡农"的文章，而在于演奏一首这样的曲子。这个演奏不是在"所谓试验的平台"上，而是作为生动的音乐来演奏。

如果有人不是这样看待这个问题的，对此有异议，那么他就是没有完整的理解巴赫。

有人说，米茨勒翻译了《艺术津梁》后，巴赫就会按照他维也纳的同行富克斯的理论写几段小曲子，来配合米茨勒。这样一种观点的提出，虽然可以让人成为教授，但是同时也证明，这位教授对艺术创作的过程是一无所知的，而且在专业范围内，他也称不上见多识广。

有人说，"他在作曲中和大学生们一起快步走向实用，抛开了在富克斯和其他人那里存在的枯燥的对位公式"，那么这位先生是怎样得出这样的结论的呢？难道他曾经按照富克斯的模式作过曲子吗？

和这些教授先生们恰恰相反，卡尔·菲利普·艾曼努埃尔清楚地知道，他并不需要在父亲那里寻找关于音乐理论的书籍。

那些认为威廉·弗雷德曼和卡尔·菲利普·艾曼努埃尔在巴赫去世之前，偷走了巴赫的理论书籍的人们，并没有告诉我们，为什么在这两个儿子的遗产中也没有找到这些书呢？

而且在莫扎特、亨德尔、海顿、贝多芬、勃拉姆斯、瓦格纳留下的图书中，同样有关于音乐理论的书籍也很少。

知道了这些，我们不禁要问，为什么巴赫就应该有这种理论书籍呢？这个问题，至今也没有找到答案。

还有一个问题是与此相关的，那就是巴赫的所有儿子都受到过良好的音乐教育，毫无疑问，这是从他们父亲那里得到的。作为巴赫的头两个儿子，那个时候早就已经有了丰富而成功的实践经验了，他们已经不再需要父亲的理论书籍了。就像一名职业卡车司机，不再需要别人给他讲解交通规则一样。

但是施洛伊宁在评论巴赫偏爱理论的问题时，总是有些脱离实际。米茨勒把他的协会的保存音乐作品的地方定在了莱比锡这个城市，施洛伊宁因此十分敏感地得出结论说，巴赫的家就是收藏所有这些作品的地方，巴赫实际上成了米茨勒藏书的借阅管理员。他甚至还为他的这个理论找到了一个确凿的证据。

巴赫去世的时候，在巴赫的家里，米茨勒的藏书一件都没有找到，面对这一个事实，他认为恰好是证据：所有的藏书都已经借阅出去了。

## 3. 巴赫的葬礼和他的接班人

举行巴赫的葬礼时，"整个学校"都参加了，这是一个"大葬礼"。

16年以后，跟随玛格达莲娜棺材送葬的，却只有学校里"四分之一"的人员，毫无疑问，这是一个穷人的葬礼。

在1750年的学校年鉴中，我们没有看到校长艾内斯蒂为去世的乐监讲过一句话，因为对校长来说，这个人早在13年前就已经不存在了。

而巴赫为之忠心耿耿奉献过27年之久，并使它的音乐多次出现高潮的教会，对他的离世也只有一个无法回避的最简单的声明：

> "在上帝身边温柔地睡去，高贵的、受人尊敬的约翰·塞巴斯蒂安·巴赫，生前是波兰国王陛下、萨克森大选侯殿下的宫廷作曲家，安哈尔特·科藤侯爵的宫廷乐队指挥，圣托马斯学校和圣托马斯教堂的乐监。他的遗体按基督教礼仪于今天入土安葬。"

历经了27年的漫长岁月，人们对这个不受欢迎的下属，已经没有更多的话要说了。

就在同一个星期，市政委员会安排了巴赫接班人的问题，对此他们其实早就已经安排妥当了。求聘这个职务的还有另外的几个人，有巴赫的一位同事、他的一名学生和他的一个儿子。这同时也再一次证明了，他们对于在"三只天鹅"酒店举行考核的事，是一无所知的，否则他们根本就不会前来应聘。

对巴赫最著名的评价是出自军事枢密官、市长施蒂格里茨博士之口的："巴赫先生虽然是一位伟大的音乐家，但却不是教育家。因而在寻求圣托马斯学校乐监这个职位的人选时，应该考虑在这两个方面都有造诣的人。"

市政委员普拉茨立即补充说："圣托马斯学校的乐监应该首先是教育家，尽管他也必须懂得音乐。"

发表了这个原则声明以后，他立即转向吹嘘由布吕尔推荐的宫廷乐队指挥哈勒尔，尽管这位指挥迄今为止还从来没有教授过一个小时的拉丁文课程，但是他准备"尝试一下"。此外他还具有随和的性格特点，当然更重要的是，哈勒尔背后还有布吕尔的支持。

这个申请立即获得了认可，而且是一致通过，这在市政档案中都可以看到。在这之前，哈勒尔在德累斯顿担任布吕尔家庭乐队指挥长达 19 年。

莫里茨·福斯滕瑙在他的《德累斯顿宫廷音乐戏剧史》这本书中对德累斯顿的音乐生活，有过非常详细的描写，但是他却没有提到哈勒尔的名字。布吕尔知道，他为什么做出这个决定。

然而，哈勒尔的音乐水平和拉丁文的授课质量，对于莱比锡市政当局来说，都是无关紧要的。他们主要关心的是，这位接班人会不会给他们的工作带来麻烦？

莱比锡市政当局感到最欣慰的是，那个捣乱分子巴赫终于不在了。至于说巴赫在这 27 年中为莱比锡带来过多少荣耀的音乐，他们认为这不是他们职权范围内的事情。在那个世纪是如此，在后来那个世纪仍然是如此。

约翰·塞巴斯蒂安·巴赫被安葬在约翰教堂外墙的旁边，这是一个四十年后被人遗忘了的地方。即使当巴赫的音乐又被复兴以后，市政委员会对此仍然是漠不关心。

在音乐方面，令他们骄傲的是另外一个音乐家，这个人就是来自柏林的年轻指挥费利克斯·门德尔松。

## 4. 门德尔松在莱比锡为巴赫的声望而战

费利克斯·门德尔松不仅把"布业大厅乐队"带向了高峰，而且还在莱比锡建立了德国第一所音乐学院。

莱比锡还有著名的钢琴教育家维克和他的著名的女儿珂腊拉，女儿的丈夫也是一位非常有天赋的作曲家，曾经出版了名噪一时的《新音乐杂志》。

在莱比锡歌剧院里还有一位不是特别有天赋的乐队指挥，名字是洛尔青。

从以上这些我们可以看出，即使莱比锡没有巴赫，也仍然是一座音乐之城。

门德尔松不顾市政委员会的意见为巴赫说了很多话，就像他在柏林时就为巴赫说话一样，他还在托马斯教堂演奏了巴赫的音乐。这在当时的莱比锡音乐界是一件很重大的事，舒曼为此还特地写了一篇热情洋溢的评论文章。

后来，门德尔松用 1843 年这场音乐会的收入建立了第一座巴赫雕像，而市政当局唯一的贡献，就是没有对此提出异议。

但是巴赫的墓地仍然没有得到人们的关心。如果不是约翰教堂 1894 年再次进行扩建的话，巴赫的墓地很可能就完全被人们遗忘了。挖掘地基的时候，人们发现了三台橡木棺材。巴赫就是用橡木棺材入葬的，人们还都记得。就这样，巴赫的遗体又被找了回来。

后来，雕塑家卡尔·赛福纳根根据巴赫头盖骨的石膏铸模制作了巴赫的头像，这个头像和巴赫的绘图肖像极其相似。于是巴赫的遗骨终于放入了正式的棺椁中，安葬于约翰教堂的地下墓穴。在他旁边的，是较早安葬在这里的克里斯蒂安·弗希特戈特·格勒特。

后来，赛福纳又塑造了巴赫纪念碑，取代了门德尔松捐赠的小雕像。1908 年的落成典礼中，巴赫协会负责主持。直到 1950 年，他们的棺椁才移葬于托马斯教堂。

忘记巴赫的还远远不止这些人。在后来的岁月里，人们非常笼统地描绘当时的情况，似乎巴赫在一段时间内完全被人遗忘，只是通过门德尔松在柏林演出《马太受难曲》时才又重见天日。

"总的说来，到了 18 世纪末，巴赫似乎已经永远的去世了。"施威策这样写道，但是这和很多其他的论述一样，并不是事实。

首先，巴赫在生前就不是一个适应潮流的，尤其不是一个顺从的音乐家。有趣的是，他其实根本就不是一个在哪里都能适应的万能的教堂音乐家。

卡尔·菲利普·艾曼努埃尔出版了他的众赞歌和和声乐曲集，一共是 371 首，但是却没有出版过一本配合管风琴曲的教民唱诗歌本。即使在 1995 年出版的新教教堂的众赞歌曲集中，也没有巴赫的一首曲子。

这当然不是因为人们不喜欢巴赫，而是因为，巴赫的和声乐曲都是特别独立的艺术品，是不适合教团唱诗使用的，他的管风琴众赞歌曲和大部分众赞歌前奏曲的情况也是这样的。

这其中有很多曲子都是由于篇幅过长，超出了做弥撒时使用的可能性，它们并不是简单地为教团唱诗伴奏，而是把唱诗包容于曲子当中。

我们虽然不能说，巴赫已经超越了音乐的界限，但是如果一个管风琴师在做弥撒的时候只演奏巴赫的乐曲，那他是肯定不会受到教民的认可的，反而会遭到非议。

还有很重要的一点，是巴赫也不回避的一个问题，那就是他的大部分作品都是很难演奏的，不仅是他的《平均律钢琴曲》和《戈尔德堡变奏曲》演奏起来要比海顿或莫扎特的奏鸣曲困难得多，而且他的其他曲子也都是这样。

所以他的作品是很难普及的，而且他也从来没有考虑过普及的问题。但是如果是他自己演奏的话，那就不一样了。那样来说，对他的赞扬就是没有边界的了。

## 5. 巴赫对后世的影响

任何时候，巴赫的影响都没有"终结"。

施威策说："一切都向他而去，但却什么都没有从他那里出来。"我认为这种说法是错误的。

从巴赫那里真的什么都没有出来吗？

人们数了一下巴赫的学生，一共是 81 个人，其中至少有 46 名成了职业管风琴师。所有这些学生都受过他的教育，学到了他的音乐知识，然后又把学到的知识传授给了其他人。

除了约翰·克里斯蒂安·巴赫以外，至今我们还没有发现，有任何人被当作"过时"而被开除。成为巴赫的学生，在当时不仅是一封介绍信，而且实际上也是一种高质量的标志，有些人甚至经常利用这个标志，并且非常顺利，从来没有遭到过拒绝，因为巴赫的名字就是一封强有力的推荐信。

这个地区的主要管风琴师的职位有 46 个都是被巴赫的学生占据的，其中也有不少成了著名人物，比如克雷布斯、吉特尔、德累斯顿十字教堂的霍米留斯、凯尔纳等。

巴赫去世 34 年以后，约翰·亚当·席勒尔写道："时至今日，人们还把在这位大师那里上过课看成是一种荣誉。"

难道这就是什么都没有从他那里出来吗？

在这里我们不能忘记，这些学生还会有他们自己的学生。比如吉特尔有一个管风琴学生，名字叫克里斯蒂安·海因里希·林克，后来成了博士和教授。他把最美的对位管风琴曲带进了 19 世纪。

巴赫的管风琴曲，几乎没有出版过，虽然这些曲子在技术上要求得很高，但是却从来没有消失，就像他的《平均律钢琴曲》一样。它一再使人振奋不已，很多人都想把它抄写下来，因为他们无论如何都想要自己能够单独占有一份，这在音乐上是一种不同寻常的做法。

从这些行为来看，难道巴赫被人遗忘了吗？

还有一位名叫约翰·菲利普·金贝格的人，他是腓特烈大帝乐队中的小提琴师，也是阿玛丽亚公主在柏林的音乐教师。由于金贝格极其崇拜他的老师，所以收藏了很多老师的作品，这也成了后来印刷出版这些作品的基础。

金贝格自己也享有很高的威望，他的音乐理论文章，在 18 世纪下半叶传播非常广泛，他丰富了从老师那里学来的音乐知识，他的老师就是约翰·塞巴斯蒂安·巴赫。

在一位伟大的父亲的影响下生存，对他的儿子们来说是一件非常困难的事情。

尽管弗兰茨·克萨威尔·莫扎特是一个很有才华的音乐家，

但是却几乎没有人知道他。

西格弗里德·瓦格纳几乎卓越地掌握了他父亲的一切音乐风格和手段，但也正因为如此，他陷入了无足轻重的地位。

倒霉的威尔海姆·弗雷德曼·巴赫遇到的主要困难，就是他这个天才一直"处于父亲的阴影之下"。但是巴赫还有三个儿子，并没有被他的阴影遮住光彩，他们同样表现出了和父亲一样的自信，为那个时代的音乐做出了很重要的贡献。

卡尔·菲利普·艾曼努埃尔·巴赫常常被评价为他父亲的艺术对立物，说他用自己的"新风格"对抗了老风格。

如果这些人对他进行过仔细的研究，就会发现，他从他父亲那里学到了很多东西，包括卓越地掌握了单主题音乐的创作技巧。但同时他又不简单的是巴赫的儿子，而更像一个自主的音乐家。

还有一点非常值得我们注意，那就是卡尔·菲利普·艾曼努埃尔·巴赫用自己的优秀创作证明了，他是一名经验丰富、技巧纯熟的对位音乐家，他很熟悉父亲教课的内容，也十分擅长运用父亲的风格。

1751～1752年，正是卡尔·菲利普·艾曼努埃尔·巴赫，把《赋格的艺术》制成铜版，进行了校对，并且十分细心地组织了出版工作。

施洛伊宁甚至说他是一个手段狡猾的广告专家。但其实，这部作品最后只卖出去了10本。不久之后，那块铜版也被当作废品卖掉了。

对卡尔·菲利普·艾曼努埃尔这样一个生活节俭的人来说，他肯定是非常失望的。施洛伊宁说，他的狡猾的广告手段，主要是针对未完成曲和三重赋格说的几句话："作者在加工这首在主题中镶嵌了'b—a—c—h'名字的赋格时，死去了。"

贾科莫·普契尼也是在快要写完歌剧《图兰朵》的时候去世的，他的学生弗朗科·阿尔法诺虔诚地忠于原风格，最终完成了这部作品。

同样，莫扎特也没有能够完成他的《安魂曲》，他的学生苏斯迈尔续成了这部未完成的作品，由于他对莫扎特的手法非常熟悉，所以在续成曲子的结尾处，我们很难准确地判断莫扎特是在什么地方中止，苏斯迈尔是从哪里续写的。

卡尔·菲利普·艾曼努埃尔·巴赫同样十分熟悉父亲的手法和风格，但是他却没有续成这部三重赋格，因为他清楚地知道，有资格完成这部三重赋格的只有一个人，那就是他的父亲巴赫。

这是一个非常重大的令人敬佩的决定，我们只能充满敬意地接受。他自己的发展则走了另一条道路，约塞夫·海顿后来承认，如果他没有接触卡尔·菲利普·艾曼努埃尔·巴赫的作品，他也就不可能成为海顿了。海顿也能按巴赫的样子写出卓越的赋格来，不仅他的第40交响乐是个证明，而且他的清唱剧也是一个证据。

难道从巴赫那里什么都没有出来吗？

卡尔·菲利普·艾曼努埃尔·巴赫继续把他自己的音乐技能传给他的弟弟约翰·克里斯蒂安。在他身上同样有着他父亲和哥哥那样的自信，同时也有着从他大哥那里得来的冒险开拓精神，但也正是这种精神使他的兄弟伯恩哈德走向了没落。

约翰·克里斯蒂安身上兼备威尔海姆·弗雷德曼·巴赫的骚动和卡尔·菲利普·艾曼努埃尔·巴赫的稳重，他也兼有他兄弟伯恩哈德的那种放荡不羁的性格，正是这些促使他远行意大利，使他无所顾忌地改信了天主教，也使他在米兰既任歌剧作曲家，又兼任教堂管风琴师。

27 岁的时候，约翰·克里斯蒂安去了伦敦，作为"巴赫·阿贝尔音乐会公司"的主持人，他在伦敦音乐会生活中长期占有重要的地位。凡是了解他的交响乐的人都会想到，他对年轻的莫扎特在伦敦访问期间的影响是多么的大。

谁要是研究过这部交响乐的第二声部，就会发现他是一个十全十美的对位专家。这方面的技巧，他不仅学自他的哥哥，也是学自他的父亲。

难道从巴赫那里什么都没有出来吗？

然后还有奥地利的男爵戈特弗里德·封·斯维滕，当时他在柏林马普格区担任奥地利外交官，曾经就学于巴赫的学生金贝格门下，是个十足的狂热的巴赫崇拜者。后来他成了维也纳宫廷图书馆的馆长，曾经同莫扎特有过交往。

莫扎特告诉他，他每个周日"都只演奏亨德尔和巴赫的音乐"，而且还把巴赫的东西拿回家中。当他的康斯坦策听到这些音乐以后，"她简直就爱上了它们"。于是莫扎特于 1782 年开始，也在巴赫的影响下开始写赋格了。而他的 394 号作品《幻想曲和赋格》，简直就是巴赫的《变音幻想曲和赋格》的莫扎特式的翻版。

斯维滕还向海顿介绍了巴赫和亨德尔，正是这些让他产生了创作《创世记》和《四季》的想法。在斯维滕的家中，贝多芬演奏过巴赫的作品。贝多芬 11 岁的时候就已经把巴赫的《平均律钢琴曲》"抓在了手中"，当时他是从他的老师克里斯蒂安·戈特罗布·内弗那里听到的，而内弗对巴赫的狂热又是来自约翰·亚当·席勒尔那里，席勒尔则是因为受到了巴赫的学生霍米留斯和多勒斯的影响，最后成了多勒斯在圣托马斯学校的接班人。

音乐作家罗赫利茨对巴赫的狂热也是从多勒斯那里来的。当时，他的《音乐汇报》在德国非常有影响，而巴赫对于他来说就是超越一切的。莫扎特访问莱比锡的时候，罗赫利茨也在场，当时莫扎特在多勒斯那里非常兴奋地把巴赫的经文歌的各个声部都摊摆在周围，说："这才是我们可以学到东西的作品。"

这是莫扎特最后一次旅行，因为他早已达到了艺术的顶峰。但是直到这个时候，他仍然对巴赫的作品兴奋不已。

而施威策却把这些都称为"终结"。而且说，从巴赫那里什么都没有出来！

施威策这样说，是因为他认为，巴赫去世后，很多人都能够和巴赫一样进行创作。但是要知道，天才是不能复制的，而且一切真正的伟大的天才也都绝对不是模仿者。

确实，巴赫以后再也没有人创作过像巴赫那样的作品，但是在瓦格纳以后，也没有人写的和瓦格纳一样，施特劳斯之后也同样没有一样的施特劳斯，甚至奥尔夫之后也没有出现一个奥尔夫。

有些人不断企图证明，巴赫都模仿过什么人的什么东西，但事实上他们却没有证明，在巴赫之前还没有人做过什么。不仅在巴赫之后没有人能够模仿巴赫，而且在他之前也没有什么人做过他做的事情。

有人说，巴赫只是接受了那个时代的形式，这也丝毫不能证明什么，因为在这之后，巴赫把它发展成为了绝无仅有的伟大的形式。

在专业界，巴赫的遗著从来就没有缺少过崇拜者，不仅是德国和奥地利，在其他很多地方都是这样。

在英国，这位"过时的、被遗忘了的"约翰·塞巴斯蒂安·

巴赫身后，存在一个很大的巴赫集团，其规模足以使他的作品的经济效益卓著。他的第一个德文版本，是在整整一年以后才由美因茨的朔特出版社出版的。

在这里，我们还可以谈一谈 1800 年以后柏林音乐生活的中心人物问题，也就是卡尔·弗里德里希·策尔特，他是门德尔松、迈耶贝尔和尼古拉的老师，也是歌德的朋友。

门德尔松很小的时候就在策尔特那里以巴赫为榜样学习写赋格，而且他确实也写出了一批非常成功的赋格作品，这和策尔特对巴赫的崇拜有直接的关系。

门德尔松知道巴赫的价值。他进入学校时，那里已经没有巴赫的学生了，但即使如此，他也深深地知道这件事。

当时门德尔松在他的歌唱学院——当时还叫"法士歌唱协会"——的曲谱收藏中找到了《马太受难曲》的总谱。这首曲子使当时只有 16 岁的门德尔松着了魔。到圣诞节的时候，他最大的希望就是想要一份手抄件，而且 17 岁的他坚持一定要演奏这个曲子。

策尔特知道它的难度，他坚信，如果一定要演奏，是肯定会翻船的。但门德尔松和他的朋友德伏里恩特一再向老先生请求，直到老先生终于做出了让步。

1829 年，在 18 岁的门德尔松的指挥下举行了这场历史性的演出。我们可以看到，对巴赫的热情，不一定非要通过这场演出才能点燃，这场演出只是对巴赫的音乐进行了进一步的传播。

有人说策尔特是一个非常难沟通的人，而且性情很暴躁，他反对这件事情，主要是觉得巴赫的音乐太过时了。但是进一步观察时，我们会发现这种说法是不可信的，因为是策尔特自己把对巴赫的崇拜传给他的学生的。

因而他是不可能认为巴赫是一个过时的音乐家的，那个时候他只不过是需要一个理由，不让这两个年轻人失败。因为他凭借自己丰富的经验，不敢奢望这次演出能够成功。毕竟，这部乐曲已经是百年以前的作品了。

有人说，约翰·塞巴斯蒂安·巴赫去世后就已经被人遗忘了。要知道，这是非常不正确的，因为在了解巴赫的作品的人中，没有人认为他的音乐已经过时了。

不论音乐风格发生了怎样的变化，它们总是在激励着喜欢音乐的人前行。巴赫的作品正是为这些人所写的，即使在据说"已被遗忘了的时代"，也不仅达到了这个目的，而且仍然能够令人着迷。

难道从巴赫那里什么都没有出来吗？

实事恰好相反，任何一个伟大的人都没有能够躲开他的影响。

奔腾的乐师——巴赫

# 第十四章 伟大的巴赫

## 1. 巴赫与 "巴洛克音乐"

很多人说巴赫其实并不想开拓新的音乐道路，这句话形容别人也许是正确的，但是运用到巴赫身上，却是没有道理的。

对于巴赫的这种说法流传了将近 50 年，一直到 20 世纪中叶，人们才因为政治方面的原因，放弃这种评价，当时德意志民主共和国的总统提出了 "启蒙运动"，这才导致人们对巴赫有了新的评价。

人们把启蒙运动的说法与实用主义联系在一起，而巴赫和巴洛克，人们则说他们像树木和土壤一样，关系更为密切。

但是如果我们认真分析巴赫周围的环境，我们就会慢慢否认这种说法。因为我们可以很明确地说，哈塞、科万茨、特勒曼、格劳普纳、法士、维瓦尔迪、马尚、达坎、拉莫、亨德尔、塔尔蒂尼、斯卡拉蒂兄弟、格劳恩兄弟、库瑙、托雷利、科雷利、弗兰茨·克萨威尔·里希特、佩尔戈莱西、库普兰、克里格尔、穆

258

法特、伯姆和布克斯特胡德等这些人，他们的创作和巴赫是没有什么共同之处的。

《马太受难曲》只是众多受难曲中普通的一首吗？我们不能这样说。甚至，亨德尔的《布洛克受难曲》和格劳恩的《耶稣之死》都不能和巴赫的《约翰受难曲》相媲美，如果真的非要进行比较的话，也只能是以普通的方式做一些比较，而不能从细节上进行比较，因为细节上的差别是非常大的。

当然了，巴赫也写过一些符合当代作曲家风格的曲子，比如《键盘练习曲集第一部》，这部作品就可以和亨德尔的羽管键琴音乐进行比较。但是从《键盘练习曲集第二部》开始，他的作品就已经开始具备自己独特的风格了，而进行到《键盘练习曲集第三部》的时候，就已经没有作品可以和巴赫的作品相媲美了。

而作为一位管风琴作曲家，从巴赫的早期创作开始，他就已经非常与众不同了。巴赫的很多作品都被称为是"巴洛克音乐"，这些作品中拥有很多独特的风格，可以说是独一无二的。

在这里，我们不认为巴赫的《帕萨卡利亚和赋格》是他的"衰老之作"，相反我们认为它是非常独特的精品。举个例子来说，就像我们不能说鲸鱼也是鱼，仅仅是因为它和鱼类一同生活在水里一样。

我们相信，在巴赫创作的音乐中，有很多都是适应时代潮流的。他的很多音乐都是跨越时代的。

我们所说的管风琴曲，如贝多芬的《第九交响乐》、瓦格纳的《荷兰人》序曲的开篇和斯特拉文斯基的《彼德鲁什卡》等这些，在当时的社会而言，都是适应时代潮流的。

这些作品都是非常熟悉的，都是不需要刻意进行记忆的，当然了，它们各有各的优秀，是不能拿来比较的，但是它们有一个共同点，就是他们都是非常优秀的作品。

为了找到一部作品能够和《b 小调弥撒曲》相媲美，我们等了 75 年，直到贝多芬创作出了《庄严弥撒曲》。

那些说巴赫不想开拓新的音乐道路的人，他们一定不知道早在安斯塔特的时候，巴赫就因为开拓了新的音乐道路而和当局发生了很多冲突。

歌德曾经说过这样一句话：音乐所有的外在成分大家都能看到，但是内涵只有懂音乐的人才明白，至于形态则是很多人始终都不会明白的。

巴赫是一位非常伟大的和声专家，在巴洛克音乐中没有人可以和他相比，尤其是在和声方面，他超越了同时代的人很多。

如果说约翰·塞巴斯蒂安·巴赫是"巴洛克音乐的终结"，那么他为下个时代的人铺平了音乐的道路，但是他并不是修这条音乐道路的人，而只是一个走路的人。

很多人认为巴洛克的音乐形式就是"前奏曲和赋格"连在一起，但是这种说法显然是不正确的，因为这只是约翰·塞巴斯蒂安·巴赫喜欢运用的形式，就像肖邦喜欢练习曲，贝多芬喜欢奏鸣曲一样。

而且这些不同的形式是不能用一样的标准来进行比较的，所以我们没有必要非得得出谁的水平更高这一结论。约翰·凯奇的《十二架无线电的音乐》并不是交响乐的更高水平，但是这并不是因为他在贝多芬之后。

以上这些都是为了说明约翰·塞巴斯蒂安·巴赫是有开拓新音乐道路的欲望的。如果说巴赫终结了巴洛克音乐，那么他一定是找到了一种全新的音乐形式，开启了一个新的音乐时代。所以在巴赫去世以后，大家也并没有忘记他，他的学生还有学生的学生，都在用实践向人们传播巴赫的思想。

还有一点，虽然很多人说巴赫已经过时了，但是他反而有更多的狂热爱好者，他们既不是巴赫的学生，也不是他学生的学生，这说明了什么呢？说明巴赫的音乐作品是非常有魅力的。其中巴赫最大的崇拜者就是约翰·尼古拉·福克尔。在自学方面，他和巴赫一样，通过自身的努力学到了很多音乐知识，甚至他还学习了法律，后来在哥廷根担任大学音乐主管，并且获得了荣誉学士的头衔。他的学生也都是非常有名气的人，如奥古斯特·威廉·施勒格尔、路德维希·蒂克、威廉·封·洪堡等人。

在作品的保存方面，有一个人功不可没，那就是巴赫的学生弗里德里希·康拉德·格里本克尔，但是不知道为什么，很少有人提到他。他和小他 20 多岁的费迪南·奥古斯特·罗伊奇一起，从 1820 年开始就不断地收集、整理巴赫的作品。经过他们的努力，在 20 多年后，他们终于在莱比锡的彼德出版社出版了一本巴赫的图书，并且这本书的这个版本流通了很久。

另外，格里本克尔还发表了一份令很多人疑惑的声明，1846年 12 月他写了一封信给洛伊迟，名字叫"整个《赋格的艺术》"。

这封信中是这样写的：

"不是为了管风琴，也不是为了钢琴所写，而是为了学习……这句话我是听福克尔说的，而福克尔如果不是从威尔海姆·弗雷德曼·巴赫或卡尔·菲利普·艾曼努埃尔·巴赫那里所听来的，是不会这样说的……在阅读这些作品时，其音响效果要比用任何一种乐器演奏的效果更佳"。

巴赫非常喜爱特殊对位音乐，在人生的最后 10 年里，他更是把这种喜爱表现得非常明显。但是这并不能说明他对这种理论感兴趣。我们都知道，一心研究理论的人都是理论家，如果理论不能被实践证明，那么理论知识是站不住脚的。

在越艰难的情况下，巴赫往往越能创作出好的音乐作品，不论是"五度卡农"还是"九度卡农"。对于这一点，凯赛林克可能能够分辨出来，但是对于别人来说，这就不一定了。

但是没有人会怀疑这些动人的音乐，或许，巴赫的音乐可以和勋伯格的十二音作曲系列相比较，但是他并不希望别人只听到那十几个音，但是他确实运用了这种创作方法，这是谁都不能否认的。

歌德对《赋格的艺术》有独特的看法，他认为巴赫之所以要写这部作品，是因为晚年的巴赫非常固执。歌德曾经说："这件事其实是非常可怕的，尤其是对于这位优秀的人来说，因为只有蠢材才会这样做。"

## 2. 1751 年词典中的巴赫和戈特谢德

1732 年和 1754 年之间，莱比锡出现了一部伟大的作品，也就是约翰·海因里希·策德勒的《科学和艺术大百科全书》。在这本书的第二卷增补当中，有这样一段：

a）巴赫，古老的贵族姓氏，87 行

b）巴赫，恩斯特·路德维希，符腾堡，著名的牧师，9 行

c）巴赫，乔治·米歇尔，哈雷的中学教师，4 行

d）巴赫，约翰·奥古斯特，哲学和法学博士，莱比锡大学教授，94 行

e）巴赫，约翰·塞巴斯蒂安，音乐家，45 行

f）巴赫，索罗门，但泽的律师，69 行。

巴赫既不是名望世家，也不是高等学校毕业，而且在他晚年的时候几乎隐居了，但是这本书仍然给了他这么多篇幅，这是非常了不起的。

还有一件事我们不得不说，就是这本书给予约翰·奥古斯特·巴赫教授的描述是约翰·塞巴斯蒂安·巴赫的两倍，当时约翰·奥古斯特·巴赫只有 30 岁，难道他的影响力有这么大吗？并不是，但是他的老师是艾内斯蒂，这样说来，这一切是不是就很正常了？

那么这本书对戈特谢德的描述有多少呢？

"戈特谢德·约翰，1667～1704 年，来自科尼斯堡……"，一共 17 行。但是这 17 行描写的是戈特谢德的父亲，对于戈特谢德本人来说，他得到的只有一句话——"莱比锡启蒙运动的代表人物"。看来，策德勒觉得他并没有什么提及的价值。

在 1750 年克里斯蒂安·戈特利布·约谢斯出版的《学者普通词典》里，依然没有关于戈特谢德的记录。直到戈特谢德去世后 18 年，约谢斯的词典出新版本时，才有了关于他的描写。

在那本书中，关于戈特谢德是这样写的：

"……戈特谢德的贡献在于，再次传播了语言的纯洁和准确性，尽管他自己也错误百出并爱好方言土语；他推崇按规则办事并效仿古代的榜样，尽管他自己也没有做到这一点。在哲学上他的成绩无足轻重。"

如果人们总是说巴赫的作品中有其他音乐家的影子，那么他注定是没有办法进一步了解巴赫的。

伯恩斯坦是这样写的：

> "很多作曲家都是通过借鉴原来的音乐形式，来进一步表达自己的音乐作品的。任何的艺术都是包含过去和现在的作品。"

在另外一地方，他又说：

> "只有真正的艺术家才能让人理解神奇。只有在艺术当中，万物才有它的表现形式。所以写音乐就是解释音乐的道路。"

巴赫并不认识伯恩斯坦，但是他们的想法是一样的。14 或者 41 对于巴赫的音乐来说，其实是毫无意义的。从巴赫的音乐当中，我们并没有听出这些数字，而且能听出数字的音乐又该是什么样的音乐呢？

我们都知道，在听音乐的时候，我们并不会去数十字架或者星星等。保罗·巴杜拉·斯克达说，第一部为槌子键琴创作的音乐作品是《赋格的艺术》，其实这种说法我们是认可的。但是《平均律钢琴曲集》中的 C 大调前奏曲在电子音响中演示出来也是非常好听的，虽然它并不是为了电子音响诞生的。对于音乐作品来说，只要有好的演示效果，为谁创作其实根本就是不重要的。

巴赫的音乐变得通俗化令很多人非常愤怒。在德意志民主共和国，有一位教授名字叫作戈特施密特，当时有人想要把巴赫的音乐摇滚化，但是受到了禁止，结果热爱这种音乐的人只好去捷克购买。这位教授无法容忍这种事情发生，但是在摇滚世界里，这些音乐却有很多人喜欢。

尽管很多的专家给巴赫加上了很多名头或者渊源，但是我们要清楚，巴赫从来都不是什么问题，而只是一位伟大的音乐家。我们很难想象圣诞节没有《圣诞清唱剧》，如果人们想要听康塔塔，那也一定会听巴赫的康塔塔。有人说巴赫的作品过时了，这是非常可笑的。

对于巴赫来说，复调音乐的表现，就是各种不同的音乐同时出现，很多种独立的曲调要同时出现，并且通过和声联结在一起。这种创作需要非常精准的计算，但是又不能仅仅只做简单的计算。卡尔·菲利普·艾曼努埃尔·巴赫知道他是无法继承父亲的这一点的，因为这实在很难，很少有人能够完美地做到这一点。

有一次，当歌德听到巴赫的一首三重奏鸣曲时，他描述说好像"和声在和自己进行交谈"。人们都说这只是歌德的一句友善的评价，因为这位老先生的音乐修养并不是特别高。但是我们都知道，如果他没有一点音乐感的话，他是肯定不会成为一位伟大的诗人的。除此之外，他还是一位思想家和预言家。

# 3. 发声的宇宙

认为宇宙是有声的，这是一种十分古老的说法，很多文化中都出现过这种说法，其中包含日本、印度和中国的文化。但是在我们的观念中，这种说法早就已经深入人心了，我们认为所有的运动都可以出现在数字和音乐当中，并且，音响之间的数字也就是世界当中的数字关系，在宇宙当中，天体的和谐是能够结合起来，并且凝聚成音响的。

在一千年以后，有人曾经这样定义音乐——三圣一体。他们认为正是在天体凝聚成的音乐的基础上，才形成了现在的音乐。

这些言论听起来是不太现实的，让人觉得好像是神话，但是又过了一千年以后，有一位名叫约翰·克普勒的数学家和天文家发现了星球运转轨道，他以一名科学家的身份说："如果给天体空气，他们真的可以演奏音乐。这种音乐和和声不仅能够被人的耳朵听见，也可以使某些其他生物听见，甚至上帝同样可以享受这些。"但是在另一个场合，他又说："在我们人类的音乐中可以把音符进行排序得到动听的音乐，这点是完全不奇怪的，因为这只是人们在模仿上帝创作的音乐，以便人们欣赏天体运转形成的音乐。"保罗·欣德米特正是因为听到了这句话，所以才有了创作灵感，创作出了交响乐《世界的和谐》。

歌德所说的好像"和声在和自己进行交谈"，这种说法和克普勒的说法是非常类似的。现在我们可以确认，这并不是一种空想，人们已经确认，在天体的运行过程中确实是存在音乐的，也确实是存在一种宇宙运行的旋律的。

现在我们可以说，这一切都不是幻想，巴赫的音乐世界和宇宙确实是有联结的。事实确实是这样的：他在联结宇宙方面做出了突出的贡献。